Kleine Bibliothek 132

Politik Wissenschaft Zukunft

HISTORISCHE PORTRÄTS
ZUR DEUTSCHEN
FRÜHBÜRGERLICHEN
REVOLUTION

UNTER DEM REGENBOGEN

PAHL-RUGENSTEIN

Herausgegeben von:

Prof. Dr. sc. phil. Helmut Bock,
Sektion Geschichte beim Präsidium der URANIA,
Gesellschaft zur Verbreitung wissenschaftlicher
Kenntnisse;
Zentralinstitut für Geschichte
an der Akademie der Wissenschaften
der Deutschen Demokratischen Republik.

Dipl. hist. Marianne Thoms,
Radio DDR.

INHALT

VORWORT

Der Regenbogen ist Thomas Müntzers und seiner Anhänger mythisches Symbol: Als Gott durch die Sintflut alle verderbten Menschen auf Erden getilgt hatte, schloß er mit Noah und dessen Söhnen den Bund und setzte in die Wolken den Bogen als das Zeichen dieses Bundes. Im Sinne der alttestamentlichen Geschichtserzählung hofften Müntzers Streiter, ohne Vermittlung der Kirche, gleich zueinander und unmittelbar zu Gott, den Bund zu schließen und die Welt zu erneuern. Ihr Glaube war bewegende Kraft für die Neuzeit, zugleich aber religiöse Befangenheit des Mittelalters. Denn als Müntzer auf dem Berge bei Frankenhausen predigte und in den Wolken das himmliche Zeichen erschien, glaubten die Versammelten mehr als sie wußten: stürzten sie schlecht gerüstet in die unglückliche Schlacht... So ist der Regenbogen das Gipfelzeichen zwischen Aufstieg und Niedergang der frühen bürgerlichen Revolution.

Der Regenbogen als Spektrum, optische Erscheinung gebündelter Farben, sei auch das Sinnbild für Einheit und Vielfalt dieses Buches, das viele Wegbereiter der bürgerlichen Neuzeit in historischen Porträts sammelt: die Großen der Renaissance, die Humanisten und die Bauernagitatoren, die Glaubensstreiter, die Adelsrebellen und die sozialen Revolutionäre.

Publizisten und Schriftsteller, Historiker der sozialen und politischen Bewegungen, der Wissenschaftsgeschichte, der Philosophie, der Literatur und der bildenden Kunst haben diese Porträts gestaltet, mit individueller Handschrift und freundlicher Genehmigung einer Gesamtredaktion, die das Vielfältige gleichwohl in einen Rahmen der gedanklichen und formalen Einheit faßte. Sie setzten der historischen Porträtkunst das Ziel, die innere und äußere Wesenheit der Individualitäten, ihr Wachsen und Wirken in der Gesellschaft, ihre Bewährung und Verweigerung, ihr Gelingen und

Scheitern, ihr Fortleben in den Nachgeborenen mit den Mitteln wissenschaftlicher Erkenntnis und literarischer Gestaltung zu reproduzieren. So hoffen sie, ein altes Genre, das in der Geschichtsschreibung unseres Landes kaum gepflegt wird, zu beleben.

Diese Gemeinschaftsarbeit beruht auf einer Koproduktion der Sektion Geschichte beim Präsidium der Urania, des Zentralinstituts für Geschichte an der Akademie der Wissenschaften der DDR und mit Radio DDR, das die einzelnen Porträts auch als Vorträge gesendet hat. Der Dank für gutachtliche Ratschläge gilt Herrn Dr. Werner Fläschendräger und Herrn Dr. Siegfried Hoyer.

Berlin, 1. November 1974 Der Herausgeber

WEGBEREITUNG DER NEUZEIT

Kommen des Antichrist.
In Schedels Weltchronik. Nürnberg 1493

Ablieferung des Zehnten.
Holzschnitt aus Roderian Zamorensis
»Spiegel des menschlichen Lebens«. Augsburg um 1475

Schiffswerft. Holzschnitt
von Bernhard von Breydenbach. 1486

Fürstliche Festtafel.
Holzschnitt von Michael Wohlgemut.
Nürnberg 1491

Bau einer Stadt. Holzschnitt aus der Koelhoffschen Chronik von Köln. 1499

Kaufmännisches Rechnen. Nach einem anonymen zeitgenössischen Stich

Mit Wasserkraft betriebene Förderungsanlage eines Bergwerks. Holzschnitt aus Georgius Agricolas »Bergwerksbuch«. 1580

JAN HUS

Am 6. Juli 1415 wurde in Konstanz am Bodensee der Magister Jan Hus als Ketzer verbrannt. Sein Name sollte zum Symbol für die revolutionäre Bewegung des tschechischen Volkes werden, die in der ersten Hälfte des 15. Jahrhunderts den Feudalherren Europas Angst und Schrecken einjagte. Wer war dieser Mann?

Aus dem südböhmischen Marktflecken Husinetz kam 1390 ein Neunzehnjähriger nach Prag: Sohn eines tschechischen Fuhrmanns, der gemäß dem Wunsche der Mutter studieren und Priester werden sollte – ein Lebensziel, das ihn zunächst nicht sonderlich anzog, aber zu jener Zeit auch für armer Leute Kinder gewisse Aufstiegsmöglichkeiten bot, zumindest eine einigermaßen ausreichende Versorgung sicherte. Prag war unter den Kaisern und Königen aus dem Hause Luxemburg zu einer der bedeutendsten Städte und seine Universität zu einer der berühmtesten Hochschulen Europas geworden. In der seit Karl IV. rasch gewachsenen Stadt prallten die sozialen Gegensätze zwischen arm und reich hart aufeinander. Sie erhielten eine besondere Färbung dadurch, daß die oberen Schichten der Stadtbevölkerung, das Patriziat, die reiche Kaufmannschaft, die Universitätsprominenz, das Domkapitel und die Vertreter der städtischen Behörden zumeist Deutsche waren.

In diesem sozialen und nationalen Spannungsfeld, das an der Universität noch durch den üblichen Gelehrtenstreit zwischen Nominalisten und Realisten kompliziert wurde, absolvierte Jan Hus sein Studium; er erwarb die akademischen Grade eines Bakkalaureus und Magisters der freien Künste, wurde schließlich in den Lehrkörper der Philosophischen Fakultät aufgenommen und im Jahre 1400 zum Priester geweiht. Bis dahin unterschied er sich weder in seinen theologisch-philosophischen Auffassungen noch in seiner persönlichen Haltung und Lebensführung vom Durchschnitt der Prager Universitätsangehörigen. Er bekennt in seinen späteren Briefen, ein leidenschaftlicher Schachspieler gewesen zu sein und nicht frei von allerhand Eitelkeiten, denen er zumeist wegen Geldmangel nicht nachgehen konnte.

1402 jedoch beginnt eine Entwicklung in seinem Leben, die ihn allmählich über seine Umgebung hinaushebt und zu geschichtlichen Dimensionen emporträgt. Er wird zum Prediger an der Bethlehemskapelle in Prag berufen, in der – nach dem Willen ihrer Stifter – dem Volke das Wort Gottes in der tschechischen Landessprache verkündet werden soll. Jan Hus widmet sich dieser Aufgabe mit Feuereifer. Hier hat er die Wirkungsstätte gefunden, wo er sich im täglichen Kontakt mit seinen Hörern, auf der Kanzel und im Beichtstuhl, inspirieren läßt von dem, was das Volk bewegt, was es denkt, fühlt und hofft, wo er im Geiste ganz eins wird mit seinem Volk und sich innerlich löst von den Bindungen an die kirchliche Hierarchie. Er lernt es, Kirche, Staat und Gesellschaft immer mehr mit den Augen des Volkes als reformbedürftig anzusehen, als etwas, das mit dem Evangelium nur sehr wenig übereinstimmt.

In dieser Meinung wird er von den Schriften des Engländers John Wiclif bestärkt. Dort findet er theologische Aussagen, die seiner eigenen inneren Erfahrung entsprechen und gleichsam auf den Begriff bringen, was er selbst denkt, woran er anknüpfen kann, um seine eigene Auffassung von der Kirche zu entwickeln. Über die Schriften und Sätze des Wiclif wird an der Universität bald disputiert: 45 seiner Artikel werden als irrig und ketzerisch verdächtigt. Hus weigert sich hartnäckig, sie in Bausch und Bogen zu verdammen, wie dies die Theologische Fakultät und der Erzbischof von ihm erwarten. Die Inquisition wird aufmerksam auf ihn. Sie schickt ihre Lauscher in die Bethlehemskapelle und bekommt Bedenkliches berichtet. So hat der Magister gepredigt: »Denn, ach, die weltlichen Herren schützen Not vor und bürden ihren Untertanen immer neue Lasten auf. Und was noch verwerflicher ist, auch die hohen Würdenträger der Kirche, die Päpste, die Erzbischöfe, die Bischöfe, die Erzdiakone, die Pröpste, die Kanoniker und ihr Anhang, die alle die Mittellosigkeit fürchten, erpressen in teuflischer Weise von den Gläubigen Abgaben, deren Höhe sie willkürlich bestimmen.« Solche Töne werden vermerkt und notiert.

Man hat noch keine Handhabe gegen Hus; denn auch Wiclifs Lehren sind zwar von den Universitäten zurückgewiesen, aber von der Kirche noch nicht als ketzerisch verurteilt. So sammelt die Inquisition in aller Stille weiter, bis der Erzbischof von Prag im Dezember 1409 in Rom eine Bulle des Papstes gegen die Verbreitung wiclifitischer Lehren erwirkt. Sie ist verbunden mit dem Verbot, außerhalb von Pfarr- und Klosterkirchen zu predigen – eine Bestimmung, die sich gegen Hus' Tätigkeit an der Bethlehemskapelle richtet. Die Bulle, die sich äußerlich gegen die Wiclifie wendet, soll auch Hus treffen.

Doch dieser ist soeben zum Rektor der Prager Universität gewählt worden. Er steht auf dem Höhepunkt seines gesellschaftlichen Ansehens, und so wird die Veröffentlichung der Bulle zurückgehalten, bis seine Amtszeit abgelaufen ist.

Hus läßt sich von der Bulle nicht einschüchtern und auch nicht davon, daß Wiclifs Schriften öffentlich verbrannt werden. Er mißachtet das Predigtverbot, besteigt weiter die Kanzel der Bethlehemskapelle. Und nun streben die Ereignisse mit innerer Notwendigkeit ihrem Kulminationspunkte zu. Hus beugt sich nicht. Die Festigkeit und Lauterkeit seines Charakters zeigten sich gerade darin, daß er jetzt, nachdem der offene Kampf mit dem Erzbischof und den hinter diesem stehenden Mächten der Hierarchie ausgebrochen ist, keinen Schritt zurückgeht und sich auf keinerlei Kompromisse einläßt. Diese Konsequenz führt ihn zu der Frage nach dem Wesen der Kirche, auf jenes Problem also, in dem das mittelalterliche theologische Denken am ehesten und fühlbarsten eine gesellschaftliche Bedeutung erlangt.

Hus untergräbt die Autorität des Papsttums und der gesamten Hierarchie. Er lehrt, die wahre Kirche bestehe nicht in der sichtbaren Hierarchie mit dem Papste an der Spitze, sondern in einer unsichtbaren Gemeinschaft von Auserwählten, deren Haupt Christus sei. Nicht dem Papst, sondern Christus allein schulde der Christ Gehorsam. Die Achtung und Ehrerbietung, die man einem Menschen entgegenzubringen habe, hänge nicht davon ab, welches Amt dieser Mensch bekleide, sondern einzig und allein davon, ob und inwieweit er Christus nachfolge; nicht dem Amte gebühre die Ehre, sondern dem anständig und christlich lebenden Menschen, und so könne ein Todsünder auch nicht Papst oder Bischof und auch nicht König sein.

Diese Lehre konnte leicht zum Ausgangspunkt und Kristallisationskern einer obrigkeitsfeindlichen und revolutionären Ideologie werden; in ihr waren Gedankengänge angelegt, deren gesellschaftliche Konsequenzen alle bestehenden Zustände in Frage stellten. Solange sich Hus damit begnügt hatte, gegen Ämterkauf, Bestechlichkeit und sonstige moralische Gebrechen der Geistlichkeit aufzutreten und Christus als das wahre Vorbild eines christlichen Lebens zu nennen, war er im Prinzip nicht über die üblichen Moralpredigten hinausgegangen, und er konnte schlimmstenfalls als Wortführer einer antiklerikalen Opposition gelten. Mit der Herausarbeitung und Verkündung seiner Lehre von der Kirche wuchs er jedoch weit über den Status eines derartigen Wortführers hinaus – er wurde zum Ideologen. Als solchen konnte ihn die Kirche, das internationale Ideologie-Zentrum des Feudalismus, nicht mehr tolerieren, mochte ihm auch persönlich jeglicher Gedanke an einen gewaltsamen Umsturz der Gesellschaft fernliegen.

Allen Anfeindungen seiner Gegner zum Trotz, hatte sich Hus bis 1412 in Prag halten können, weil der böhmische König ein rigoroses Vorgehen gegen ihn verhinderte. Wollte die römische Kurie Hus vernichten – und dazu war sie fest entschlossen, nachdem sein Freund Jakoubek im Januar 1412 den Papst als Antichrist bezeichnet hatte – so mußte sie König Wenzel für sich gewinnen. Da aber theologische Argumente bislang wirkungslos geblieben waren, suchte die Kurie die Überzeugungskraft finanzieller Vorteile ins Feld zu führen: Papst Johannes XXIII. erließ im Mai 1412 einen Ablaß zur Finanzierung eines Kriegszuges gegen Neapel – und beteiligte den böhmischen König an den Einnahmen aus diesem »heiligen Handel«. Der Schachzug verfehlte sein Ziel nicht. Der König entdeckte von neuem sein Herz für die Kurie, und beflissene Magister der theologischen Fakultät waren mit Argumenten für die Rechtmäßigkeit des päpstlichen Ablasses rasch zur Hand.

Hus aber macht sofort Front gegen das schmutzige Geschäft mit dem Seelenheil, verurteilt den Ablaß als widerchristlichen Betrug und plumpen Schwindel. Doch diesmal hat er nicht nur zänkische Theologen gegen sich, sondern das Allerheiligste der Wenzelskrone, den Fiscus. Und dieser verteidigt sich mit dem Schwert des Henkers: drei junge Husanhänger werden am 11. Juli 1412 auf Befehl des Königs hingerichtet. Die Krone gibt den Weg frei für den Einsatz der spezifischen kirchlichen Machtmittel. Nach zwanzigtägiger Frist zum Widerruf wird am 4. September 1412 der päpstliche Große Kirchenbann gegen Hus ausgesprochen. In den Kirchen werden die Kerzen gelöscht, zerbrochen und auf den Steinboden geworfen, über Prag wird das Interdikt verhängt: solange sich Hus noch in der Stadt aufhält, darf in keiner der Prager Kirchen mehr Gottesdienst gehalten werden.

Auf Befehl des Königs muß Hus Prag verlassen. Für anderthalb Jahre findet er bei kleinen Adligen Zuflucht auf dem Lande. Unermüdlich arbeitet, predigt, agitiert, übersetzt er Teile der Bibel ins Tschechische, entwickelt er seine Lehre weiter. Sein Mitstreiter Jakoubek zieht als erster aus der neuen Lehre jene Schlußfolgerung, die wenige Jahre später zum Symbol der Hussitenbewegung werden sollte: die Forderung des Laienkelches. Jedem Gläubigen soll bei der Kommunion der Kelch gereicht werden, nicht nur die Hostie. Der Kelch soll nicht länger das Vorrecht der Priester sein, das ganze Volk hat ein Anrecht auf ihn. In der Sprache der Liturgie wird damit das Ideal einer Volksherrschaft ausgesprochen, das große revolutionäre Energien freisetzen muß, sobald es aus dem rein kirchlichen Bereich hinausgetragen und auf alle Sphären des politischen Lebens ausgedehnt wird. Und wie sollte dieses Ideal auf die Kirche beschränkt bleiben, da sie doch die umfassendste gesellschaftliche Organisation und zugleich das Herrschaftsinstrument des Feudalismus ist?

Die Kurie spürt mit dem Instinkt ihrer Machterfahrung, welch ungeheure Gefahr damit für sie und die gesamte feudale Gesellschaft heranwächst. Sie will den Urheber dieser Gefahr vor ihren Richterstuhl zerren, um ihn zu vernichten.

1414 erreicht Hus der Befehl des Königs Sigismund, sich nach Konstanz zu begeben und vor dem Konzil zu verantworten; freies Geleit sei ihm sicher.

Freunde warnen ihn. Doch Hus begibt sich auf die Reise nach der Stadt des Konzils, wo die hohen kirchlichen Würdenträger zusammentreten, um das Schisma zu beseitigen und der Kirche wieder ein einziges sichtbares Oberhaupt statt der jetzt einander befehdenden drei Päpste zu geben. Bei dieser Gelegenheit soll auch die leidige Irrlehre des längst verstorbenen Engländers Wiclif verurteilt und an dessen böhmischen Adepten Hus ein Exempel statuiert werden.

Wenige Wochen nach seinem Eintreffen in Konstanz wird Hus ungeachtet des königlichen Geleitbriefes verhaftet. Während er des Tags an den Händen gefesselt und des Nachts an das Bettgestell gekettet im Kerker schmachtet, klittert sein ehemaliger Freund Stefan Paletsch mit dem kalten Haß des Renegaten die Anklage zusammen. Paletsch war vor sechs Jahren selbst einmal in ähnlicher Lage, als er mit Stanislaus von Znaim, ihrer beider Lehrer, nach Italien beordert wurde, um sich auf eine Denunziation hin wegen wiclifitischer Irrlehren zu verantworten. Im Kerker von Bologna hat ihn die Inquisition zur Rechtgläubigkeit zurückgeführt und als Spitzel gewonnen, der die geheimsten Gedanken seiner ehemaligen Freunde kennt, sie in jedem Nebensatz, hinter jedem Komma aufzuspüren weiß. Und dieser nimmt sich nun die Schriften des Jan Hus noch einmal vor, besonders jene, die nach der Vertreibung aus Prag geschrieben wurden, geht sie Satz für Satz durch und zieht mit sicherem Instinkt jene Stellen ans Licht, die den Gefangenen unweigerlich der Ketzerei überführen müssen.

Anfang Juni 1415 holt man Hus zum Verhör. Dreimal steht er vor dem Konzil. Daß man ihn öffentlich hören muß und nicht im stillen abtun kann, ist der einzige Erfolg, den Hus und seine Freunde erzielen. An Freispruch ist nicht mehr zu denken. Die Würfel sind längst gefallen, das Urteil liegt bereit. Man hat ihn nicht gerufen, um mit ihm zu disputieren oder ihn zu widerlegen: Nur den Widerruf will man hören, keine Auskünfte und keine Gründe. Diesen Widerruf entgegenzunehmen, ist die letzte Gnade, die man Hus erweisen mag – und das ist auch der Sieg, den die Kurie sich wünscht. Ein Widerruf ist wertvoller als ein Scheiterhaufen, wiegt er doch ungleich mehr im Kampf gegen unbotmäßiges Volk.

Jan Hus hält den Verhören stand. Ergebnislos bringt man ihn in den Kerker zurück. Er rechnet von nun an stündlich damit, daß man ihn holen und zum Scheiterhaufen führen wird. Doch statt dessen kommen jetzt öfter Besucher, die alle nur ein Anliegen haben: den Widerruf. Sie lassen ihre Überredungskünste spielen, wollen ihm Gründe beibringen, den Widerruf vor seinem Gewissen zu verantworten, appellieren an seine Vernunft mit theologischen, moralischen, rechtlichen und politischen Argumenten. Auch Paletsch erscheint, sein Judas. Er gibt unter Tränen zu, daß er ein Spitzel ist und redet sogleich auf Hus ein, nicht die Schande des Widerrufs zu bedenken, sondern all das Gute, das aus ihm fließen werde. Hus hat diese Überredungskünste in seinen letzten Briefen beschrieben. »Ein Engländer sagte: Wäre ich an Eurer Stelle, so würde ich – bei meinem Gewissen! – gern abschwören! Denn in England haben alle Magister, sehr gute Männer, die des Wiclifismus verdächtig waren, der Reihe nach auf Befehl des Erzbischofs abgeschworen... Andere wieder meinten, Abschwören heiße: das von den Zeugen – ob nun wahrheitsgemäß oder fälschlich – zur Last gelegte verneinen.«

Hus legt klar und unmißverständlich seine Gründe dar, warum er nicht widerrufen kann und weshalb auch keine Überredungskünste bei ihm verfangen: »Das ist im Namen Jesu Christi mein endgültiger Entschluß: Ich will weder die richtig ausgewählten Artikel als Irrtum bekennen, noch will ich die mir durch falsche Zeugen angedichteten Artikel abschwören. Denn Abschwören heißt zugestehen, daß ich Irrtümer oder Irrtum gehegt habe, davon abrücken und das Gegenteil bekennen. Wollte ich bekennen, ich hätte Irrtümer gehegt, so würde ich dadurch sehr vielem Volke Gottes Ärgernis geben, das von mir doch in der Predigt das genaue Gegenteil gehört hat.«

Jan Hus ist nicht zu beugen. Die Kurie kann ihn nicht überwinden, sie kann ihn nur vernichten. Er wird am 6. Juli 1415 aus dem Verlies geholt und nach dem Hochamt in den

Dom geführt, wo das Konzil versammelt ist. Man spricht das Urteil über ihn und läßt ihn – nach vollzogenem Zeremoniell der Entweihung und Ausstoßung aus dem Priesterstande – zum Scheiterhaufen abführen.

Jan Hus war kein sozialer Revolutionär, wohl aber ein Reformator, der die Kirche beim Worte der Bibel nahm und sie nach seinem Bilde umgestalten wollte. Und er war ein kristallen reiner Mensch von großer Aufrichtigkeit und Charakterstärke. Einen solchen konnte die Hierarchie nicht vertragen. Mit seiner Lehre und seiner unbeugsamen Haltung rührte Hus an den Grundcharakter der Kirche als Machtinstitution. Die Macht verlangte Gehorsam, Hus versagte ihn.

JOHANN GUTENBERG

Wer im zweiten Drittel des 15. Jahrhunderts zu Straßburg oder Mainz bei Johann Gensfleisch zum Gutenberg Einlaß forderte, wird wohl kaum des Hauses verwiesen worden sein. Jedoch in die Werkstatt des Meisters kam er nicht. Zwei Jahrzehnte lang hatte der als Stempelstecher und Spiegelfertiger geschätzte Mainzer Patriziersohn etwas zu verbergen. Es brauchte zwar nicht das Licht der Welt zu scheuen, aber Gutenberg behütete es vor der Arglist der Zunftmeister und der Geldgier der Händler. Was er tat, tat er nicht allein. Er hatte Gehilfen und Mitwisser. Aber auch sie waren von ihm zum Schweigen verpflichtet. Ein geheimnisumwobener Mann, von dem seine Mitbürger ahnten, daß er Neues ersann. Mehr wußten sie nicht.

Gutenberg ist der Erfinder des Bücherdruckens mit beweglichen Metallettern. Uns, die wir mit der Technik groß werden, scheint seine Erfindung vielleicht klein. Aber sie war eine Riesenarbeit, eine Bürde für ein ganzes Leben. Sie war im Zwielicht des späten Mittelalters auch ein gewaltiges

Wagnis. Wir wissen nicht, wann Gutenberg die Idee zu dieser neuartigen Vervielfältigung von Geschriebenem kam. Wir kennen auch seine Beweggründe nicht. Bekannt ist nur, daß er ihr große Opfer an Geld und Zeit brachte, daß sie ihn gefangennahm, wie nur immer eine übermächtige Idee einen Menschen gefangennehmen kann.

Die Zeugnisse über Gutenbergs Leben und Wirken sind spärlich – unsicher auch das Datum und der Ort seiner Geburt: kurz vor 1400 vermutlich in Mainz. Was allein an den Tag kam, ist sein Familienwappen, sind Schuldurkunden, Niederschriften über Händel vor Gericht und ein Erlaß seines Kurfürsten, der dem Abkömmling von Stadtaristokraten im Alter höfische Kleidung, Brot, Wein und Steuerfreiheit verspricht. Der Mensch Gutenberg, was er dachte, wie er zu den Ereignissen stand, welche Fragen er an die Welt hatte – das alles bleibt im Nebel der Jahrhunderte verborgen. Nicht verborgen ist uns freilich sein Werk: Handzettel, Kalender, Bücher. Unauslöschbare Ergebnisse seiner Mühen. Die Zeit und die Orte, die er durchmaß, kennen wir ebenfalls. Und so läßt sich ein vages Bild von der Persönlichkeit malen, der wir viel zu danken haben.

Als er sich an die Arbeit machte, erweiterten die Portugiesen schon den Horizont der bis dahin bekannten Welt. Die Bürger der Städte obsiegten soeben über die Ritter in den Burgen, sie wurden durch Handel und Gewerbefleiß wohlhabend, ihre Rathäuser waren Symbole einer neuen aufstrebenden Kraft. Universitäten entstanden. Von den Hussiten in Böhmen her nistete sich bei Bürgern und Bauern umstürzlerisches Gedankengut ein. Das Heilige Römische Reich Deutscher Nation, durch feudale Machtkämpfe geschwächt und zerrissen, steuerte in die Krise. Noch aber war alles im Zugriff der Papstkirche. Vor ihrer Macht zitterten Hohe und Niedrige. Wunderglaube und allerlei Hexenwahn tobten sich aus. Es war gefährlich, Dinge zu unternehmen, die andere nicht verstanden. Schnell war der Vorwurf der Gotteslästerung zur Hand, und an Anschwärzern fehlte es nicht.

Die Inquisition ging mit vielen der Besten grausam zu Gericht.

Allein der Umstand, daß aus Gutenbergs Werkstatt Bücher kamen, eines wie das andere, mit gleichen Buchstaben, nicht mehr von Hand, sondern mechanisch gefertigt, hatte mancherorts noch die Nähe von »Zauberei« und »Teufelswerk«. Weiß doch die Historie vom Frühdrucker Bartholomäus Gothan aus Magdeburg zu berichten, er sei als Schwarzkünstler in Moskau ertränkt worden. Aber Gutenberg lebte im Frühkapitalismus, der technischer Fortschritte bedurfte und auch von herrschenden Feudalgewalten nach Interesse ausgenutzt wurde. Erst recht die Kirche war da nicht zimperlich. So nannte Kardinal Nicolaus Cusanus selbst den Buchdruck Gutenbergs eine sancta ars, eine gottgefällige Kunst, die kirchlichen Zwecken wohl dienstbar sein könne.

Der Mann, der da einen unbekannten Beruf aus der Taufe hob, verstieß trotzdem gegen ehernes Gesetz. Denn jeder, der ein städtisches Gewerbe ausübte, war den Vorschriften und strengen Regeln der Zunft unterworfen. Keiner durfte den anderen durch neue Geräte oder vorteilhaftere Arbeitsverfahren überflügeln. Es mag sein, daß Gutenberg folgenschweren Nachstellungen entging, weil er, ähnlich den Goldschmieden, die Freiheit künstlerischen Schaffens genoß oder weil einflußreiche Leute ihr Vermögen in sein Unternehmen gesteckt hatten. Sogar dem Sankt-Thomas-Stift in Straßburg hatte er Geld abschwatzen können mit dem Versprechen, später etwas vorzuweisen, das den Mönchen das beschwerliche Abschreiben ganzer Kompendien erspare.

Abschreiben – das war der Brauch der Zeit. Zwei harte Jahre für das Alte und das Neue Testament! Über die Jahrhunderte hatten sich Fehler in die Kopien geschlichen, die kaum einer mehr ausmerzen konnte. Bücher waren nur ein Besitz der Klöster, Universitäten und Fürsten. Allein für die Ausleihe einer handgeschriebenen Bibel mußte man 1446 zehn Gulden erbringen. Hundert Gulden kostete das ganze Buch; es war der Wert eines großen stattlichen Hauses. Aber in Mainz, Nürnberg, Augsburg, Köln und Lübeck wirkten schon Briefdrucker, die zunftmäßige Genossenschaften bildeten. Sie schnitten die Seiten eines Flugblattes in Holz, bestrichen die Platte mit Leinölfarbe, gaben sorgsam angefeuchtetes Papier darauf und gewannen Abzüge, indem sie mit Stoffbausch oder Pinsel darüberwischten. Sogar eine Biblia pauperum, eine einfache, bebilderte Volksbibel, ist so entstanden. Eine Technik leuchtete auf, die neue Möglichkeiten andeutete.

Gutenberg erkannte sie. Als Kind mag er, wenn sein Vater Metall zu liefern hatte, in die erzbischöfliche Münze zu Mainz gekommen sein. Hier sah er, wie Prägestempel graviert wurden, die zu tausendfachem Abdruck tauglich waren. Hier lernte er den Schmelzvorgang kennen, das Walzen, Ausstanzen, Rändern. Metall, das formbare, dauerhafte, hatte es ihm fortan angetan. Es ist nicht überliefert, ob er Goldschmied wurde, ein Meister jener Kunst, die Handfertigkeit und Gestaltungssinn vereint. Aber er beherrschte dieses Gewerk, die Mechanik genauso wie das plastische Bearbeiten von Gold, Silber, Blei, Bronze, Kupfer und Messing. Er schmolz, schmiedete, lötete, emaillierte, zeichnete und gravierte, ganz besessen von dem Drang, das Material zu ordnen, ihm Schönheit und Eleganz aufzuzwingen.

Weder den Schönschreibern in Klosterzellen und städtischen Schreibstuben noch den Holzschnitzern kam der entscheidende Gedanke für den Buchdruck. Dazu bedurfte es eines Genies, das sich auf metallische Technik verstand, das von vornherein auf das Massenhafte, auf das Einfache und Zweckvolle bedacht war. Das Einfache ist heute das Schwere. Um wieviel schwerer mußte es gewesen sein, als es in der Welt kaum zwei gleiche Dinge von Menschenhand gab! Keines der vier Räder eines Wagens glich dem anderen. Was machte es den Häuserbauern, wenn Steine und Balken einander ungleich waren? Sogar die Abzüge der Briefdrucker fielen in Farbe, Gestalt und Deutlichkeit verschieden aus. Gleiche Dinge zu machen, immer wieder verwendbar –

das war nicht Sache des mittelalterlichen Handwerks, das war Errungenschaft der neuzeitlichen Industrie. Und so steht der Drucker Gutenberg mit seinen identischen Bleitypen unter anderen an der Wiege kapitalistischer Manufaktur.

Er betrat Neuland. Kaum anzunehmen, daß er sich des Unmaßes an Experimenten, an Verzweiflung und Rückschlägen bewußt war, als er sich auf den Weg begab. Er verkalkulierte sich in der Geldsumme, die er brauchte. Er ahnte nicht, daß er, um das eine zu finden, vieles andere neu austüfteln mußte, wobei jedes für sich eine bestaunenswerte Großtat war. Im Zenit seines Lebens, als er die 42zeilige Bibel schuf, beschäftigte er an die dreißig Mann. Sie wirkten in fast einem Dutzend verschiedener Berufe, die zum Teil von dem Meister selbst erst herausgebildet worden waren. Gutenberg besaß eine Werkstatt, die sich von jeder anderen unterschied. Ihre Produktionsmittel hatten für damalige Verhältnisse einen ungeheuren Wert. Es wurde nicht – wie üblich – für schnellen Absatz, sondern mit Risiko jahrelang fürs Lager gearbeitet. Eine Unmenge Halbfabrikate mußten sein, ehe das große Ziel, das Werk der Bücher, erreicht war. In den Vorratsräumen fanden sich wohl 80 Zentner Blei in Form von 46000 gegossenen Bleibuchstaben, über 5000 Kalbshäute für die 35 Pergamentexemplare, 50000 großformatige Bogen Papier für die 150 Papierausgaben der Bibel. Gutenberg hatte nicht nur den Buchdruck erfunden. Er hatte auch eine organisatorische und ökonomische Glanzleistung vollbracht.

Hinter alledem stand ein entschlossener, temperamentvoller, um Vollkommenheit ringender Mann. Noch so harte Schicksalsschläge konnten ihn kaum in die Knie zwingen. Seine Vaterstadt Mainz mußte er um 1430, nach einer Fehde zwischen Patriziern und Zünften, verlassen. In Straßburg, wo er sich urkundlich mindestens von 1434 bis 1444 als Flüchtling aufhielt, verstand er es, sich einen guten Namen zu machen. Er nutzte die Zeitgunst aus, tat sich mit drei Gehilfen zusammen, warf sich aufs Stempelschneiden und brachte kleine Siegel auf den Markt, die gern von Wallfahrern gekauft wurden. Listig ließ er durchblicken, daß er neben diesem Kleinzeug eine große und einträgliche Sache vorhabe. Die drei wissensdurstigen Handwerker gaben ihr Vermögen, um von ihm angelernt zu werden. 1438 schloß er mit ihnen einen Werkvertrag und gründete eine Genossenschaft zur Geheimhaltung alles dessen, was sie zu sehen und zu arbeiten bekämen. Mit ihrem Geld – es wird die stattliche Summe von über 600 Gulden gewesen sein – deckte er die Anschaffungen für die geheimnisvolle Kunst, die er zu lehren versprach. Von dem Geld sah niemand etwas wieder.

In Straßburg muß Gutenberg tatsächlich die ersten noch unvollkommenen Schriftzeichen, das Handgießinstrument, die annähernd richtige Bleilegierung und die Druckerpresse geschaffen haben, letztere mit Hilfe des Drechslers Saspach. Seine Schüler warteten auf die versprochene Sensation. Sie trat noch nicht ein. Immer wieder schlugen Versuche fehl, Typen zu gießen, die sich als brauchbar justieren ließen. Schüler und Geldgeber wurden ungeduldig. Sie prozessierten, verloren zwar, brachten aber Gutenberg um seine Presse, das Wertvollste, was er besaß. 1444 verließ der Erfinder die Stätte seiner Mißerfolge und menschlichen Enttäuschungen.

Nach Mainz zurückgekehrt, fing er als ein Mann zwischen Vierzig und Fünfzig wieder von vorn an. Wieder brauchte er Schüler, deren Verschwiegenheit sicher war. Und wieder brauchte er Geldgeber. Zunächst nahm er eine Anleihe von 150 Gulden auf und begann überraschend schnell, die ersten Drucke herauszubringen. 1445 erschien sein »Fragment vom Weltgericht«. Es ist der älteste in Metallbuchstaben hergestellte Druck. Wenig später legte er 28 Seiten der lateinischen Schulgrammatik des Aelius Donatus, den »Donat«, vor. Die Anfänge! – aber für das, was ihm vorschwebte, reichte das Kapital nicht aus. Mit einer Zähigkeit ohnegleichen verbesserte er die Donattype, bis sie nach zwölf Jahren zur Type entwickelt war, mit der er den Druck der 36zeiligen

Bibel wagte. Aber auch das wäre nicht möglich gewesen, hätte er nicht den Kaufmann Johannes Fust gefunden. Dieser gab dem Drucker im Jahre 1450 zur Einrichtung einer großen Werkstatt 800 Gulden. 1452 schaffte er weitere 800 Gulden heran, um die Fertigstellung des »Werkes der Bücher« zu garantieren.

Fust war so ganz anders als der Erfinder. Ihn beseelte nicht Forscherdrang, er verstand nichts von Gutenbergs qualvollen Experimenten. Er begriff aber, wie eine leicht herstellbare Bibel eine einträgliche Pfründe werden konnte. Deshalb hatte er sich die Beteiligung am gesamten Unternehmen und am späteren Gewinn verbriefen lassen. Auch dem Händler Fust kam mit den Jahren die Ungeduld. Es ist anzunehmen, daß er, als ewig nichts verkauft wurde, Gutenberg mit Vorwürfen in den Ohren lag. Der unterbrach die Arbeit an dem Buch, um zwischendurch Ablaßzettel und Kalender zu drucken. Wie sich herausstellte, war das aber weder mit den fertigen Typen für die 36zeilige noch mit den vorliegenden Buchstaben einer 42zeiligen Bibel möglich. Gutenberg ließ zwei seiner Gehilfen neue Buchstaben entwerfen und gießen, mit denen die Ablaßbriefe gedruckt werden konnten. Ihre massenhafte Herstellung brachte wenigstens einige klingende Münze und war der erste Beweis für die Brauchbarkeit der neuen Technik.

Das »Werk der Bücher« indes war unersättlich. Nahezu 240000 Druckvorgänge waren vonnöten, um die 185 Exemplare der Bibel zu bewerkstelligen. Dazu kam das kunstvolle Rubrizieren und Illuminieren, das Pressen, Schneiden und Einbinden. Die Gehilfen mußten gut bezahlt und beköstigt werden. Der Meister nahm sie wiederum in eine besondere Hausgemeinschaft auf, eine Art Geheimbund, der das Werk vor seiner endgültigen Fertigstellung nicht der Öffentlichkeit preisgeben durfte. So manche neugeschaffene Type wurde wieder eingeschmolzen, weil sie dem Drucker nicht gut genug war. Geld blendete ihn nicht, er gab keine Ruhe, ehe nicht größte Kunstfertigkeit und Ebenmaß gelangen.

Manches ging schief, Bogen zerrissen oder verrutschten unter der Presse – kurz: Material und immer neuer Arbeitsaufwand waren gefragt.

Für den Krämer Fust allerdings schienen Material und Zeit vertan. Er brachte das Verständnis nicht auf, das Werk des stets Unzufriedenen ausreifen zu lassen. Nach fünf Jahren klagte er sein Kapital ein. So entschied sich am 6. November 1455 vor dem Mainzer Stadtgericht das Schicksal Gutenbergs. Die Bibel, an die er sein ganzes Leben, sein Können und seine Findigkeit gegeben hatte, war zwar vollendet. Aber er wurde aus der Nutzung seiner Erfindung herausgedrängt. Ein Zeitdokument, das Helmaspergersche Notariatsinstrument, berichtet: Gutenberg habe 2026 Gulden an Fust zahlen müssen. Eine Summe, die zum Bau von zwanzig Patrizierhäusern ausreichte, mithin dem Zentrum einer Stadt. Keine Frage, daß der Meister dieses Geld nicht aufbringen konnte.

Durch Pfändung ging alles, was er nach 1450 an Geräten und Material mit dem Kapital des Kaufherrn angeschafft hatte, verloren. Wohl blieben die Donat- und die Bibeltypen noch in seiner Hand. Aber sein vorbereitetes glanzvolleres Werk, die Lettern für einen dreifarbigen Psalter, gingen an den anderen. Zusammen mit Peter Schöffer, Gutenbergs Meisterschüler, brachte jener die Bibel und auch den Psalter heraus. Am Erlös, der sich auf das Mehrfache der Unkosten belief, war der Geprellte nicht beteiligt.

In dem mainzischen Syndikus Konrad Humery fand sich ein Freund, der Gutenberg abermals Geld für eine neue Werkstatt vorschoß. Jetzt aber war der fast Sechzigjährige ein gebrochener Mann. Er arbeitete zwar weiter, blieb jedoch im Schatten des Druckhauses Fust & Schöffer. Beide waren gegen den Erfinder geschäftstüchtige und überlegene Konkurrenten. Zu entscheiden, ob sie seine Begabung nur nutzten, um sich ihrer nach vollendetem Werk zu entledigen, fällt bei der Dürftigkeit der Quellen schwer.

Durch den Rechtsspruch war auch das zwei Jahrzehnte

lang bewahrte Geheimnis des Druckers aufgedeckt. Das genossenschaftliche Verbündnis des Meisters und seiner Mitarbeiter zerfiel. Die Gesellen gingen in die Welt hinaus. Sie nahmen die neue Technik mit und brachten sie unter die Menschen.

Gutenberg hat nie viele Worte machen können, seine Leistung nie ins rechte Licht gerückt. Er war tatkräftig und trotzig in seinen Mannesjahren. Nach dem verlorenen Prozeß aber zweifelte er an der Welt. Er besaß 1465 die Kraft und den Willen nicht mehr, einem Angebot des Kurfürsten, der ihn noch 1462 mit vielen anderen aus Mainz verjagt hatte, zu widerstehen – wurde dessen Hofmann und alterte dahin. Er litt wahrscheinlich an Erblindung und starb am 3. Februar 1468 in seiner Vaterstadt.

Zwiespältig wie sein Jahrhundert, so war auch er. Zwar wurde er als Patrizier – ein Bevorrechteter – geboren, aber er lebte und arbeitete als Handwerker – ein Hintersasse in Straßburg, ein zunftloser Außenseiter in Mainz. Er druckte als erster Ablaßzettel für den Papst und wurde in späten Jahren Laienbruder eines Ordens, aber indem er auch den Kämpfern für Glaubensfreiheit und Fortschritt die Waffe zur Verbreitung ihrer Gedanken schuf, versetzte er der Kirche einen Schlag, von dem sie sich niemals mehr erholte. Sein Vorhaben brauchte Ruhe und Seßhaftigkeit, aber mindestens dreimal trieben ihn Ränke und Gemetzel der Landesherren von einer Stadt in die andere. Mit dem, was er vorhatte, strebte er in die Welt hinaus, und doch vergrub er sich in seine Werkstatt, vergrübelte er sich ins Metall. Ein widerspruchsvoller Mensch.

Johannes Gensfleisch zum Gutenberg hat die Höhen und Tiefen voll ausgeschritten. Ein Weltveränderer wollte er sicher nicht sein. Er war kein Hussit, der gegen kirchliche und weltliche Knechtschaft anrannte, der zu Schwert und Feuer griff, um menschliche Schandmale auszumerzen. Er hat auch gedanklich keine neue Welt entworfen, wie viele andere, die nach ihm Renaissance und Reformation beflügelten. Aber mit Metall, Holz, Papier, Druckerschwärze etwas Neues hervorbringend, hat er zur großen Veränderung und Befreiung der Menschheit unendlich viel beigetragen. Er war ganz der Sohn seiner Zeit. Sie band und trieb ihn, weit über sie hinauszuwirken.

LEONARDO DA VINCI

Sein Leben war ein Zwiegespräch mit der Natur. Eine Begegnung, die sich nie erschöpfte. Ein Dialog, der erst mit seinem Tode abriß. Ein Beobachten und Erkennen, Forschen und Probieren, Sehen und Gestalten, das sich mannigfaltig in seinen Aufzeichnungen und Skizzen niederschlug, als Gedanken, Ratschläge, Erfindungen und Lehren.

Manches formte sich zu greifbaren Werken, vieles aber blieb unvollendet oder ging früh zugrunde. Weil für ihn alles nur Versuch war, überdauerten nur ein paar Bildnisse, eine bemalte Mauer, einige tausend Zeichnungen – dazu jedoch die Tagebücher mit sechstausend Seiten Notizen, an deren Erschließung die Generationen in den Jahrhunderten wirken.

Wohl plante er, seine Notizen nach Materien zu ordnen, zu systematisieren und als Bücher herauszugeben: Traktate über die Malerei, die Mechanik, das Wasser und andere Erscheinungen der Natur. Doch da ihn Forscherdrang ein Leben lang vorwärts trieb, da Verharren und Festlegen,

Genügsamkeit und Selbstbeschränkung seinem rastlosen Geist widerstrebten, blieben Idee und Vorhaben unvollendet.

Stolz und selbstbewußt nannte er sich Erfinder – und wirklich hat er sich dem Finden des Neuen, noch Unerkannten, von frühester Jugend an verschrieben: Leonardo da Vinci. Als Jüngling studiert er die Erosion, die Auswaschung der Erdoberfläche durch das Wasser. Mit Dreißig bietet er dem Herzog von Mailand seine Dienste an, um Befestigungen zu bauen, neuartige Waffen herzustellen und das Reiterstandbild des Francesco Sforza auszuführen. Mit Fünfzig entwirft er für Florenz die Kanalisation und den Plan einer Idealstadt in zwei Geschossen, das untere für Wirtschaft und Verkehr, das obere für Wohnen und Geselligkeit. Und als Greis arbeitet er in Frankreich an Projekten für die Melioration unfruchtbaren Landes und für eine Schloßanlage, deren Grundideen die französische Architektur und Gartenkunst befruchten werden. In zahllosen Skizzen konstruiert er Flugmaschinen, den ersten Fallschirm dazu und Tauchapparate. Er denkt über Möglichkeiten nach, den Dampf als Antriebskraft zu verwenden. Er will die Warenproduktion vereinfachen und verbilligen, einzelne Arbeitsgänge mechanisieren und plant so die maschinelle Fabrikation von Nadeln, ersinnt Feilenhau-, Tuchscher- und Spinnmaschinen, die zum Teil in späteren Jahrhunderten neu erfunden werden müssen. Der Erfinder verneint scholastische Buchstabenweisheit. Er verachtet die Nachbeter überkommener Schriftgelehrsamkeit und erklärt die Erfahrung zur »Lehrmeisterin aller Meister«. Das Experiment sei das Mittel, die Natur zu befragen, die Mathematik die Dienerin der exakten Beweisführung. »Denn«, so schreibt er, »es besteht keine Gewißheit, sofern man nicht eine der mathematischen Wissenschaften anwenden kann oder etwas, das mit diesen mathematischen Wissenschaften zusammenhängt«.

Viele Gesetze und Erkenntnisse, für die spätere Gelehrte als Entdecker gelten, hat er schon beobachtet und vorausgeahnt. Weil er Anlagen braucht, um Lasten zu heben, konstruiert er Rollen- und Flaschenzug, stellt er das allgemeine Hebelgesetz auf. Bei einer Wanderung durch die Seealpen findet er Muscheln auf Berggipfeln, woraus er die Lehre von den geschichteten Steinen, den Fossilien, von Ebbe und Flut zieht. Er kennt die Wellenbewegung des Meeres, wendet ihre Verlaufsformen als Fortpflanzung und Reflexion auf den Schall und das Licht an, mißt Schallwellen, erklärt das Echo, stellt die Frage nach der Geschwindigkeit des Lichts. Als Künstler, der den Menschen darstellen will, treibt er anatomische Studien, und er könnte statt Vesalius, der sich zwei Generationen später darum verdient macht, als Begründer der modernen Anatomie gelten – hätte er seine vortrefflichen Zeichnungen und Notizen veröffentlicht. Er beobachtet den gestirnten Himmel und notiert, vierzig Jahre vor Copernicus: »Il sole non si mouve« – Die Sonne bewegt sich nicht! Im Widerspruch zum geozentrischen Weltbild, dem kirchlich sanktionierten, gelangt er zu dem Schluß, daß die Erde ein Stern ist, ähnlich dem Mond. Der Forscher Leonardo überwindet die Traditionen des Mittelalters.

Seine wissenschaftlichen Leistungen stehen seinen künstlerischen nicht nach. Aber während die Zeitgenossen in ihm den Künstler bewundern und verehren, kennen sie kaum die Skizzen und Berechnungen, Beobachtungen und Erkenntnisse des Gelehrten. Seine Eigenart, als Linkshänder in Spiegelschrift von rechts nach links zu schreiben, erschwert die Entzifferung seiner Merkbücher. Schwierig sind auch die Ausdrücke der florentinischen Volkssprache, die er benutzt, und Wörter, die er beim Schreiben eigenwillig kürzt und zusammenzieht. Das größte Hindernis für die nachgeborenen Gelehrten aber bleibt der Mangel an Systematik und Übersichtlichkeit in seinem geistigen Erbe, dem vollends das Chaos droht, nachdem es in alle Winde verweht. Erst eineinhalb Jahrhunderte nach dem Ableben Leonardos erscheint in Frankreich das erste gedruckte Buch aus dem Nachlaß: der »Traktat von der Malerei«, 1651. Viel später noch,

1824 in Bologna, beginnt die Herausgabe seiner naturwissenschaftlichen und technischen Aufzeichnungen: mit dem Sammelband »Von der Natur, der Bewegung und dem Gewicht des Wassers«. Nur sehr allmählich öffnet sich der Nachwelt die Sicht auf das Genie, die erstaunliche Allseitigkeit dieses Menschen.

Die Zeitgenossen können Leonardos schöpferische Unrast nur schwer begreifen. Ein Bericht lobt ihn als sehr erfindungsreich – doch führe er viele Dinge nicht aus, tue sich nie Genüge, so daß seine Werke selten sind. Er selbst pflegt zu sagen, es sei ihm bei aller Mühe nicht gegeben, das Ziel zu erreichen, das der Idee seines Verstandes entspreche. – Er leidet an dem Übermaß seines Wissensdranges, seiner Ahnungen und Pläne, die zu groß sind für einen einzelnen, selbst für einen Mann wie ihn.

Den Konflikt zwischen Idee und Verwirklichung empfindet er am stärksten in seinen Kunstwerken. Wenige sind erhalten geblieben, andere zerstört, viele wurden nie vollendet. Doch seine Gemälde, die wir kennen: das »Abendmahl«, »Die Madonna in der Felsengrotte«, »Die heilige Anna selbdritt«, seine Porträts – vor allem die »Mona Lisa« – und einige tausend Zeichnungen offenbaren den Künstler in seiner Meisterschaft. Er stellt die Malerei über alle anderen Künste, nennt sie eine Wissenschaft und rechtmäßige Tochter der Natur. »Der Maler«, schreibt er, »streitet und eifert mit der Natur um die Wette«. Und in der Tat beruhen Lebensnähe, Ausdruckskraft und Einfallsreichtum seiner Kunst auf einem neuen Verhältnis zur Wirklichkeit.

Wohl machen Naturstudien nicht den Künstler. Aber sie sind unentbehrlich für jeden Maler und Bildhauer der Renaissance, wenn er die Aufgaben erfüllen will, die ihm die Gesellschaft stellt. Die Kaufleute, Reeder und Bankherren, die Warenproduzenten des Bürgertums, haben eine andere Beziehung zu ihrer Welt als mittelalterliche Aristokraten und Kleriker. Für sie ist die Natur in neuer Weise Bedingung und Gegenstand der Arbeit – potentieller Reichtum, wenn man versteht, das Geheimnis ihrer Kräfte zu entdecken, die ganze Fülle ihrer Möglichkeiten produktiv zu machen. Gott mag der Herr über die Menschen sein... Der Mensch aber wird zum Herrn über die Natur. Er eilt mit schnelleren Schiffen über die Meere, gräbt sich tiefer zu den Schätzen der Erde vor, baut höher und weiter die Städte, füllt deren Warenmärkte mit den mannigfaltigsten Erzeugnissen des Handwerks und der Manufaktur. Selbst Adel und Kirche möchten da nutznießen, können der Verlockung des Neuen nicht widerstehen, der Entdeckung des Unbekannten schwerlich entrinnen. Zwangsläufig müssen sie ihren herkömmlichen Anspruch, die Gesellschaft zu repräsentieren, mit dem aufstrebenden Bürgertum teilen, das seine Bedeutung nicht auf Geburtsadel und Glauben, sondern auf wachsenden Reichtum gründet – und das sich nun zeigen, auch für die Nachkommen erhalten will. Als neuer Auftraggeber der Kunst verlangt das Bürgertum die Gestaltung realer Menschen und wirklicher Dinge, nicht bloß Einbildungen aus römisch-katholischer Heilsgeschichte. Dafür reichen die überlieferten Kunstformen und Methoden nicht aus. Statt der jahrhundertealten Gewohnheit, die Bildnisse durch eine flächenhaft gestaltete Symbolik zu vereinfachen, erstreben die Maler nun Naturtreue und Räumlichkeit, Individualität und Konkretheit. Dazu werden Kenntnisse der Anatomie, Botanik, Optik, Physik, Mathematik und anderer Gebiete der Naturwissenschaft und Technik benötigt, die in der metaphysischen Scholastik kirchlich gelenkter Universitäten nicht zu holen sind. Folglich müssen die Schöpfer der neuen Kunst selbst Forscher und Techniker sein. So entsteht der vielseitige Künstlertypus der Renaissance, dessen höchste und reinste Ausprägung Leonardo da Vinci ist.

Ein Zeitgenosse erblickt ihn bei der Arbeit: Wenn er eine Gestalt malen wollte, bedachte er zuerst ihre Natur und ihre Eigenschaften, ob sie edel oder pöbelhaft, heiter oder streng, finster oder froh, alt oder jung, zornig oder ruhigen Gemütes, gut oder böse sein sollte. Hatte er ihr Wesen erfaßt, so ging er dorthin, wo er wußte, daß Personen mit solchen Eigenschaften zusammenkämen, beobachtete sorgfältig ihre Gesichter, ihr Benehmen, ihre Kleider und Körperhaltungen, und hatte er gefunden, was ihm geeignet erschien, so trug er es mit dem Zeichenstift in das kleine Buch ein, das er stets im Gürtel trug. Nachdem er das viele Male getan und genug zusammen hatte für das Bild, das er malen wollte, machte er sich daran, es zu gestalten, und erreichte, daß es wunderbar gelang...

Wenn Leonardo malte, mußte es ihm freistehen, die Arbeitsstätte nach seiner Stimmung plötzlich zu verlassen, um die Natur an anderer Stelle zu belauschen, zu enträtseln. Einmal – so erzählt ein Mailänder, der ihn im Kloster Santa Maria delle Grazie an seinem »Abendmahl« tätig sieht – malt er den ganzen Tag, seit Sonnenaufgang auf dem Gerüst stehend, ohne Essen und Trinken. Dann wieder kommt er tagelang gar nicht, oder er setzt sich zwei Stunden davor, schweigend, prüfend – und geht. Oder er kommt von einem Ritte, des Mittags, heiß und belebt in die Kirche, macht zwei Pinselstriche an einer Figur und verschwindet.

Auch für seine Bilder sucht er nach neuen Techniken. Er vergrübelt sich in den Fragen des Materials, verwendet viel Zeit für die wissenschaftliche Untersuchung der Hilfsmittel. Für das großartige Wandgemälde der Anghiarischlacht, im Saal des Großen Rates von Florenz, erprobt er eine neue Grundierung und entfacht darunter ein Kohlefeuer, um sie auszutrocknen. Aber die Masse fängt zu schwitzen an, das Werk zerfließt ihm unter den Händen – da wendet er sich jählings und kehrt nie mehr zurück. So verläßt er auch die beiden Hauptwerke in Mailand als Fragmente. Das »Abendmahl« beginnt schon zu Lebzeiten des Künstlers in die Mauer zu verschwinden – infolge einer komplizierten, ungeeigneten Mischtechnik. Das riesige Reiterdenkmal des Lodovico Sforza, das in Ton jahrelang auf dem Festungshof steht, wird nie gegossen, weil Leonardo auf dem Bau von vier Öfen besteht, in denen er die Bronze schmelzen will. Zuletzt bleibt von dem Werk, das ihn während sechzehn Jahren immer wieder beschäftigt, nichts als ein zerfallendes Modell, das von französischen Schützen bei der Besetzung Mailands 1499 mutwillig vernichtet wird. Der Techniker Leonardo unterliegt als Künstler den schwierigen Problemen der Technik. Weil er Vollkommenheit erstrebt, endigt er unvollkommene Versuche. Der Wunsch wurde dem Werk hinderlich, sagt Petrarca.

Die Notwendigkeit, für viele Erscheinungen nach den Ursachen und für viele Lösungen nach neuen Wegen, Mitteln, Formen zu suchen, verlocken ihn ins Unbekannte. Dafür aber ist Muße nötig, vor allem Geld, um Forschungen zu betreiben. Er ist gezwungen – wie alle Künstler seiner Zeit – wechselnden Herren zu dienen, an die ihn nichts als materielle Bedingungen binden und von denen er bedenkenlos scheidet, wenn sich anderswo bessere Möglichkeiten bieten. So bezeichnen die Stationen des Lebensweges auch äußerlich die Rastlosigkeit dieses Meisters.

Er wurde geboren im Jahre 1452 in Vinci bei Empoli, der Kornkammer der Toscana, als Sohn des Notars Ser Piero und der ledigen Bäuerin Caterina, deren Familienname nicht überliefert ist. Im Hause des Großvaters wuchs er heran, kam mit dem Vater – vielleicht als Vierzehnjähriger – nach Florenz, wo er in der Werkstatt des Malers und Bildhauers Andreas del Verocchio lernte und 1472 Meister der Malergilde wurde. Wir wissen nicht genau, was ihn mit den herrschenden Medici verband, kennen nur seine Tagebucheintragung aus späterer Zeit: »Die Medici haben mich groß gemacht und zugrunde gerichtet...«

Verbürgt ist Leonardos Bewerbungsschreiben von 1482 an Lodovico Sforza, den prunksüchtigen Herzog von Mailand, der sich von Künstlern den glänzenden Rahmen seiner Hofhaltung schaffen ließ. Er preßte aus der reichen Gewerbe- und Handelsstadt jährlich 650000 Dukaten Steuergelder heraus, mochte aber die 500 Goldgulden Jahressold für

Leonardo des öfteren schuldig bleiben. Siebzehn Jahre lang lebte Leonardo hier, festigte und verbreitete sich sein Ruf als Maler, Bildhauer, Architekt und Erfinder. Er wurde geliebt und verehrt – so heißt es – wegen seiner allumfassenden und ungewöhnlichen Begabung, seines sehr umgänglichen, sauberen und gütigen Charakters, seiner sehr schönen Gestalt. Und da er bewundernswert im Erfinden und Beurteilen aller möglichen Dinge war, besonders theatralischer Vergnügungen, fand er auch bei dem Fürsten Beifall... Als Mailand 1499 durch Franzosen besetzt und Lodovico vertrieben wurde, ging Leonardo aus der Stadt. Er verließ eine Reihe unfertiger Projekte, allen voran jenes berühmte Tonmodell des Reitermonuments.

Über Mantua reiste Leonardo in die Republik Venedig, in deren Gebiet – auf arglistiges Zuraten Lodovicos und des Papstes – die Türken eindrangen. Ein Schreiben von seiner Hand bezeugt italienischen Patriotismus und Protest gegen nationalen Verrat: »Kann ich denn etwas Verworfeneres schildern als die Handlungsweise derer, die mit ihrem Lob jene, die ihrem Vaterland geschadet haben, in den Himmel heben?« Er konstruierte eine Taucherausrüstung und ein Spezialgerät, um die Schiffe der türkischen Flotte unter Wasser anzubohren. »Denn um das Hauptgeschenk der Natur, die Freiheit, zu bewahren, erfinde ich Angriffs- und Verteidigungswaffen für den Fall, daß wir von ehrgeizigen Tyrannen bedrängt werden!«

Von 1500 bis 1506 lebte er wiederum in Florenz, zwischendurch aber auch monatelang als Kriegsingenieur und Festungsbaumeister im Lager des skrupellosen Cesare Borgia, der mit französischen Truppen die Kleinfürsten in der Romagna bekriegte und bei den Patrioten die Illusion weckte, er werde die Einheit Italiens schaffen. Leonardo nahm bald wieder Abschied, vielleicht schon mit der Erkenntnis, einem Unwürdigen und Scheiternden gedient zu haben. In Florenz übertrug ihm die Signoria, das Regierungskollegium der Stadt, neue Aufgaben, und es vermehrte sich sein Ruhm.

Doch wechselte er 1506 ins französisch verwaltete Mailand, wo er zum Maler und Ingenieur des Königs von Frankreich ernannt wurde.

1513 bis 1516 war Leonardo in Rom, hoffte er vergeblich auf die Förderung seines Schaffens durch Papst Leo X. aus dem Hause Medici. Zuletzt folgte er dem Ruf Franz I. nach Frankreich. Vierundsechzigjährig kehrte er Italien den Rücken, um als »erster Maler, Ingenieur und Architekt« des französischen Königs bessere Arbeit zu finden. Doch endete am 2. Mai 1519 im Schloß Cloux bei Amboise das Leben des Mannes, den Dichter, Chronisten und Gelehrte als größten und anziehendsten Künstler der Renaissance gepriesen haben.

Was wir auch heute für ihn empfinden können, hat Johannes R. Becher in seiner »Verteidigung der Poesie« ausgedrückt: Leonardo da Vinci gehört zu den modernsten Menschen, den zeitgemäßesten Künstlern, denen wir je begegnet sind... Die Allmacht des Menschen äußert sich hier in einer wunderbaren universellen Art... Der Mensch in der Unendlichkeit seiner Möglichkeit, durch die Arbeit an sich selbst herausgehoben aus individueller Enge und Bedrängnis – ein ebenso erdverbundener wie auch schwebender Mensch, Dichter und Denker in einem, Ingenieur, Maler, Wissenschaftler, Erfinder, keiner vom anderen zu trennen. Welcher Beruf, welche menschliche Tätigkeit wäre seinem Bereich fern, seinem Interesse ausgeschlossen. Der ganze Mensch ist in ihm versammelt... Der menschliche Geist in seiner universalen Entfaltung.

NICCOLÒ MACHIAVELLI

»Jedem leuchtet ein, wie sehr es zu loben ist, wenn ein Fürst sein Wort hält, wenn er ehrlich und ohne Hinterlist vorgeht. Trotzdem macht man in jüngster Zeit die Erfahrung, daß gerade die Fürsten große Dinge vollbracht haben, die von Treue nur wenig hielten und die Menschen mit List und Tücke täuschten. Sie sind schließlich Sieger geblieben über jene, die sich auf ihre Rechtlichkeit verließen... Ein Fürst muß, wenn er sich halten will, lernen, schlecht zu sein und davon nach Bedarf Gebrauch zu machen.« So schrieb im Jahre 1513 der florentinische Staatsbeamte, Historiker und Schriftsteller Niccolò Machiavelli, ein Zeitgenosse von Leonardo da Vinci und Michelangelo, Luther und Thomas Müntzer.

Seine berühmte Abhandlung »Der Fürst«, jahrhundertelang umstritten, provoziert noch heute Widerspruch und Stellungnahme. Was soll, mag man zunächst fragen, die Rückbesinnung auf einen Mann, der die Verwirklichung seines Staatsideals und seiner politischen Grundsätze einem selbstherrlich regierenden Fürsten überantworten wollte, einem Autokraten, der keine Skrupel kennt, dem jedes Mittel recht ist? Wozu der Rückgriff auf einen Theoretiker, der meinte, die Staatsräson rechtfertige jede Art regierungsoffizieller Schurkerei, List, Betrug, Intrige, weil angesichts der überall herrschenden Unmoral moralische Mittel notwendig fehlschlagen müßten?

Die von Machiavelli bezeichneten Methoden lassen sich in allen Epochen feudaler und bürgerlicher Klassenherrschaft nachweisen. Man hat sie »machiavellistisch« genannt. Denn Machiavelli hat sie beobachtet und mit herausfordernder Offenheit beschrieben.

Beschrieben! – Nicht erfunden! wie ihm die meisten Kritiker vorwerfen. Weder die Tyrannen und Oligarchen Italiens, die Sachwalter des feudal-bürgerlichen Grundbesitzes und des Handelskapitals in den Stadtstaaten, noch die kriegerischen Renaissancepäpste, die sich dem Luxus und der Ausschweifung überließen, hatten es nötig, sich von einem Kanzleibeamten und Diplomaten aus Florenz in »Machiavellismus« unterrichten zu lassen.

Das bestätigt eine Anekdote, die wahrscheinlich nur gut erfunden ist: Machiavelli habe dem florentinischen Generalkapitän und Papstneffen Lorenzo Medici sein Buch »Der Fürst« nicht nur zugeeignet, sondern im Jahre 1516 auch selbst überreicht – im Augenblick, da ein anderer demselben ein Paar Windhunde zum Geschenk machte. Der einundzwanzigjährige Feldherr, der an Verschlagenheit und Härte dem Eroberer Cesare Borgia ähnlich zu werden schien, widmete sich ganz den Windspielen. Das »Lehrbuch machiavellistischer Politik« würdigte er keines Blickes mehr.

Was in der Tradition und der Praxis feudaler Machtausübung – in tausendjähriger Klassenherrschaft überhaupt – wurzelte, bedurfte keines einzelnen intellektuellen Urhebers. Aber es brachte zwangsläufig seinen Beschreiber, seinen Historiker hervor. Auf diese Weise kam Machiavelli zu bleibender Bedeutung: als enthüllender Chronist volksfeindlicher Gewaltherrscher, als politisch-psychologischer Zergliederer ihrer Antriebe und Methoden. Machiavelli erklärte allzu deutlich, daß alle Staatsfragen zugleich Machtfragen sind. Der feudale Absolutismus, dessen historische Wirklichkeit Machiavelli ideell vorwegnahm, hielt es weiterhin mit dem göttlichen Recht der Könige und den christlichen Geboten von Demut und Untertänigkeit, oder er gab sich »aufgeklärt« und heuchelte – durchaus »machiavellistisch« – Humanität und pflichttreue Aufopferung für das Wohl der Untertanen.

Die frühen Aufklärer verdammten mit den Praktiken des Feudalabsolutismus auch Machiavelli in Bausch und Bogen. Allmählich aber wuchs unter den Denkern des aufstrebenden Bürgertums das Verständnis für die wirkliche Bedeutung des Florentiners. Sie urteilten nicht mehr allein nach dem zweifelhaften Eindruck, den »Der Fürst« hinterließ, sondern lasen, was Machiavelli außerdem geschrieben hatte: die »Abhandlungen über die ersten zehn Bücher des Livius«, wo er sich als ein überzeugter Republikaner bekennt, seine Schrift über die Kriegskunst, wo er die Abschaffung der Söldnerheere und die Einrichtung einer Volksmiliz fordert, seine Komödie »Mandragola«, wo er dem Spott über Klerus und Aberglauben die Zügel schießen läßt. In seiner »Geschichte von Florenz« erweist sich Machiavelli schließlich als ein glänzender, überaus moderner Historiker, der göttliche Vorsehung und platte Moralpredigt aus der Geschichtsschreibung verbannt, der Verallgemeinerungen und aktuelle Lehren allein auf die sachliche Beobachtung des sozialen und politischen Geschehens gründet.

Doch blieb »Der Fürst«, ewiger Stein des Anstoßes, ein Brocken, der nicht leicht verdaut werden konnte. Hier half nur geschichtliches Verständnis – und das hatte als erster Jean-Jacques Rousseau im »Gesellschaftsvertrag«, dann Johann Gottfried Herder. In dessen »Briefen zur Beförderung der Humanität« heißt es: »Wieviel ist über Machiavellis ‚Fürsten' gesagt worden, und doch zweifle ich, ob mit ausgemachtem Resultate, indem einige dies Buch für eine Satire, andre für ein verderbliches Lehrbuch, andre für ein wankendes, schwachköpfiges Mittelding zwischen beiden halten. Und ein Schwachkopf war wahrlich Machiavelli nicht; er war ein Geschichts- und Welterfahrener, dabei ein redlicher Mann, ein feiner Beobachter und ein warmer Freund seines Vaterlandes. Daß er den Wert und die Form von mancherlei Staaten gekannt habe, davon zeugen seine Dekaden über den Livius, daß er kein Verräter der Menschheit werden wollte, beweist jede Zeile seiner andren Schriften sowie bis zum Alter hinein sein geführtes Leben.«

Wer also war, was wollte dieser Mann? Seine Biographie, die unauflöslich mit der Geschichte seiner Heimatstadt Florenz und ganz Italiens verbunden ist, muß uns auch seinen »Fürsten« erklären.

Niccolò Machiavelli, geboren am 3. Mai 1469 in Florenz, wuchs in die Zeit kultureller Hochblüte, die sich als Renaissance – Wiedererweckung der Antike und der menschlichen Persönlichkeit – verstand. Die heimatliche Stadtrepublik wurde unter der Tyrannis der Medici nicht mächtiger, doch prächtiger. Bauten, Skulpturen, Bilder, Musik und Literatur spannten einen schimmernden Schleier über die sozialen Antagonismen zwischen Grundherren und Pächtern, Weinbauern, Hirten, zwischen Patriziern und Kaufherren, Handwerkern, Stadtarmen. Als Sohn eines Rechtsanwalts, der ein mäßiges Einkommen und ein paar Weinberge vor der Stadt besaß, hatte er bescheidenen Anteil an den Segnungen des Reichtums und der Kultur. Er erhielt eine gediegene Bildung, gewann Förderer und Protektoren auf den höheren Rangstufen der florentinischen Gesellschaft. Seit 1488 in der Kanzlei des Rates angestellt, erlebte er 1494 die vorläufige Entmachtung der Patrizierdynastie der Medici, dann bis 1498 den Aufstieg und Fall Savonarolas, des Predigers und Reformators für eine Republik nach asketisch-kirchlichen Grundsätzen. Florenz blieb nach wie vor von den reichen Geschlechtern beherrscht, die ihre vom Papst und von Venedig bedrohte Stellung durch ein Bündnis mit dem französischen König zu halten und zu festigen suchten.

Erst nach der Hinrichtung Savonarolas erhielt Machiavelli eine Anstellung in der hohen Bürokratie. Die Signoria, Spitze der Exekutive, ernannte ihn zu einem der sechs Sekretäre, die als Ausführende dem Ersten Kanzler der Republik unterstanden und nach Notwendigkeit entweder den »Zehn des Krieges« oder den »Neun der Miliz« zugeordnet wurden. Dem ersten Gremium oblagen die äußeren, dem zweiten die inneren Angelegenheiten. Mit Eifer und Fleiß, je erfahrener, desto unentbehrlicher, diente Machiavelli seiner Stadt. Diplomatische Missionen führten ihn nach Rom zu Papst Julius II., nach Frankreich zu König Ludwig XII. und an den Hof des deutschen Kaisers Maximilian I. In den Vorzimmern der Großen wartend, an Geldmitteln knapp gehalten, ohne die persönlichen Beziehungen, die Adel und Reichtum verleihen konnten, gelangte er niemals über die Stellung eines außerordentlichen Geschäftsträgers hinaus, zum Rang eines ordentlichen Gesandten. Dennoch überraschte er die »Zehn des Krieges« durch exakte Analysen, die er selbst aus vagen Informationen zog. Jahrelang verzehrte er sich im Dienste der »Neun der Miliz«, um einen inneren Krieg zu gewinnen, den Florenz gegen die unbotmäßige, die Mündung des Arno beherrschende Stadt Pisa führte: Er trieb materielle Mittel auf, kontrollierte ihre Verwendung, organisierte die Belieferung der Armee, rekrutierte Soldaten, beaufsichtigte Belagerungsarbeiten, koordinierte Strategie und Taktik eigensüchtiger Söldnerchefs. In bedrängter Lage erlaubte ihm die Signoria sogar, seinen ehrgeizigsten Plan zu versuchen: die unzuverlässigen Söldnerhaufen durch eine Bauernmiliz zu ergänzen. Glaubte Machiavelli, sich auf das historische Vorbild der Legionen der altrömischen Republik sowie der französischen und deutsch-schweizerischen Nationalaufgebote berufen zu können, so war doch dem Plan zur Zeit der anhaltenden Bauernknechtung des Feudaladels und der wachsenden Plebejerfurcht des reichen Bürgertums keine konsequente Verwirklichung beschieden. Im siegreichen Feldzug von 1509 gelangten die neuen Milizkontingente gegen Pisa nicht zum Einsatz, aber Machiavelli wurde ein hoher Anteil am Sieg zugesprochen. Sein Einfluß wuchs. Er avancierte als rechte Hand des Gonfalionere Piero Soderini, des nominellen Oberhauptes der Republik, und stürzte mit ihm 1512, als die Medici die Tyrannis wieder errichteten.

Seine politische Laufbahn endete in Ungnade. Vergeblich blieben alle Bemühungen um die Gunst der Medici; als »mannerino« – die Puppe – Soderinis verschrien, durfte er nicht hoffen, in den Staatsdienst zurückzukehren. So wurde er im Februar 1513 in eine Verschwörung gegen die Medici verwickelt. Man warf ihn in den Kerker, man folterte ihn. Im März aber bestieg Giovanni de Medici als Leo X. den päpstlichen Stuhl und erließ, um sich gut einzuführen, eine Generalamnestie. Machiavelli wurde auf freien Fuß gesetzt.

Er durfte sich mit seiner Familie auf sein dürftiges Gut Sant' Andrea zurückziehen. Zur politischen Tatlosigkeit verurteilt, wurde hier das Nachdenken über Geschichte und Politik zu seiner Hauptbeschäftigung. Er begann wohl mit aktuellen Betrachtungen über die Geschichtswerke des altrömischen Republikaners Titus Livius, erörterte historische Wege zum gefestigten Staat, die beste Art der Verfassungen – und gab der Republik den Vorzug vor allen anderen Staatsformen. Er verfaßte die berühmt-berüchtigte Schrift, die uns weiterhin beschäftigen wird, außerdem aber auch Komödien, eine Novelle, eine Abhandlung über die italienische Sprache.

Allmählich in Florenz als Gast wieder zugelassen, wurde er bewunderter Mittelpunkt einer Gruppe patrizischer Libertins und Kunstkenner. Seine »Geschichte von Florenz« verfaßte er sogar im Staatsauftrag der Medici. Doch blieb er unzufrieden. Die politische Laufbahn war verschlossen, und Armut begleitete ihn ans Ende seiner Tage. Denn niemals hatte er sein Amt zu persönlicher Bereicherung mißbraucht.

Er hatte nur den Reichtum politischer Erfahrungen, Erkenntnisse und Pläne gewonnen. »Das Schicksal«, schrieb er an seinen Freund Vettori, »hat mich, der ich weder etwas von Seidenmanufaktur noch von Wollgeschäften und nichts von Gewinn und Verlust verstehe, zum Politisieren verdammt; ich muß nun einmal, solange mich kein Schweigegelübde daran hindert, über Politik sprechen.«

Schon 1514 beendete er seine Abhandlung über den »Fürsten« und widmete sie zuerst Giuliano, dann Lorenzo, den beiden Sprößlingen der Medici, der Dynastie seines Unglücks. Was war geschehen? Der Republikaner stellte seine Feder freiwillig und ungebeten in den Dienst eines Fürsten, um ihn zu belehren, wie man einen Staat erobern und behaupten könne. Er verfaßte eine durchaus ernstgemeinte politische Denkschrift, in der nicht nur genau beschrieben, sondern auch anempfohlen wurde, was man späterhin fälschlich den »Machiavellismus« nannte. Machiavelli ging es um viel mehr als nur um ein Amt, eine sichere Versorgung, die Befriedigung eines persönlichen Ehrgeizes.

Die Apenninenhalbinsel, politisch zersplittert, war Schauplatz unaufhörlicher Kriege. Der Kirchenstaat und die Stadtstaaten, deren größte Mailand, Venedig, Florenz und Genua waren, stritten um Territorien, Privilegien, Zölle. Soziale Unruhen, Machtstreit und Verfassungskämpfe in den einzelnen Städten zeitigten Rückwirkungen auf das ganze Land. Die Städte, im Kampf gegeneinander, und die Parteien, in den Städten selbst, suchten Bundesgenossen; sie suchten sie vor allem in den mächtigen nationalen Monarchien Frankreichs und Spaniens, deren Herrscher begehrlich auf das geschwächte Italien blickten. Die Städte, das Papsttum selbst, veranlaßten den Einbruch der feindlichen Heere. Im Jahr 1500, während seiner ersten diplomatischen Mission in Frankreich, traf Machiavelli am Hof Ludwigs XII. die Gesandten aus Lucca und Pisa, die französische Hilfe gegen Florenz erbaten, die Vertreter Venedigs, die Bundesgenossen gegen die Türken brauchten, die Emigranten aus Neapel, die auf Beistand für ihre Umsturzpläne hofften, und schließlich gar päpstliche Agenten, die für Cesare Borgia, seinen Eroberungszug in der Romagna, wirkten. Italien war Spielball der großen Mächte. Plündernde Söldnerhorden durchzogen das Land. Ihre Führer, die Condottieri, die käuflich waren, aber am kostbaren Blut ihrer Männer sparten, verfolgten alle nur das Ziel, eigene Fürstentümer zu erbeuten. Und das Bürgertum hatte den kriegerischen Geist seiner kommunalen Befreiungskämpfe verloren; Geld allein sollte kämpfen, indem es über fremde Arme, fremde Waffen gebot. Die Macht der Städte beruhte auf barer Zahlung. Aber auch dieser Reichtum schmolz dahin; denn seit der Erweiterung der atlantischen Seewege stockte der Transithandel, die Tuch- und Seidenweberei und das Bankwesen litten unter der englischen und französischen Konkurrenz.

Wer konnte Italien aus seiner politischen Ohnmacht erlösen, zu antiker Größe zurückführen, aus seinen unfriedlichen Territorien einen kräftigen einheitlichen Staat schmieden? Wer konnte die politische und militärische Bürgertugend seiner Bewohner wiedererwecken? Das waren die Fragen, die Machiavelli bewegten. Der Adel plünderte die Bauern aus und vergeudete seine Kraft in kleinlichen Raubzügen. Das reiche Bürgertum hegte nur seine Besitzinteressen und warf sich dem Mächtigsten an den Hals. Und die Volksmassen? Machiavelli maß den Wert des Bürgers nicht an seinem Reichtum. Aber er mißtraute dem unberechenbaren »Pöbel«. Der Staatsbeamte, selbst nach seiner Entlassung, fühlte als Teil des Bürgertums, dachte befangen in den Interessen der Herrschenden. So blieb nur eines: Er hielt Ausschau nach einem Fürsten, der Macht und Entschlossenheit aufbrachte, um Eroberungen und Politik großen Stils zu machen. Zuerst glaubte er, ihn in dem grausamen und verschlagenen Cesare Borgia zu erkennen, zuletzt in Lorenzo de Medici. Doch der »Fürst« seiner Schrift trägt keinen Namen. Er ist eine Idealgestalt, hinter der die Akteure der zeitgenössischen Wirklichkeit zurückbleiben.

Staatsutopien gab es genug. Deshalb hielt es Machiavelli für nötig, in Beispiel und Gegenbeispiel abzuwägen, welches Verhalten zum Erfolg führen konnte und welches nicht. Wenn dazu List, Täuschung, Tücke, Grausamkeit gehörten – konnte man einem Eroberer mit Moral kommen? Konnte man die Welt besser machen als sie war? Er ging mit den Utopien und den Staatsträumen Platos, Thomas von Aquins, Dantes ins Gericht, als er im 15. Kapitel des »Fürsten« schrieb: »Zwischen dem Leben, so wie es ist, und dem Leben, so wie es sein sollte, besteht ein so großer Unterschied, daß derjenige, der nicht beachtet, was geschieht, sondern nur das, was geschehen sollte, viel eher für seinen Ruin als für seine Erhaltung sorgt, denn ein Mensch, der in jeder Beziehung für das Gute einstehen möchte, müßte inmitten so vieler schlechter Menschen zugrunde gehen.«

Dennoch wollte Machiavelli verändern. Er sank im »Fürsten« keineswegs zum Werkzeug eines amoralischen Tyrannen herab. Im Gegenteil: Der Fürst sollte sein Werkzeug sein, das Werkzeug der frühen bürgerlichen Klasse. So riet der Verfasser dem Fürsten, im wohlverstandenen Eigeninteresse das bürgerliche Eigentum zu wahren. Mochte er mit dem hohen Adel – dem »elenden Gesindel« – machen, was er wollte; den Bürger und das Volk, die durch Arbeit den Reichtum des Staates schufen, sollte er achten. Handel und Gewerbe, Wissenschaften und Künste verdienten seine Aufmerksamkeit und Förderung. Der Fürst sollte sogar helfen, den Bürger zum politischen Verantwortungsbewußtsein zu erziehen, damit der tyrannisch-absolutistische Ausnahmezustand, der für einen politischen Neubeginn notwendig schien, zuletzt wieder aufgehoben werde und der Diktatur des Fürsten die Demokratie einer lebensfähigen Republik folge.

Machiavellis Staatskonzeption war nicht feudalfürstlich, sondern antifeudal, nicht volksfeindlich, sondern volksverbunden – und nicht ohne Moral. Im Kapitel »Vom Volksfürsten« nannte er die Macht desjenigen Fürsten am sichersten begründet, der sich auf das Volk und nicht auf die »Großen« stütze, denn das Volk sei leichter zufriedenzustellen und zuverlässiger: »Das Ziel des Volkes ist viel sittlicher als das der Großen; diese wollen unterdrücken und jenes nur nicht unterdrückt werden.«

Machiavelli wurzelte im italienischen Bürgertum, der aufsteigenden Klasse eines Landes, in dem die Bedingungen einer bürgerlichen Revolution noch nicht reif waren. Dieses Bürgertum bedurfte der wirtschaftlichen und staatlichen Einheit Italiens und einer starken, die bürgerlichen Interessen erfüllenden Staatsmacht – objektive Erfordernisse, die der Bürger Machiavelli auch subjektiv erfaßte und ausdrückte. Doch weil seine Klasse politisch nicht erwachsen war, konnte er sich die nächstliegende Staatsmacht nur in absolutistischer Gestalt, verkörpert durch eine große Persönlichkeit, einen Fürsten oder militärischen Führer, vorstellen.

So gesehen, war Machiavelli Politiker, nicht Utopist, übersprang er keine Entwicklungsstufe der Geschichte. Er kannte zeitgenössische Politik im Detail, auch aus dem Blickwinkel des Machtstrebens, der Intrige und der Käuflichkeit. Den Machtgewinn Frankreichs führte er, nach persönlicher Beobachtung, auf das Wachstum der absoluten Monarchie dieses Landes zurück. Die absolute Gewalt des Herrschers erschien ihm den Verhältnissen seiner Zeit allein angemessen, zumal er, wie alle Denker der Renaissance, in rationaler Erkenntnis und den Willensimpulsen großer Persönlichkeiten den Antrieb politischen Handelns erblickte. Ein Verständnis dafür, daß die Geschichte eine Geschichte der Volksmassen ist, war noch nicht gewonnen, die grundlegende Bedeutung der ökonomischen Verhältnisse und des Klassenkampfes noch nicht erkannt.

Machiavelli lebte zwischen den Horizonten seiner Zeit. Doch er war ein wissenschaftlicher Kopf. In der Geschichte selbst, nicht mehr in Theologie und Moralphilosophie, suchte er nach allgemeingültigen Prinzipien, Regeln, Gesetzen für praktisch-politisches Handeln. Er begriff, daß

Erkenntnis nicht in scholastischen Dogmen und im Wunschdenken zu gewinnen war, sondern nur durch die exakte Beobachtung der sozialen und politischen Machtkämpfe. Jede Mystifikation war ihm fremd. Zu einer Zeit, da Copernicus und Galilei mittels Erfahrung und Vernunft die Wahrheit über das Sonnensystem entdeckten, half er, das Gravitationsgesetz des Staates zu finden. Seit Machiavelli, so schreiben Marx und Engels in der »Deutschen Ideologie«, konnte »die Macht als die Grundlage des Rechts dargestellt« werden, »womit die theoretische Anschauung der Politik von der Moral emanzipiert und weiter nichts als das Postulat einer selbständigen Behandlung der Politik gegeben war«.

NICOLAUS COPERNICUS

Ein reitender Bote, so will es die Überlieferung, eilte im Frühjahr anno 1543 von der reichen Handelsstadt Nürnberg ins ferne polnische Preußen, an die Ostsee, nach Frombork. Im Auftrage des berühmten Nürnberger Druckers Johann Petrejus war das erste vollständige Exemplar eines inhaltschweren Buches mit dem bedeutsamen Titel »De revolutionibus orbium coelestium« – Über die Umdrehungen der Himmelskörper – an den Autor zu überbringen, den ehrwürdigen Fromborker Domherrn Doktor Nicolaus Copernicus. Eile tat not. Seit dem Winter schon lag Copernicus schwerkrank darnieder, und es war abzusehen, daß er bald vom Leben abberufen würde. Am 24. Mai traf der Bote in Frombork ein – und kam zu spät. Copernicus war seit Tagen schon ohne Bewußtsein. Er konnte sein Buch nicht mehr erkennen. Man drückte es dem Sterbenden in die Hand. Wenige Stunden darauf verschied er, im Alter von 70 Jahren, 3 Monaten und 5 Tagen, einer der bedeutendsten Gelehrten der Menschheitsgeschichte.

Copernicus war ein Wegbereiter des Humanismus und der Erschließung des literarischen und wissenschaftlichen Erbes der Antike. Mit seinem wissenschaftlichen Lebenswerk steht er am Beginn der Herausarbeitung der modernen, eigentlichen Methode der Naturforschung. Er war zeit seines Lebens ein begehrter Arzt und ein gesuchter Ratgeber in ökonomischen Fragen. Er leitete entschlossen und umsichtig militärische Operationen des Bistums Varmia, das der polnischen Krone gehörte, gegen den aggressiven Deutschen Ritterorden. Nach dem Sieg trug er maßgeblich zur ökonomischen Gesundung des vom Kriege verwüsteten Landes bei. So war auch Copernicus – nach einem Wort von Friedrich Engels – einer jener »Riesen an Denkkraft, Leidenschaft und Charakter, an Vielseitigkeit und Gelehrsamkeit«, die das Bild der Renaissance prägten, »der größten progressiven Umwälzung, die die Menschheit bis dahin erlebt hatte«.

Doch die Fülle aller Aktivitäten dieses Mannes wird überstrahlt, zumal aus historischer Sicht, durch seine im Wortsinne weltbewegende Leistung als Astronom. »Er warf«, so sagte Johann Christoph Gottsched in bildhafter Sprache am 200. Todestag des Copernicus, »das Joch verjährter Irrtümer vom Halse« und gab »das Muster einer wahren Freyheit im Philosophiren«.

Mit den »revolutiones« und der dort vorgenommenen Begründung einer heliozentrischen Vorstellung vom Bau des Planetensystems erzielte Copernicus an entscheidender Stelle den Durchbruch zum wissenschaftlichen Weltbild gegen die lastende, anderthalbjahrtausendalte Tradition des geozentrischen ptolemäischen Weltbildes.

Die Anschauung der Menschen des Altertums über den Bau des Weltalls war vom Unmittelbaren geprägt worden. Der tägliche Lauf der Sonne hatte die Vorstellung nahegelegt, daß die Erde ruhe, im Mittelpunkt der Welt stehe und von der Sonne umrundet werde. Große Schwierigkeiten aber ergaben sich bei der Erfassung des Laufes der Planeten über den Fixsternhimmel. Sie veränderten Helligkeit, Bahngeschwindigkeit, gegenwärtige Stellung zueinander und durchliefen komplizierte schleifenförmige Bahnen. Jahrhundertelang hatten Philosophen, Mathematiker und Astronomen der Antike am Aufbau einer mathematisch-astronomischen Theorie des Planetensystems gearbeitet, die schließlich im 2. Jahrhundert unserer Zeitrechnung von dem in Alexandria wirkenden hellenistischen Astronomen Ptolemäus zu einem umfangreichen Werk zusammengefaßt wurde. Mit der Bezeichnung »Almagest« ist es in die Geschichte der Wissenschaften eingegangen.

Unter der geozentrischen Grundannahme von der im Mittelpunkt der Welt ruhenden Erde wird dort eine kunstvolle mathematische Beschreibung des Weltsystems gegeben: Die Planeten – unter ihnen die Sonne – laufen in Kreisen, deren Mittelpunkte sich auf exzentrischen Kreisen um die Erde bewegen. Dieses aus Kreisbahnen zusammengefügte System von Exzentern und Epizyklen befriedigte zugleich eine andere Grundannahme der antiken Naturphilosophie, wonach Bahnen von Himmelskörpern vollkommen, also kreisförmig sein mußten.

Zwar traten schon am Ausgang der Antike Abweichungen zwischen Beobachtungen und Berechnungen der Standorte der Planeten auf, wenn sie nach dem »Almagest« vorgenommen wurden. Aber das Gebäude der ptolemäischen Astronomie verschmolz während der Zeit des europäischen Feudalismus mit der christlichen Denkhaltung. Ein Angriff auf das geozentrische ptolemäische Weltbild mußte darum zugleich zu einem Angriff auf die herrschende Ideologie des europäischen Feudalismus werden.

Copernicus war der Mann, der die Last einer falschen Tradition abwarf. Es tat dabei seiner Leistung keinen Abbruch, daß dem großen Wurf noch Unsicherheiten und Irrtümer im Detail anhafteten. Auch Copernicus war noch von der antiken Grundvoraussetzung der Kreisförmigkeit der Planetenbahnen ausgegangen. Darum waren bei der mathematischen Berechnung noch unbehebbare Unstimmigkeiten hinzunehmen, und er mußte beim kunstvollen Entwurf seines Planetensystems mehr Epizyklen und Exzenter zu Hilfe nehmen als ihm lieb waren. (Erst Kepler wird die ellipsenförmige Bahn der Planeten erkennen und so die Epizyklen aus der Astronomie verbannen.)

Aber das Wesentliche war 1543 getan. Die Sonne war in den Mittelpunkt gerückt und die Erde, Planet unter Planeten, als sich um die Sonne bewegend erkannt. »So lenkt« – wie es in den »revolutiones« heißt – »in der Tat die Sonne, auf dem königlichen Thron sitzend, die sie umkreisende Familie der Gestirne... Wir finden also in dieser Anordnung eine bewunderungswürdige Symmetrie der Welt und einen festen, harmonischen Zusammenhang zwischen der Bewegung (der Planeten) und der Größe der Bahnen, wie man ihn auf andere Weise nicht finden kann.«

Dieses Jahr 1543 setzte einen unverlierbaren Markstein in die Entwicklung der Menschheit. Es ist fast wie eine Probe auf den dialektischen Gang der Geschichte. Denn daß wirklich ein und dasselbe Jahr sowohl das Ende des Lebens von Copernicus als auch den Beginn der durch ihn ausgelösten Revolution im wissenschaftlichen Weltbild anzeigt, bleibt eine Merkwürdigkeit, die indes nicht die Gesetzmäßigkeiten auch im Bereich geistigen Lebens verdecken kann. Anreicherung von Ideen im mühsamen Ringen mit dem Gegenstand und mit sich selbst, die Geburt der neuen Einsicht und der Kampf um ihre Anerkennung und Wirkung – alles das kennzeichnet auch das Wirken des Copernicus für eine wissenschaftliche, den Tatsachen entsprechende Astronomie. Obgleich ein treuer Sohn seiner Kirche, ließ er kein ideologisches Tabu des christlich-mittelalterlichen Denkens gelten; dies verlieh seinem Streben nach Einsicht zusätzliche Dimensionen.

So hat er fast ein halbes Jahrhundert lang über den Bau der Welt nachgedacht, hat er den Lauf der Gestirne beobachtet, geometrische Konstruktionen erprobt und immer wieder gerechnet. Am 19. Februar 1473 als Sohn eines Kaufmanns in Toruń geboren, verlor er schon früh den Vater und wuchs unter der Obhut seines Onkels auf, der Bischof von Varmia war. Die Lebensstationen von Copernicus zeigen das Individuelle in einer Zeit welthistorischer Ereignisse am Beginn der Neuzeit.

Als Columbus die Segel setzte, studierte Copernicus an der berühmten Jagiellonischen Universität in Kraków, und er erkannte die Mißhelligkeiten damaliger Astronomie: die Divergenzen zwischen Beobachtungen einerseits und der rechnenden Astronomie auf der Grundlage des ptolemäischen geozentrischen Systems andererseits.

Als man in Rom das Jubeljahr Eintausendfünfhundert nach Christi Geburt mit unerhörtem Gepränge feierte, als sich der Renaissance-Papst Alexander VI. öffentlich im Kreise seiner Kinder zeigte und die politischen Massenmorde seines Lieblingssohnes Cesare und seiner Tochter Lucrezia Borgia, der vielleicht berühmtesten Giftmischerin der Geschichte, begünstigte, da hielt Copernicus in Rom öffentliche Vorträge über Astronomie.

Als die Kunde von den erstaunlichsten geographischen Entdeckungen die Lande durcheilte, als Copernicus 1503 nach langjährigem Studium der Rechte und der Medizin in Bologna, Padua und der Promotion in Ferrara Italien endgültig verließ und in seine polnische Heimat zurückkehrte, hatte sich in ihm das Saatkorn schöpferischen Zweifels an der überlieferten Astronomie geregt.

Als sich die Volksbewegungen des Bundschuh und des Armen Konrad in Süddeutschland formierten, schrieb Copernicus einen ersten Entwurf seiner neuen, revolutionären Astronomie nieder; im »Commentariolus« formulierte er in sieben Grundsätzen die Hauptzüge der heliozentrischen Astronomie.

Als sich Martin Luthers Thesen zur Reformation der Kirche von Wittenberg aus verbreiteten, stand Copernicus vorne im Abwehrkampf seines Bistums gegen den Deutschen Ritterorden. Und als die deutsche frühbürgerliche

Revolution im Bauernkrieg gipfelte, mühte er sich in seiner Heimat um Brotordnungen und Münzreform, um Siedler, Saatgut und Vieh für das vom Krieg zerstörte polnische Bistum.

Als die Türken vor Wien standen und Mitteleuropa militärisch bedrohten, als in Italien erste Manufakturen gegründet wurden, als sich kapitalistische Wirtschaftsformen im Bergbau des Erzgebirges ausprägten und Adam Ries die Deutschen das Rechnen mit den indisch-arabischen Ziffern lehrte, um diese Zeit begann Copernicus die Niederschrift seiner umfassenden Darstellung der Astronomie des Planetensystems auf heliozentrischer Basis. In einem Zuge sozusagen, vermutlich zwischen Ende 1529 und Mitte 1532, entstand das Werk »De revolutionibus«, das mehr als 420 großformatige Seiten umfaßt und sorgfältig geschrieben ist, teilweise mit farbiger Tinte.

Als sich der Ruf von Copernicus als ein kenntnisreicher Astronom bis ins ferne Rom zu verbreiten begonnen hatte, als er um Stellungnahme zur anstehenden Kalenderreform gebeten worden war, als sich die ersten Anzeichen des Alters einstellten, da erhielt er aus Wittenberg den Besuch des Georg Joachim von Lauchen, genannt Rhaeticus. Der junge Mathematikprofessor gewann das Herz von Copernicus – und die Überzeugung von der Richtigkeit der Ansichten seines Lehrers. Im Herbst 1539 erstattete Rhaeticus über die Auffassungen und die Arbeitsweise des Copernicus einen ersten Bericht. Diese 1540 in Gdańsk erschienene »Narratio prima« war das erste im Druck zugängliche Dokument der heliozentrischen Astronomie.

Im Herbst 1541 verließ Rhaeticus Frombork – Copernicus hatte noch reichlich eineinhalb Jahre zu leben. Als er seine Kräfte schwinden fühlte, ging das Manuskript »De revolutionibus« durch den engsten Freund, Bischof Tiedemann Giese, verabredungsgemäß an Rhaeticus, der es sodann dem Nürnberger Drucker Petrejus überbrachte. Und im Mai 1542 eröffnete dieser die Drucklegung des »unsterblichen Werkes, mit dem die Emanzipation der Naturforschung von der Theologie begann« (F. Engels).

Copernicus hatte die Verwicklungen vorausgesehen, die seine im Widerspruch zu Textstellen der Bibel stehende neue Astronomie heraufbeschwören würde, zumal die geozentrische Grundansicht des Ptolemäus mit dem christlichen Denken im Mittelalter eine scheinbar unauflösliche Einheit eingegangen war. Man geht wohl nicht fehl in der Annahme, daß Copernicus wegen dieser Befürchtung die Veröffentlichung der »revolutiones« zehn Jahre lang hinzögerte und es daher der Mahnung seiner Freunde bedurfte, sein Werk gehöre der ganzen Menschheit. Als aber der Entschluß zur Drucklegung endlich gefaßt war, handelte Copernicus umsichtig und zweckdienlich: Er fügte 1542 dem Werk eine Vorrede an den damaligen Papst Paul III. hinzu, in der er mit Selbstvertrauen die neue Lehre darlegte. An einer Stelle heißt es sogar: »Wenn aber vielleicht Schwätzer kommen, die, obgleich in allen mathematischen Wissenschaften unwissend, sich dennoch ein Urteil darüber anmaßen und es wagen sollten, wegen einer Stelle der Schrift (also der Bibel), die sie zugunsten ihrer These übel verdreht haben, dieses mein Werk zu tadeln oder anzugreifen, so mache ich mir nichts aus ihnen, und zwar in solchem Maße nicht, daß ich sogar ihr Urteil als ein dummdreistes verachte.«

Etwa ein Menschenalter nach der Niederschrift dieses stolzen Bekenntnisses wurden Galileo Galilei und Johannes Kepler geboren, die mit hervorragenden eigenen naturwissenschaftlichen Beiträgen, unter Gefahr für Leib und Leben, mit unterschiedlichen Argumenten zwar, aber mit der gleichen Leidenschaft für die Anerkennung der heliozentrischen Astronomie kämpften. Sie insbesondere halfen deren endgültigen Sieg, den naturwissenschaftlichen Beweis, vorzubereiten, der dann von Isaac Newton, James Bradley und Friedrich Wilhelm Bessel erstritten wurde.

Der Kampf um die Anerkennung der heliozentrischen Astronomie war lang, schwer und opferreich. Über ihre

Bestätigung durch die naturwissenschaftliche Forschung mußte er gegen Dummheit und Voreingenommenheit, erstarrte Traditionen, Dunkelmännertum, philosophische und politische Reaktion geführt werden.

Als schon zu Lebzeiten von Copernicus Gerüchte über eine völlig andere und den Augenschein strafende Astronomie auftauchten, da führte man 1537 (oder 1538) in der Stadt Elblag – nahe Frombork – ein Theaterstück auf, in dem man auf drastische Weise die Vorstellung von einer sich bewegenden Erde und ihren Urheber als närrischen Sterngucker verspottete.

Die lutherische Kirche war gleich anfangs auf eine Ablehnung der neuen Astronomie fixiert: Martin Luther ging 1539 in einer seiner Tischreden scharf mit Copernicus ins Gericht: »Der Narr will die ganze Kunst astronomiae umkehren. Aber wie die Heilige Schrift anzeigt, so ließ Josua die Sonne stillstehen und nicht das Erdreich.« Und durch Philipp Melanchthon wurde die Ablehnung der heliozentrischen Astronomie als einer »absurden« Lehre fester Bestandteil der offiziellen Vorlesungstätigkeit an der Wittenberger Universität, dem geistigen Zentrum der Reformation. Dessen ungeachtet – oder gerade deswegen? – sollten sich eben dort mit Erasmus Reinhold und Rhaeticus erste bedeutende Anhänger des Copernicus finden.

Die Geburtsstunde der copernicanischen Astronomie, die Drucklegung seines Hauptwerkes, war belastet mit einem in der Geschichte der Wissenschaft nahezu beispiellosen Vertrauensbruch, der die Leistung von Copernicus im Kern antastete: Der Nürnberger Theologe Andreas Osiander, der den Druck überwachte, stellte in einem Vorwort – gegen die erklärte Meinung von Copernicus – die heliozentrische Astronomie als bloße These hin, der keinerlei Wahrheitswert zukomme. Da dieses »Wort an den Leser« unsigniert war, mußte der Uneingeweihte glauben, das sei die Auffassung des Autors selbst.

Doch standen fast bis zum Ende des 16. Jahrhunderts

die großen ideologischen Auseinandersetzungen um die Lehre des Copernicus noch bevor. Sie entbrannten in voller Schärfe, als die scheinbar nur fachwissenschaftliche Problematik ihre weltanschauliche Brisanz offenbarte. Der italienische Philosoph Giordano Bruno, um ein herausragendes Beispiel zu nennen, zog aus dem Heliozentrismus philosophisch-revolutionäre Konsequenzen über die Vielfalt der Welten und erlitt im Jahre 1600 den Opfertod auf dem Scheiterhaufen der Inquisition.

Schließlich wurde der Heliozentrismus von der katholischen Kirche als »förmlich ketzerisch« – so im Urteil über Galilei – verurteilt, und die heliozentrischen Bücher wurden auf den päpstlichen Index der verbotenen Werke gesetzt, von dem sie erst 1835 verschwanden.

Der historische Bogen zwischen dem Bauernkrieg und der Revolution in der Astronomie, zwischen Thomas Müntzer und Nicolaus Copernicus könnte als konstruiert, künstlich geschaffen, aufgeprägte Korrelation empfunden werden. Jedoch: Die inneren Bezüge existieren. Es gibt mehr als die Fakten bloßer Gleichzeitigkeit der Ereignisse. Die revolutionären Erhebungen der Bauern und der Umsturz im Weltbild waren nur verschiedene Symptome desselben historischen Prozesses, einer tiefgreifenden Umwälzung des gesellschaftlichen Lebens in allen seinen Bereichen.

Die Dinge liegen sogar noch vielschichtiger: Das Hauptwerk von Copernicus führte im Titel das Wort »revolutiones« – Umdrehungen oder Umwälzungen. Es entbehrt nicht des historischen Sinnes, daß die ursprüngliche Wortbedeutung vom Umlauf der Himmelskreise alsbald den Begriffsinhalt von den Umwälzungen der Astronomie, schließlich sogar von der politischen und sozialen Revolution erhalten sollte.

Der Wandel des Begriffsinhalts und des Begriffsumfangs des Wortes »Revolution«, das an das Wesen der Menschheitsgeschichte rührt, ist geradezu ein Symbol für die Leistung des Copernicus. Er war ein aktiver Mitgestalter am Beginn der Neuzeit und hat mit seinen astronomischen Ideen zugleich dem revolutionären Denken die Bahn gebrochen. Scharfsinnige Geister haben dies früh bemerkt und zu würdigen gewußt. So der Philosoph Ludwig Feuerbach, der Copernicus als »den ersten Revolutionär der neuern Zeit« hervorhob, einen »echten Umsturzmann«, der »allen fernern und anderweitigen Revolutionen der Erde Tür und Tor geöffnet« hat.

Es ist das Engagement für wissenschaftlichen und gesellschaftlichen Fortschritt, das Copernicus in die Reihe jener überragenden Gestalten stellt, die den Forderungen ihrer Zeit gerecht geworden sind. Als Mensch und Wissenschaftler besaß er eine unzerstörbare Liebe zur Wahrheit. Große Gesten haben ihm ferngelegen, in der Sache aber war er unbeugsam. Energie und Beharrlichkeit verbanden sich ihm mit Kühnheit des Denkens und Vielseitigkeit der Fähigkeiten und der Kenntnisse.

ANKÜNDIGUNG DER KRISE

Lamentationes

Obscurorum virorum. nō phibite p sedē aplicā. Ortwino Gratio auctore.

Apologeticon eiusdē, cū aliqt epigrāmatibus. citra cuiuscūq offensionē. Intersunt breuia aplica duo.

Epla Erasmi Roterodami. quid de Obscuris sentiat.

Impressio secūda cū additionib'

Titelblatt der Klagen der Dunkelmänner. Köln 1518

Bauer am Altar, Priester und Mönch am Pflug, Anonymer satirischer Holzschnitt. Nürnberg 1508

Ländliche Arbeiten. Aus: Publii Virgilii Maronis Opera. Straßburg 1504

Eidschwur von Bauern
auf die Bundschuhfahne
(auf der Fahne ist
der gekreuzigte Christus
auf dem Bundschuh stehend
abgebildet).
Anonymer Holzschnitt. 1513

Gelehrtendisputation im
16. Jahrhundert. Holzschnitt
von Hans Burgkmair. 1519

Die Wallfahrt zur
Schönen Maria in Regensburg.
Holzschnitt von Michael Ostendorfer, 1519

HANS BÖHEIM

Er war Hirt und Musikant. Er stand in dem Rufe eines Heiligen – und war doch beinahe ein Revolutionär. Er war ein Teil des arbeitenden Volkes und verkörperte dessen beste Eigenschaften: Phantasie, Schöpfertum, Tatkraft. Er war die Stimme der Geknechteten und Gepeinigten, vermochte ihre Empfindungen, Wünsche und Hoffnungen auszudrücken. Dafür schenkte ihm das Volk Zuneigung und Vertrauen, machte ihn, den Rebellen, zu seinem »heiligen Jüngling«.

Wir wissen wenig über ihn. Nur die letzten zwölf Wochen seines kurzen Lebens sind wie durch ein Schlaglicht erhellt. Aber sie reichen aus für einen bleibenden Platz im historischen Gedächtnis.

Böheim ist Hirt. Sein Leben ist mit den Bauern, der Mehrzahl des Volkes, eng verbunden. Gänzlich besitzlos, durchzieht er mit den Herden das Main- und Taubertal. Auf seinen Wegen lernt er zu den eigenen Sorgen die Nöte des Landmanns kennen, kommt er mit dem Gedankengut der Waldenser, ihrem Ideal der religiösen Armut, wohl auch mit den Ideen der Hussiten in Berührung. Hinzu tritt eigenes Beobachten und Nachdenken. Er sieht den Prunk der Kirchenfürsten und der weltlichen Obrigkeiten. Er hört Unglaubliches über die nahebei residierenden Bischöfe von Würzburg – die Mächtigsten unter der Vielzahl von Bistümern, Grafschaften, Reichsstädten und noch kleineren Feudalterritorien, die sich an Main und Tauber drängen. Weit entfernt, christliche Seelenhirten zu sein, sollen sie durch Urkundenfälschung den anmaßenden Titel des Herzogs von Franken erschlichen haben. Sie scheuen nicht Fehde und Blutvergießen im Streit mit anderen Herren, sind ganz ohne Skrupel bei der Ausplünderung ihrer Untertanen in Stadt und Land. Marienberg, die bischöfliche Feste über Würzburg, ist nicht die Stätte frommen Dienstes für die Gottesmutter, sondern der Tummelplatz von Machthabern, Schmarotzern und ihren Mätressen. Ganz sicher also, daß hier die geistlichen Herren den Wein trinken, während sie dem Volke das Wasser predigen! – Es ist schwer zu sagen, was der Hirt Böheim im einzelnen weiß und denkt. Aber muß diese Welt nicht verändert werden? Wie lange noch mag der Bauernstand, das Lasttier der Gesellschaft, ruhig bleiben? Wer belehrt ihn eines Besseren, durchbricht seine dörfliche Isolierung, seinen dumpfen Glauben an die angeblich gottgewollte Ordnung? Wer weckt Umdenken und Aufbegehren, die Hoffnung auf eine andere Gotteswelt?

Böheim ist Dorfmusikant. Bei Kirchweihfest und Bauernhochzeit ist er eine Hauptperson, läßt er zu Spiel und Tanz die muntere Pfeife, die kleine Pauke ertönen, singt er selbstgedichtete Lieder. Pfeiferhänslein oder auch Pauker, so wird er anerkennend oder spöttisch genannt. Er liebt die ihm vertrauten Instrumente. Er genießt das Vergnügen der einfachen Leute. So scheint die bestehende Welt noch erträglich... Oder wäre es gottgefälliger, auch diesen bescheidenen Freuden zu entsagen, um ein aufrüttelndes Beispiel zu geben: für ein Leben in christlicher Armut und

Brüderlichkeit? Wir kennen Böheims frühen Gedankengang nicht.

Aber am Sonntag Lätare, es ist der 24. März 1476, wird im Taubergrund, im Dorf Niklashausen, ein Zeichen gesetzt. Alles ist auf den Beinen. Nach altem Brauch wird der Winter ausgetrieben und der Sommer festlich eingeholt. Da erhebt das Pfeiferhänslein, inmitten der bäuerlichen Lust, seine Stimme. Vor der kleinen Wallfahrtskirche mit dem Marienbild, von dem sich religiöser Aberglaube Wunder verspricht, steckt er seine Pauke in Brand, erklärt er der erstaunten Menge: die Mutter Gottes sei ihm des Nachts im Traume erschienen und habe geboten, dem Tanz und der sündigen Wollust nicht weiter zu dienen. Alles Volk solle Buße tun. Jeder solle der Eitelkeit und der Hoffart entsagen, Schmuck und Seide ablegen, Würfel und Kartenspiel verbrennen und vor dem Bilde der Gottesmutter um die Vergebung seiner Sünden bitten.

Welche Überwindung mag es den Pauker gekostet haben, das innigvertraute Instrument zu zerstören, seiner Lebensfreude zu entsagen! Aber die Mißlichkeit dieser Welt stand für ihn fest und trieb den Entschluß: den Schein christlicher Einheit zu durchbrechen, die Kluft zwischen den prunkenden Machthabern und dem darbenden Volke, den falschen und den wahren Christen aufzureißen. Nur so, glaubte er, ließe sich die Welt verändern. Nur so konnte der gequälte und zersplitterte Bauernstand seine Kräfte vereinen.

Wie ein Lauffeuer verbreitet sich die Kunde vom neuen Propheten. Sie zündet in Köpfen, die nur schwer lernen, ihre sozialen und politischen Fragen rational zu begreifen, die des religiösen Denkens, der irrationalen Empfindung, der glaubenseifrigen Ekstase bedürfen, um Lebensfurcht und sogar Freiheitsstreben anzuzeigen. Niklashausen und die ganze Nachbarschaft sind in Bewegung. Knechte und Mägde, Plebejer und Handwerksgesellen verlassen die Arbeit. Bauern und Bürger versetzen ihre Habe, sammeln

Geld, ziehen mit Kirchenfahnen, Pilgerkerzen und Geschenken zur Heiligen Jungfrau. Sie hoffen auf Sündenvergebung – und mehr. Greise, Gebrechliche, Kranke sind unter ihnen. Denn schon wird überall erzählt, daß zu Niklashausen Wunder geschehen: Blinde würden sehend, Lahme geheilt, sogar Tote zum Leben erweckt... Über den Scharen der Wallfahrer steht der Pauker auf einem umgestülpten Faß und mahnt zur Buße. Er kann – wie die meisten Bauern – nicht lesen und schreiben, hat aber bei Musik, Gesang und naiver Dichtkunst seine Phantasie entwickelt. Die Anziehungskraft seiner Sprache ist groß. Die Faszination seiner Rede zieht Tausende in ihren Bann. Da scheren bußfertige Frauen und Mädchen ihr langes Haar, zerschneiden reumütige Gecken ihre allzu spitzen Modeschuhe, opfern schuldbewußte Bauern und Bürger Geschmeide, buntbestickte Brusttücher und kostbare Kleidungsstücke vor dem Bildnis der Heiligen Jungfrau. Und ein jeder möchte in die Nähe des Predigers gelangen, ihn sehen, seine Hand oder seinen Hirtenstab berühren, eine der angeblich heilkräftigen Zotten seiner Fellkappe besitzen.

Den Pauker erfüllt ein messianisches Sendungsbewußtsein, das ihn dem Bauernmädchen Jeanne d'Arc, der Jungfrau von Orléans, vergleichbar macht – das gleiche Jahrhundert, das gleiche Erfülltsein von inneren Visionen und von tiefempfundener Glaubenspflicht, sie nach außen hin bekannt zu machen. Seine Predigten werden zündender, radikaler. Er sagt den Wallfahrern: Die Gottesmutter Maria wolle am liebsten zu Niklashausen verehrt sein, im Taubertal sei mehr Gnade als in Rom, die Seele der hier Begnadeten fahre im Tode sofort zum Himmel auf. Er, Hans Böheim, setze seine Treue zum Pfande, daß er eine Seele, und sei sie in der Hölle, mit eigener Hand herausführen werde. Die ganze Klerisei aber, der unchristlich lebende Stand der Geistlichkeit, sei von Gott verworfen: »Item, sie werden erschlagen, und in kurzem wird es dazu kommen, daß der Priester möchte die Platte (Tonsur) bedecken mit der Hand, das tät er gern, damit man ihn nicht kenne.« So jedenfalls berichten die Kundschafter des Würzburger Bischofs.

Hier ist der Punkt, wo seine Predigt in offene Empörung umschlägt. Der Pfeiferhans wird zum Ketzer gegen die römisch-katholische Kirche. Er leugnet Fegefeuer und Kirchenbann, spricht eigenmächtig von Sünden frei, stellt den Anspruch der alleinseligmachenden Kirche auf ihre Mittlerrolle zwischen Gott und Menschen in Frage.

Wie sehr muß dieser antiklerikale Bußprediger die Bischöfe zu Mainz und Würzburg erschrecken! Aber dem Volk spricht er aus dem Herzen. Es verehrt den Pauker und singt auf den Wallfahrten seine Lieder:

»Wir wollens Gott vom Himmel clagen,
kirie eleyson,
Das wir die Pfaffen nicht zue todt sollen schlagen,
kirie eleyson.«

Das Echo seiner Worte stärkt ihn, den Angriff auch gegen die weltliche Obrigkeit, die großen Hansen, zu führen. Seine beredsame Zunge verleiht den unruhvollen Gedanken des Volkes die Weihe göttlicher Offenbarung. Es ist eine Rebellion in der Sprache der Bibel. Anders kann es nicht sein. Nur so versteht er sich selbst, nur so wird er verstanden.

Der Pfeiferhans ist nun ganz Umsturzprophet. Jetzt predigt er, daß der Fisch im Wasser, das Wild auf dem Felde allen gemeinsam sei. Die feudalen Dienste und Abgaben müßten beseitigt werden. Keiner brauche die willkürlich verhängten Steuern und Zölle zu zahlen. Er nennt den Papst und den Kaiser Bösewichter, die dereinst zur Hölle fahren. Er verurteilt Raffgier und Reichtum der geistlichen und weltlichen Fürsten, der Grafen und Ritter. Alles müsse dem gemeinen Volke gegeben werden. Dann habe jeder genug und alle seien gleich. Und schon schlußfolgert der Aufrührer: »Es kommt dazu, daß die Fürsten und Herren noch um einen Tagelohn müssen arbeiten.«

Das war eine auf urchristlichen Gleichheitsvorstellungen beruhende Antizipation der kommunistischen Gesellschaft, ein Versuch, den Wechsel der Ausgebeuteten auf eine bessere Zukunft vorzeitig einzulösen. Predigten von dieser revolutionären Glut waren in deutschen Landen noch nicht gehört worden. Nichts deutete auf kleinmütiges Bitten und Feilschen, auf lokale Beschränktheit früherer Zeit. Alles Bestehende wurde in Frage gestellt. Alles wurde verlangt. Die Bußpredigten des Paukers waren eine Sturzflut des antifeudalen Gedankengutes, ein Präludium des deutschen Bauernkrieges.

Das neue Evangelium lockt Zehntausende an. Sie lassen sich durch nichts und niemand aufhalten, mißachten territoriale Grenzen und feudale Zersplitterung. Erfolgte anfangs der Zustrom nur aus der unmittelbaren Umgebung, so ziehen jetzt Wallfahrer von Rhein und Odenwald, aus Franken, Bayern, Schwaben, Sachsen, Thüringen und dem Elsaß nach Niklashausen. Dort drängen sich die Menschen. Sie grüßen sich als »Bruder« und »Schwester«, lagern und schlafen rings um die Kirche, auf Wiesen und Feldern. Denn in den Häusern ist längst kein Platz mehr. Überall sind Zelte aufgeschlagen, in denen Köche und Wirte, Krämer und Handwerker die Wallfahrer versorgen.

Eine spontane Volksansammlung von diesen Ausmaßen haben die Herrschenden noch nicht erlebt. Zunächst sind sie ratlos. Es fehlen Erfahrungen, und der mittelalterliche Machtapparat ist schwer beweglich. Nach fast sieben Wochen des Abwartens verbieten Bürgermeister und Rat der Reichsstadt Nürnberg ihren untertänigen Bürgern und Bauern, an den Wallfahrten teilzunehmen. Der Würzburger Magistrat trifft militärische Vorsichtsmaßnahmen. Auch die geistlichen Herren werden rührig. Mitte Juni fordert der Kurfürst und Erzbischof von Mainz den Bischof von Würzburg auf, den Pfeiferhans zu verhaften. Noch bleibt es bei der Absicht. Zwei Wochen später, auf einem Treffen in Aschaffenburg, wird sie erneuert. Die Lehren Böheims werden als Ketzerei

– Blendwerk des Teufels – verdammt, die Wallfahrten und besonders die vom Pauker gedichteten Liedlein und Kantilenen bei Strafe des Banns verboten.

Dann schlägt der Würzburger zu. In der Nacht des 12. Juli galoppieren vierunddreißig bischöfliche Reiter nach Niklashausen und fangen den Rebellen. Im kurzen Handgemenge mit Wallfahrern wird ein Pferd verwundet. Aber die Büttel entkommen unversehrt und liefern ihren Gefangenen auf das Würzburger Schloß. Der Pauker verhält sich still.

Die Wallfahrer sind wie gelähmt – ratlos, ohne Plan, fast ohne Waffen. Am nächsten Tag kommen neue Pilgerscharen, vernehmen die unglaubliche Neuigkeit. Die einen machen sich auf den Heimweg. Andere verharren unschlüssig. Die dritten wollen handeln. Doch es fehlt der Führer. Die Volksbewegung hat an Breite, doch nicht gleichzeitig an revolutionärer Kraft und Tiefe gewonnen.

Da tritt ein Bauer hervor, sagend: Ihm sei die Heilige Dreifaltigkeit erschienen und habe befohlen, man solle vor das Würzburger Schloß ziehen und den Propheten herausholen, die Burg werde sich ihnen öffnen. War es nur kecke Nachahmung dessen, was der Pauker mit seinen inneren Gesichten vorgemacht hatte? Oder war es wirklich die traumhafte Reflektion überreizter Nerven? Jedenfalls sammelt der Mann Entschlossene und Zögernde – die Überlieferung spricht von Sechzehntausend – und geleitet den Zug nach Würzburg. Es ist viel zuviel religiöser Glaube im Spiel: ihr Zug sei gerecht, sie befreiten einen Propheten, die Bischofsburg falle durch Gottes Hand. Kaum einer ist bewaffnet. Der Bischof erfährt von dem Anmarsch und trifft eilige Vorbereitungen.

Am 14. Juli stehen die Wallfahrer mit Fahnen und Kerzen vor der wehr- und waffenstrotzenden Burg. Sie fordern die Freilassung ihres heiligen Jünglings. Das aber wird ihnen abgeschlagen. Die Bischöflichen versuchen die Menge zu teilen, appellieren an den Untertanengehorsam, versprechen Straffreiheit, drohen mit Kanonen. Sie erreichen, daß die

Untertanen des Würzburger Bistums abziehen. Die anderen sind kampfentschlossen, greifen zu Stangen, Stöcken und Steinen. Da werden die Geschütze auf sie abgeschossen, und Reiter stürzen sich auf die erschrockene, ungeordnete Masse. Tote und Verwundete bedecken den Platz. Der Angriff ist abgeschlagen, der Widerstand aber nicht gebrochen. Einige Hundert verschanzen sich beim Rückzug im Friedhof zu Waldbüttelbrunn. Sie empfangen die anrückenden Reiter mit Steinhagel. Soldaten des Bischofs und Würzburger Bürger stürmen den Friedhof, machen über einhundert Gefangene, die sie in die Türme der Feste Marienberg werfen. Die meisten werden späterhin freigelassen. Zwei aber werden geköpft, darunter der Anführer des Zuges nach Würzburg.

Grausam ist die Rache, die den Initiator der ganzen Bewegung trifft. Nach mehreren Verhören wird Hans Böheim am 19. Juli 1476 zum Feuertod auf den Schottenanger geführt. Der Pauker ist gelassen. Er stirbt aufrecht wie er gelebt. Während das Feuer nach ihm faßt, singt er mit seiner hellen, jugendlichen Stimme ein Marienlied.

Mit dem Tod des Rebellen waren die Sorgen der Obrigkeit nicht zu Ende. Selbst die Asche des Toten konnte gefährlich sein, sie wurde deshalb in den Main geschüttet. Da trugen Böheims Anhänger die verbrannte Erde als Reliquie fort. Auch die Wallfahrten nach Niklashausen – obwohl verboten – brachen nicht ab. Vergeblich wurde die Dorfkirche mit dem Interdikt belegt und jeder Besuch mit dem Kirchenbann bedroht. Der Klerus wagte das letzte Mittel: Er ließ das Gotteshaus als Stätte der Ketzerei und der Rebellion niederreißen. Dreißig Jahre danach feierte das verhaßte Wallfahrtsliedchen im Speyrer Bundschuh seine Auferstehung. Etwa gleichzeitig vollendete Albrecht Dürer, dem die Würzburger Geschehnisse bekannt waren, seine Holzschnittfolge zur Apokalypse. Ob er im Gleichnis vom wahren und falschen Propheten, das den gemarterten Johannes gegen den reichen Fürsten stellt, wohl auch dem »heiligen Revolutionär« Hans Böheim ein Denkmal setzte?

JOSS FRITZ

Was wir über ihn wissen, ist in den Warnschreiben der Denunzianten, den Protokollen der Richter und Foltermeister, den Beschlüssen, Botschaften, Chroniken der Landesfürsten und anderen Obrigkeiten überliefert worden. Wie ein Zerrspiegel reflektieren sie Wollen und Wirken dieses Mannes, dessen kämpferisches Leben beinahe die unberechenbare Größe einer Legende gewinnt: Joß Fritz – leibeigener Bauer und Rebell, Musterkonspirateur und Führer des Bundschuh.

Sein Kommen und Gehen, Auftauchen und Verschwinden begann östlich des Oberrheins, wo zwischen Schwarzwald und Odenwald, vom Neckartal im weiten Bogen umspannt, das flachgewellte Hügelland des Kraichgaues liegt. Üppige Getreide- und Hopfenfelder, Rebhänge und fischreiche Gewässer hatten seit altersher die Begehrlichkeit rivalisierender Feudalherren auf sich gezogen, so daß bis zum Anfang des 16. Jahrhunderts das ehemals freie Bauernland fast ganz den eigenmächtigen Landesherren unterworfen war. Der Kurfürst von der Pfalz, der Markgraf von Baden, der Herzog von Württemberg und der Bischof von Speyer teilten sich seinen Besitz.

Bischof Ludwig hatte die Osterfeiertage 1502 auf Schloß Udenheim in der Rheinebene verbracht und rüstete soeben zur Abreise nach Speyer, als sich Lux Rapp, ein aus dem Badischen stammender, entlassener Soldat, bei ihm meldete: Er wolle seinen »in Gott hochehrwürdigen Fürsten und Herrn« vor einer Bauernverschwörung warnen, die unter dem Zeichen des Bundschuhs offenen Aufruhr plane und mit Hilfe verbündeter Einwohner der Stadt Bruchsal diesen befestigten Platz in ihre Gewalt nehmen wolle, dazu auch die umliegenden Dörfer und Marktflecken Heidelsheim, Maulbronn, Ober- und Untergrombach, Udenheim, Bretten, Weingarten, Pforzheim; so das geschehen, hofften sie, es würden sich alle Bauern und armen Stadtleute des Bistums zu ihnen rotten, damit sie den Pfaffen und den Edelleuten »ihr Gesetz geben« und sich selbst befreien könnten; auch würden sie alle, die sich ihnen widersetzten, zu Tode schlagen... Er selbst, Lux Rapp, sei der Verschwörung nur zum Schein beigetreten.

Der Bischof schenkte dem badischen Fußknecht zunächst keinen Glauben. Als aber Tage später ein Bürger aus Udenheim unter dem Schutz des Beichtgeheimnisses bekannte, zwei Bauern hätten ihn mit Gewalt für die geheime Bruderschaft werben wollen, da hielt es der Bischof doch für geraten, bewaffnete Reisige nach Unter- und Obergrombach zu entsenden, wo, wie der rührige Rapp inzwischen ausgekundschaftet hatte, die beiden Wächter der bischöflichen Burg dem illegalen Bündnis angehörten. Der eine konnte den Häschern entwischen und manchen seiner Genossen noch warnen. Der andere nannte unter der hochnotpeinlichen Folter die Namen von Mitverschworenen. Sie wurden gefangengesetzt und den Gerichten vorgeführt. Von den über hundert Angeklagten erhielten die als »Mitwisser« verurteilten zu ihren bisherigen Lasten schwere Geldbußen auferlegt;

den aktiven Mitgliedern des Bundes ließ man die Schwurfinger abhacken; die vermeintlichen Rädelsführer wurden von Pferden zur Richtstätte geschleift, enthauptet, gevierteilt und zur Abschreckung an den Straßenbäumen aufgehängt.

Unter den Entkommenen aber war, so vermerkt Georg Brentz, der Landschreiber des Bischofs: »Joß Fritz aus Untergrombach, ein junger buhersman, des buntschuhs hawbtman und anfenger!«

Die Chronisten melden nichts von seiner Jugend. Er muß schätzungsweise dreißig Jahre alt gewesen sein, als er 1502 begann, die Unzufriedenen und Verzweifelten um sich zu versammeln. Im Gegensatz zu den Wortführern der früheren lokalen Bauernunruhen hatte Joß Fritz nicht nur die Notwendigkeit eines überlokalen Zusammenschlusses der Bauern erkannt, sondern auch ein Bündnis mit den ausgebeuteten Schichten der Stadtbevölkerung angestrebt. Allein in Bruchsal, dessen Besetzung das Signal zum allgemeinen Aufstand werden sollte, konnten die Bundschuher mit vierhundert Anhängern und Verbündeten rechnen, die sich nicht zuletzt gegen die erbarmungslose Steuerpolitik des Bischofs empörten. Sogar im linksrheinischen Elsaß, wo die Erinnerung an den Schlettstädter Bundschuh von 1493 trotz blutiger Unterdrückung nicht verblaßt war, knüpften die Sendboten des Joß Fritz geheime Verbindungen an.

Auf der Folter wurden die Gefangenen immer wieder nach ihrem Hauptmann befragt. Wie war es ihm gelungen, Tausende weit verstreut lebender Menschen zu einem Verbündnis gegen die »gottgewollte« Ordnung aufzuwiegeln, in Rotten zusammenzufassen, kriegserprobte Söldner als Hauptleute und Feldwebel für ihre Führung zu gewinnen? Zeugte diese ungewöhnliche Überredungskunst nicht von einem »argen insprechen des teuffels«?

Da preßte die Folter aus den Gequälten Stück um Stück das Bild des leitenden Konspirateurs heraus. Joß Fritz hatte mit den Leuten über ihre Sorgen und Nöte gesprochen, ihre Unzufriedenheit ebenso vorsichtig wie beharrlich auf die gesellschaftlichen Übelstände gelenkt, und sobald er Zustimmung fand, suchte er sie von der Notwendigkeit gemeinsamen Handelns zu überzeugen: »Kilius, wiltu uns auch helfen zu der götlichen Gerechtigkeit, so mustu swigen und davon niemand sagen, dann du siehest ja, wie es uns get, und das man uns nit will lassen bliben bi unsern alten bruchen, rechten und herkommen.« Es sollte also nicht Recht zerstört, sondern das von den Herrschenden geschändete, alte «göttliche« Recht wiederhergestellt werden. Waren die Vorfahren nicht Freie auf eigenem Grund und Boden gewesen? Die Bauern und Plebejer, unkundig des Lesens und Schreibens, befangen in den religiösen Anschauungen ihrer Zeit, sollten den Aufruhr vor dem Gewissen verteidigen können, von ihrer Rechtlichkeit gegenüber verderbten, eigensüchtigen Machthabern durchdrungen sein. Die revolutionäre Agitation des Joß Fritz potenzierte sich durch viele, die den Sinn der Empörung erfaßten und weitertrugen.

Den allgemeinen Pfaffenhaß münzte der lebenskundige Aufrührer in eine schlagkräftige Losung um: »Was ist nun für ein Wesen? Wir mögen vor den Pfaffen nit genesen.« Er faßte die Hoffnungen und die Wünsche, den Traum der Volksmassen von der »göttlichen Gerechtigkeit«, in ein Programm, das neben sozialen Reformen vor allem die weltliche Entmachtung der Kirche verlangte.

Wie klar die Herrschenden die drohende Gefahr erkannten, beweist ihre fieberhafte Tätigkeit unmittelbar nach den ersten Denunziationen. Der Bischof von Speyer jagte einen Eilkurier zu seinem Amtsbruder nach Straßburg, und dieser wiederum lud in beschwörenden Briefen die ober- und mittelrheinischen »regirer« nach Schlettstadt ein, wo die bislang verfehdeten Herren gemeinsame Interessen und erste Abwehrmaßnahmen berieten: Reiterpatrouillen auf den Landstraßen, verstärkte Überwachung der Wirtshäuser, gegenseitige Information über Bauerntreffen, Ausweisung »herrenlosen Gesindels«, übereinstimmende Gerichtsverfahren.

In einem Schreiben an Kaiser Maximilian I. baten sie um Unterstützung: »damit sollich mutwillig ungehorsamkeit der underthanen im Rich für ewig abgestellt werde«. Ohne nähere Untersuchung ordnete der sonst so volkstümlich scheinende Habsburger die grausamsten Strafen an, und er versprach: notfalls »mit unser selbs person und einer merklichen anzal volks zu roß und fuß« den Kurfürsten, Fürsten, Grafen, Freiherren und Städten gegen die aufrührerischen Bundschuher zur Hilfe zu eilen. So fühlte sich gar ein Kaiser, Herrscher des Heiligen Römischen Reiches Deutscher Nation, von dem leibeigenen Bauern Joß Fritz herausgefordert, von einem »furer und verfurer des volks durch und durch, mit suszer rede angetan, wol wissend, wo dem armen man der schuch druckt«.

Nach der vorzeitigen Entdeckung des Aufstands tauchte der Bauernführer für einige Jahre im Hegau, nördlich des Bodensees, unter, und er heiratete dort die aus dem Amte Stockach stammende Else Schmidt. Mit ihr zog er sodann nach Lehen, einem Dorf in der Nähe von Freiburg im Breisgau. Er fand als Bannwart oder Flurhüter eine Anstellung und begann unter dem Schutz seines Amtes, zäh und beharrlich eine neue Bundschuhverschwörung zu organisieren. Wohl mangelte es an Zeit, um die breite Massenbasis des ersten Versuchs noch einmal zu gewinnen. Aber der programmatische Plan ging weit über diesen hinaus: Beseitigung aller Landesobrigkeiten und Herrschaften, Aufteilung der Kirchengüter, Abschaffung der Feudalabgaben, Steuern, Zehnten und Zinsen, Aufhebung der Leibeigenschaft, Nutzung von Wasser, Weide und Wald durch jedermann – kurz: Vernichtung der Feudalherrschaft.

Damit nicht die Gesetzlosigkeit einreiße, von der die herrschenden Bedrücker demagogisch sprachen, wollten die Empörer gemeinsam mit dem Kaiser, den sie als Reichsoberhaupt respektierten, für einen »ewigen Frieden« der Christenheit streiten. Falls sich aber Maximilian I. einer »burischen regirung« widersetzte, wollte man das Bündnis mit den

Schweizer Eidgenossen suchen, die die Habsburger Vorherrschaft abgeschüttelt und einen vielbewunderten republikanischen Staatenbund gegründet hatten.

Joß Fritz mochte wissen, daß die weitgesteckten Ziele des neuen Bundschuhprogramms für viele der dörflich beschränkten Verschwörer nicht leicht erfaßbar waren. Aber er fand eine Losung, die den antiklerikalen Gehalt der früheren Agitation auf die einfachste Weise gegen jede Feudalherrschaft erweiterte, und die bald von Mund zu Mund ging: »Was ist nun für ein Wesen? Der arme Mann in der Welt mag nit genesen!« – Nicht mehr der Römischen Kirche und dem einheimischen Klerus allein galt der Kampf. Die ganze Gesellschaft sollte von Grund auf verändert werden und der »arme man sin frihit han«.

Auch wußte Joß Fritz als ein Mann des Volkes, daß die Kampfbereitschaft der Ausgebeuteten nicht allein aus dem Verstand, sondern mehr noch aus dem Herzen erwuchs. Die revolutionäre Gemeinsamkeit sollte also durch ein einfaches Symbol, ein Feldzeichen, eine Fahne verdeutlicht werden – den Bauernschuh, der laut Überlieferung schon zu Zeiten Karls des Großen getragen wurde: »Die schuhe hätten auf beiden seiten riemen dreier ellenbogen lang, und flocht man und schnüret sie umb die bein und leine hosen kreuzweis herumb wie ein gitter...« Dieser Bundschuh war nicht nur das Kennzeichen des bäuerlichen Standes. Er symbolisierte seit Jahrhunderten das Schicksal der dienenden, fronenden, ausgeplünderten Volksmassen, ihren Traum von einer besseren sozialen Ordnung, die es nun, wenn Gott nicht anders wollte, mit Sensen, Dreschflegeln und dem eisenstachligen Morgenstern zu erstreiten galt.

Die Verschwörer trieben Geld für ein seidenes Fahnentuch zusammen, und Joß Fritz wagte in der Gegend von Freiburg mehrmals den gefährlichen Versuch, einen Kunsthandwerker zu finden, der das verbotene Zeichen malen sollte. Zuletzt wanderte er über den Schwarzwald nach Heilbronn. In der Verkleidung eines Landsknechts und mit erfundener

Geschichte gewann er dort einen Maler: Soldat und Sohn eines Schuhmachers, sei er in mörderischer Schlacht unversehrt geblieben, und er wolle nun dem Aachener Dom eine Fahne als Zeichen christlicher Dankbarkeit weihen. Das blauweiße Tuch solle auf der einen Seite einen Bundschuh als Berufszeichen des Vaters zeigen, auf der anderen einen knienden Bauern unter der Inschrift »Nichts, denn die Gerechtigkeit Gottes«. Ob der Maler die Geschichte leichtgläubig hinnahm oder ob er die Tarnung durchschaute? Jedenfalls malte er das Verlangte, das Banner des großen Aufruhrs, und er lieh, bewußt oder nicht, seine Kunst der Freiheit des Volkes.

Als Joß Fritz – man schrieb das Jahr 1513 – die Fahne endlich in seinen Händen hielt, war die Bundschuhverschwörung abermals im Beichtstuhl verraten worden. Wiederum wurden Bauern aus den Häusern gezerrt, in die Kerker geworfen, auf die Folter gespannt, und neben Fürsten und Bischöfen taten sich diesmal die Pfeffersäcke von Freiburg besonders hervor.

Joß Fritz, die Fahne um den Leib gewickelt, ging unerkannt als Pilger über die Schweizer Grenze. Er hängte das kostbare Tuch als »Weihegeschenk« in der Seitenkapelle der Wallfahrtskirche zu Einsiedeln auf. Wann würde er das Banner von diesem sicheren Ort zurückholen und vor bewaffneten Bauernhaufen entrollen können? Er soll nicht aufgegeben und bald aufs neue gebohrt und gefragt haben: »Kilius, wiltu uns auch helfen zu der göttlichen Gerechtigkeit...?« Er agitierte wohl mehr nun unter Plebejern, mit Hilfe entlassener Soldknechte, entlaufener Mönche, heimlich verbündeter Gaukler, Bänkelsänger und Bettler. Heimatlos, überall gesucht, nirgends gefunden, von der Achtung des Volkes beschützt, verbreitete er den Aufruhrgedanken des Bundschuhs.

Joß Fritz war die Unruh im Uhrwerk der Zeit, deren Zeiger unaufhaltsam der Stunde der Revolution entgegenrückten. In wechselnden Kleidern und Masken schlich er sich von Dorf zu Dorf, von Stadt zu Stadt, tröstete die Schwachen, mahnte die Müden, entflammte die Zaudernden, zügelte die vorzeitig Ungestümen. Er schürte die Flamme des Hasses, verhieß ein kommendes Reich der Gerechtigkeit und soll an geheimen Orten seinen Anhängern die Bundschuhfahne vorgezeigt haben, damit sie auf das heilige Tuch ihre Treue schworen.

1517, als Luther seine Thesen an das Kirchtor zu Wittenberg heftete, verfolgten die Feudalherren am Oberrhein zum drittenmal ihren alten Widersacher an der Spitze einer Bundschuhverschwörung. Wieder behielten sie Oberhand, aber Joß Fritz fingen sie nicht. Er entging schnüffelnden Häschern ebenso wie jagenden Reiterpatrouillen.

Zur Zeit des Bauernkrieges soll er im Schwarzwald noch einmal aufgetaucht sein, nun schon legendäre Volksgestalt: »Werd nimmer sterben können, der Bundschuh nimmt denn einen guten Lauf!« Sein Name und Wirken waren unvergessen. Seine Saat keimte in den süddeutschen Bauernheeren.

ERASMUS VON ROTTERDAM

So sah ihn Albrecht Dürer: In einen weiten, weichen Rock gehüllt, auf dem Kopf eine Pelzkappe, die Stirn und Ohren umschließt, und er steht vor einem klobigen Tisch, auf dem ein Schreibpult ruht, hält in der rechten Hand die Feder, in der linken ein »schribhörnlin«, ein Tintenfaß aus Horn, neben ihm liegen Briefe, die er geschrieben hat, und er schreibt weiter, die Lider gesenkt, der Mund schmal, die Nase spitz, leicht eingedrückt die Schläfen – ein Mann, der nicht gestört sein will, der in sich hineinhorcht, und wenn er aufschauen sollte, dann fällt sein Blick auf einen Strauß Blumen in schön geformter Henkelvase und auf Folianten, die neben ihm liegen. Bücher gehörten zu ihm wie zum Bauern der Pflug und zum Krieger das Schwert, die Wissenschaft war sein Beruf, sein Leben, es gab nichts außer ihr. Keine Musik erfreute dieses Ohr, keine Architektur oder Malerei dieses Auge. Er stand Modell, häufiger als Fürsten, wurde gezeichnet und gemalt von berühmten Porträtisten, doch daß er, in Italien weilend, die Studierstube und Drukkerwerkstatt verlassen könnte, um einen Raffael, Leonardo oder Michelangelo kennenzulernen, kam nicht in seinen Sinn.

Und er fand offene Türen überall – Erasmus aus Rotterdam, 1466 oder 1469 geboren, Kind einer Arzttochter und eines Priesters, der »Bastard«, den seine Vormünder nach dem frühen Tod der Eltern in ein Kloster gegeben hatten, der Augustinermönch, der verlaust und unter Entbehrungen in Paris Theologie studiert hatte – offene Türen, wohin auch immer er seine Füße setzte, nach London, Venedig, Rom oder Basel, offene Türen bei Fürsten, Bischöfen, Magistraten. Es galt als Auszeichnung, von ihm eines Briefes oder gar eines Besuches gewürdigt zu werden, und umgekehrt erschien kein Lob hoch und erlesen genug, um ihn zu preisen: Vater der Studien nannte man ihn, Zierde des Jahrhunderts, Fürst der Wissenschaft, Phönix der Gelehrten, Wonne des Erdkreises; er erhebe sich, so hieß es, über Menschenmaß, sei göttlich und in Andacht zu verehren wie ein himmliches Wesen.

Um die Trunkenheit dieser Lobeserhebungen zu begreifen, muß vorerst begriffen werden, daß sein Jahrhundert trunken war: in der Erwartung eines neuen, glücklicheren Weltzustandes. »Die Welt kommt zur Besinnung, als erwache sie aus einem tiefen Schlaf«, ist bei Erasmus selbst zu lesen, und eingegeben war diese Zuversicht durch die Entfaltung neuer Produktivkräfte, durch Entdeckungen, Erfindungen und Hochleistungen auf allen Gebieten des geistigen und künstlerischen Lebens. Das Mittelalter ging zu Ende. Vorbei war es mit den spitzfindigen scholastischen Disputationen, ob es wohl denkbar sei, daß Gott von seiner Person einem Weibe mitgeteilt habe oder dem Teufel oder einem Esel, einem Kürbis, einem Kieselstein; wie dieser Kürbis wohl das Evangelium predigen oder Wunder wirken könne, falls er gottbegabt sei. Der Mensch entdeckte sich selber – und neben die studia divina, die Studien, die sich mit den göttlichen Dingen beschäftigten, traten die studia humaniora, die weltlichen, mit dem Menschen und der Natur beschäftigten Wissenschaften: Philologie und Philosophie, Geschichtsschreibung und Pädagogik, Geographie und Astronomie und andere.

Humanist, Gelehrter also, der bei aller Gläubigkeit den Menschen in das Zentrum seines Denkens stellte, war auch der Augustinermönch aus Rotterdam geworden – und nicht bloß in der Bergpredigt, sondern auch in der Dichtung und Philosophie der heidnischen Antike, der Griechen und Römer, fanden er und seinesgleichen ein Leitbild gesitteter Menschlichkeit. Schon mit ihren Namen legten die der mittelalterlichen Scholastik Entlaufenen ein Bekenntnis zur Antike ab: aus einem Bauer wurde ein Agricola, aus einem Schwarzerd ein Melanchthon, und Erasmus aus Rotterdam legte sich den lateinischen Humanistennamen Desiderius Erasmus Roterodamus zu, der gepriesen wurde in der geistigen Welt der damaligen Zeit. In der geistigen wohlgemerkt, der civitas litterarum, und die war klein und selten geneigt, sich auszuweiten, und erfuhr daraus ihre schwersten Enttäuschungen. In ihr sprach und schrieb man Lateinisch, nicht das verballhornte, das Küchenlatein, das jedes Mönchlein salbaderte, sondern ein an den lateinischen Klassikern geschultes – ausgefeilt, raffiniert, folgsam jedem Gedanken, zu Präzision und Zwischentönen gleichermaßen befähigt; und man war stolz auf die Souveränität, mit der man es handhabte, stolz, daß es kraft dieser reichen und strengen Sprache möglich war, über Länder und Grenzen hinweg zueinander zu sprechen. Doch dieser Stolz war auch Verblendung – nicht bloß darum, weil bei den Philologen und Philosophen unter den Humanisten jeder Sprachverstoß wie ein Vergehen geahndet wurde, weil man sich einbildete, daß sich die Erde vor Freude aus den Angeln heben müßte, wenn ein neuer Text eines antiken Autors aufgefunden und ediert war. Diese Einbildung wäre zuzugestehen. Verblendet war dieser Humanistenstolz, weil er sich in dem Traume wiegte, daß die Gelehrtenrepublik ein Modell der Welt sein könnte.

Man rechnete wenig mit den materiellen Realitäten. Es sei Torheit, sich für alles zu interessieren, was in der Welt geschehe, und zu prahlen mit seiner Kenntnis des Marktes, der Pläne des Königs von England, der Neuigkeiten aus Rom, der Zustände in Dänemark, schrieb Erasmus in seinem »Handbüchlein des christlichen Streiters«. Man rechnete nicht mit dem Volk oder rechnete mit ihm nur als Gegenstand der Belehrung, Bildung, Versittlichung – doch selbst dieser Ansatz war trügerisch, sprach und schrieb man ja nicht in des Volkes Zunge. Diese Humanisten waren ein neuer Adel, ein Adel des Geistes, und in Umwandlung eines Goetheworts wäre zu sagen: Ihm gefiels zu konversieren mit Gescheiten, mit Tyrannen... Die Gescheiten, das waren die wenigen Dutzend der Gelehrten, die, über aller Herren Länder verstreut, die antike Literatur studierten und das hergebrachte Wissen und Denken über den Haufen warfen. Die Tyrannen, das waren die weltlichen und kirchlichen Machthaber, an denen das Volk, und nicht nur im bildlichen Sinne, verblutete. Mit ihnen zu konversieren, war für die humanistischen Gelehrten allerdings unumgänglich. Der Wissenschaftler, Künstler konnte ohne sie schwerlich leben; einige Exemplare seines Werks waren der einzige Lohn, der ihm für gewöhnlich vom Druckherrn seiner Schriften zukam. Also mußte er Fürstendiener oder Kirchendiener werden, wenn er sich nicht einrichten wollte, von der Luft zu leben, und diese Abhängigkeit ging ja bis zu Mozart und Lessing hin. Doch der Zwang, einen Mäzen zu gewinnen, einer Pfründe habhaft zu werden, eine Pension, eine Sinekure anzustreben, dieser Zwang nährte auch den Traum, daß der Geist über die Macht etwas vermöge. Erasmus, der berühmteste Humanist seiner Zeit, träumte ihn wohl am intensivsten. »Könige werden weise durch den Verkehr mit weisen Männern« – dies Sophokles-Wort schrieb er an Heinrich VIII., König von England. Aber Erasmus war auch weltklug genug, dem Traum keine Herrschaft über seine Gedanken einzuräumen.

Der mild Veranlagte, an Vernunft und Einsicht Appellierende erhob Anklagen gegen die weltlichen und kirchlichen Regenten – doch immer wurden die Angriffe verdeckt vorgetragen, die Ansprüche abgeschirmt. »Das Volk gründet und baut die Städte, die Torheit der Fürsten verwüstet sie wieder«, so steht es in seiner Sammlung von Sprichworten aus dem Altertum. Mußte sich ein Fürst betroffen fühlen, der mit Erasmus »konversierte«? – »Ich habe noch nicht in Erfahrung bringen können, ob sich in betreff des Krieges die Päpste nach dem Vorbild einiger deutscher Bischöfe richten oder ob diese Bischöfe nach dem Beispiel der Päpste handeln; jedenfalls gehen sie noch weit offener zu Werke. Ohne sich um den Gottesdienst, den Segen oder die anderen Pflichten ihres Amtes zu kümmern, atmen sie nur Krieg und immer Krieg, so daß es fast für feige und der bischöflichen Ehre nicht entsprechend gilt, anderswo als in der Schlacht den Heldengeist zum Ruhme Gottes aufzugeben. Die Menge der untergeordneten Priester sieht es natürlich als Unrecht an, hinter der Frömmigkeit der Prälaten zurückzubleiben, und wie kriegerisch kämpft drum diese Schar mit Schwertern, Wurfspießen, Steinen und allen erdenklichen Waffen, wenn es das Recht des Zehnten gilt! Wie scharfäugig spähen sie umher, ob sich nicht in den Schriften einige Stellen finden lassen, durch die sie ihrem Völkchen Angst einjagen und beweisen können, daß man ihnen noch weit mehr als den Zehnten schulde! Doch nur einmal daran zu denken, was überall von ihren Verpflichtungen gegen das Volk geschrieben steht, das kommt ihnen nie in den Sinn.« – Diese bitteren Sätze stehen in einer 1509 verfaßten Schrift, die »Lob der Torheit« heißt und in der die Torheit in eigener Person spricht. Ist es demnach töricht, was über die Kirche als Kriegsmacht und Ausbeutungsinstrument gesagt ist?

Die Wahrheit der Erasmischen Anklage war handgreiflich – doch indem er gleichsam unterderhand sprach, eine Schellenkappe überstreifte und den Narren spielte, machte er sich unangreifbar: nicht er war es, der diese Ketzereien verkündete, sondern die Torheit.

Wenn es gar nicht anders ging, bestritt Erasmus sogar rundheraus, der Urheber von Unbotmäßigkeiten gewesen zu sein. 1518 erschien die sicher von ihm verfaßte und ebenso sicher gegen seinen Willen veröffentlichte Schmähschrift »Der aus dem Himmel ausgeschlossene Julius«, in der die allgemeine Standessatire in genau adressierte Personalsatire umschlug: Der kriegerische Papst Julius II. kommt nach seinem Tode in all seiner Glorie vor die Pforte des himmlischen Paradieses und wird von Petrus abgewiesen. Und nicht genug mit dieser Satire auf den obersten Bischof der Kirche: Der friedlich, zu Duldsamkeit gestimmte Erasmus erklärt, gegen die Mißwirtschaft des Papsttums bestünde »der einzige Ausweg« darin, »daß das Volk aufsteht, sich... bewaffnet und diese Pest der Welt zerschmettert«. Eine Manuskriptseite des »Julius exclusus e coelis« ist in des Erasmus Handschrift überliefert – aber in Briefen beteuerte er ebenso sorgsam wie hartnäckig, mit dieser Aufforderung zum Ungehorsam, zum Aufstand, nichts zu schaffen zu haben.

Den empfindlichsten und nachhaltigsten Schlag gegen die hergebrachte Weltordnung führte Erasmus eher unbewußt. 1516 veröffentlichte er in Basel das Neue Testament – bislang nur in der lateinischen Übersetzung des Kirchenvaters Hieronymus gelesen, verkündet und ausgelegt – im griechischen Original, mit eigener lateinischer Übersetzung und umfänglichen textkritischen Anmerkungen. Sein erklärtes Ziel war keusch und gläubig: unentstellt, in gereinigter Form die Heiligen Schriften darzubieten, sie aus den Quellen selbst zu verstehen und verstehen zu lehren. Nur des Erasmus entschiedenste Gegner aus dem Lager der Scholastik ahnten etwas von der geschichtsbildenden Bedeutung dieses Unternehmens. Verwegen, vermessen waren schon einzelne Resultate der Philologenarbeit: daß nicht alle den Aposteln zugeschriebenen Briefe von ihnen selbst stammten, daß den

Evangelisten auch Irrtümer unterlaufen seien. Doch eine Jahrhundertleistung war die von Erasmus eingeschlagene wissenschaftliche Methode. Ein sprachenkundiger Gelehrter unterwarf die Heiligen Schriften, auf die sich das Dogma der Kirche, der Bau der Gesellschaft gründete, seinem philologischen und historischen Urteil. Unumschränkte, aus Gott abgeleitete Autorität wurde als Menschenwerk gefaßt, dem nicht bloß mit dem Glauben, sondern auch mit dem Denken zu begegnen sei. Der Sprengstoff, den Erasmus mit seiner Bibelkritik gelegt hatte, wurde über Jahrhunderte nicht trocken.

Des Erasmus schwere Stunde schlug, als Martin Luther diesen Sprengstoff zündete – oder, wie ein Kleriker haßvoll sagte: als Luther die Eier ausbrütete, die Erasmus gelegt hatte. Beide wollten den unter den »dogmatischen Lehren verborgenen Christus« aufspüren, Luther aus vorwiegend religiösem, Erasmus aus vorwiegend humanistisch-moralischem Antrieb. Luther schlug seine antipäpstlichen Thesen an das Portal der Schloßkirche von Wittenberg, er trug das Evangelium auch ins Volk. Von Erasmus wurde in dem anbrechenden Weltbrand eine Entscheidung verlangt. Er versagte sich den Ansprüchen Roms – einen Bischofssitz wäre seine Stimme der Papstkirche wert gewesen. Aber er versagte sich auch den Ansprüchen Luthers: »Ich verhalte mich, soweit ich kann, neutral, um besser die wieder aufblühenden Wissenschaften fördern zu können, und glaube, daß durch kluge Zurückhaltung mehr erreicht wird als durch Einmengung.« Zurückhaltung – denn er stimmte zwar für eine Erneuerung der Kirche, für eine Erneuerung, die der »Philosophie Christi« gegen Mönchsbarbarei, Ablaß, Zeremonien, Beichtmißbrauch einen Raum verschaffte; aber er wollte die Kirche nicht spalten, wie es Luther tat. Zurückhaltung – denn er stimmte zwar für eine friedliche, gesittete, menschenwürdige Gesellschaft, in der es die Leibeigenschaft nicht mehr gäbe und die Frauen aus ihrer Erniedrigung befreit wären; aber er wollte die Gesellschaft nicht durch

Revolution umgestalten wie es Thomas Müntzer erstrebte. Dünnblütig, dünnhäutig, verschanzt hinter seinem Studierpult, verabscheute er den Tumult, den Aufruhr, die Unordnung, vertraute er der langsam wirkenden Überzeugungskraft des Geistes.

Als 1521 das Gerücht umlief, Luther sei tot, erwarteten viele von Erasmus, daß er das Werk der Reformation in seine Hand nähme. In Albrecht Dürers Tagebuch stehen die leidenschaftlichen Worte: »O Erasme Roderodame, wo wiltu bleiben?... Hör, du Ritter Christi, reit hervor neben den Herrn Christum, beschütz die Wahrheit, erlang der Martärer Kron! Du bist doch sonst ein altes Männiken. Ich hab von dir gehört, daß du dir selbst noch 2 Jahr zugeben hast, die du noch tügest, etwas zu tun. Dieselben leg wohl an, dem Evangelio und dem wahren christlichen Glauben zugut, und laß dich dann hören, so werden der Höllen Pforten, der römisch Stuhl, wie Christus sagt, nit wider dich mügen ... O Erasme, halt dich hie, daß sich Gott dein rühme, wie vom Davidt geschrieben stehet; dann du magst tun, und fürwahr, du magst den Goliath fällen.« Doch Erasmus hatte nichts von David an sich. Den man das Licht der Welt genannt hatte – er wurde von Hutten als eitler Zauderer, von Luther als »König der Amphibien« verhöhnt.

1536 starb in Basel ein Humanist, der reich an Kenntnissen und Einsichten war, an dessen Geist sich noch das spätere Jahrhundert der Aufklärung stärkte, dessen Tragik jedoch war, daß er sich in seiner Zeit »oberhalb des Getümmels« hielt.

JOHANN REUCHLIN

Man kann ihn einen »homo tam multiblicibus disciplinarum literarumque ornamentis expolitus« nennen, einen im Schmuck mannigfaltiger literarischer Wissenszweige feingebildeten Mann, und man kann Deutschland gratulieren, daß es sich dank Reuchlins aus der Barbarei erhebt. So versichert 1483 der Holländer Rudolphus Agricola und rühmt einen Zeitgenossen, um den sich drei Jahrzehnte später die deutschen Humanisten scharen werden.

Kapnion, kleiner Rauch, wie ihn seine Freunde nennen, ist kein revolutionärer Streiter, kein Mann der Tat. Er kennt nur den Dienst an der Wissenschaft. Er steht der heraufziehenden Reformation als ein strenggläubiger Katholik fremd gegenüber. Und doch – es ist sein Name, durch den die Verfechter des humanistischen Fortschritts und der klerikalen Reaktion noch vor Luthers Thesenanschlag gegeneinander geraten. Ein Mann an der Seite Reuchlins zu sein, heißt einige Zeit lang: für geistige Erneuerung streiten.

Johann Reuchlins Vaterstadt bildet das Nordtor zum

Schwarzwald, wo Würm und Nagold vereint in die Enz fließen. Hier wird er am 22. Februar 1455 geboren. Wenn er auch nur geringe Lebenszeit dort verbringt, so preist er die Stadt doch oft genug und gibt seinem Familiennamen den Zusatz: »Phorcensis – aus Pforzheim«.

Der Bildungsweg des Bürgersohnes beginnt in der Lateinschule, an der später auch Großneffe Philipp Melanchthon in die Anfänge der Wissenschaft eingeführt wird. Bald haben Reuchlins Eltern die geistigen Fähigkeiten ihres Sohnes erkannt, denn schon mit 15 Jahren bezieht er die Universität Freiburg im Breisgau, um sich in Philosophie, Grammatik und Rhetorik zu schulen. Die Gunst des Markgrafen von Baden-Durlach und eigener Wissensdurst, der beachtliche Kenntnisse in Latein zeitigt, führen ihn drei Jahre darauf nach Paris. Er wird Schüler des deutschen Gelehrten Johannes Heynlin, dessen Begeisterung für antike Literatur bei Reuchlin auf fruchtbaren Boden fällt. Die Klassiker der Antike werden zu seinem grundlegenden Bildungserlebnis. Wie nur immer ein junger Mensch Feuer fangen kann, so ergreift ihn der große Gedanke, der durch die italienische Renaissance vermittelt ist: den Menschen, seine Kultur, zum Maß aller Dinge zu machen. Aber der Zugang zum antiken Schriftgut führt über die Kenntnis der alten Sprachen. Latein ist ihm gut bekannt, nicht das Griechische. Also beginnt er, zusammen mit dem Freund Agricola, das Studium dieser älteren klassischen Sprache und Literatur.

1474 folgt er Heynlin nach Basel, er wird Baccalaureus und 1477 Magister. Seine Begeisterung und sein humanistischer Eifer treiben ihn tiefer in die antike Sprachkultur, und der in Basel lebende Grieche Andronikus Contoblakas hilft nach, so daß Reuchlin als einer der ersten in Deutschland Griechisch lernt und als Zweiundzwanzigjähriger sogar unterrichtet. Es ist ein Anfang von Bedeutung. Denn bislang ist nur Latein die herkömmliche Sprache der Gebildeten, der mittelalterlichen Theologen und Gelehrten. Reuchlin urteilt späterhin selbst: »Als junger Mensch wendete ich mich... der feinen und geglätteten Form lateinischer Rede in Prosa und Poesie zu... Zu dem Lateinischen kam das Griechische, dessen Kenntnis zur feineren Bildung durchaus nötig ist, ... gewann so den Geist aller derer, die von der törichten alten Lehre noch nicht ganz befleckt, sich nach reinerer Erkenntnis sehnten... Die alten vertrockneten Sophisten aber wurden erzürnt, sie sagten, was wir lehren, sei fern von römischer Reinheit, in den Lehren der von der Kirche abgefallenen Griechen zu unterrichten, sei verpönt.«

Nach drei bis vier Jahren geht Reuchlin wiederum nach Frankreich, wo er nun Rechtswissenschaften studiert, weniger wohl aus Neigung als mit Einsicht in die Notwendigkeit eines Brotberufs. Auch in diesen Fächern tut er sich besonders hervor, erwirbt er die Grade des Baccalaureus und des Licentiats für römisches Recht: »Dem Johann Reuchlin wird die ausdrückliche, den sonstigen Sitten der Universität entgegenstehende Erlaubnis gegeben, den Doktortitel zu erwerben, wo es ihm beliebe.«

1481 wird der Hochbegabte als Dozent nach Tübingen berufen. Er hat die alten Sprachen nicht vernachlässigt, in Orléans eine griechische Grammatik herausgegeben und genießt nun den Ruf eines Philologen der klassischen Literatur. Da aber gelingt es dem Grafen Eberhard von Württemberg, den jungen Gelehrten an den Hof nach Stuttgart zu holen und für eine Fahrt nach Italien zu gewinnen. Mit Freuden reist Reuchlin ins Land der antiken Lehrmeister, aus dem der befreiende Atem der Renaissance nach Deutschland herüberweht. Er verweilt in Florenz, sodann in Rom. Dort betritt er das Auditorium des Griechen Argyropulos, möchte er an der Gelehrsamkeit des Meisters teilhaben, der die Schriften des Aristoteles übersetzt und erklärt. Man reicht ihm den Urtext des Geschichtsschreibers Thukydides, um seine Kenntnisse zu prüfen, ihn vielleicht auch als unwissend zu beschämen, und entdeckt einen Mann, der die schwierigsten Wendungen der alten Sprache fließend übertragen kann. So überzeugt Reuchlin selbst in Italien als ein bedeutender Gräzist, ein Kenner des Griechischen.

Nach Deutschland zurückgekehrt, erwirbt er in Tübingen den Doktorgrad der Jurisprudenz. Er praktiziert in Stuttgart als Anwalt, bleibt Geheimer Rat des Grafen von Württemberg und Beisitzer am Hofgericht. Soweit ihm die Verwaltung des Landbesitzes, den seine bürgerliche Frau in die Ehe einbrachte, dann noch geringe Muße läßt, bleibt diese den antiken Handschriften und Büchern vorbehalten.

1490 weilt Reuchlin zum zweiten Mal in Italien: fast ein ganzes Jahr lang endlich wieder wissenschaftliche Tätigkeit, anregender Verkehr im Kreise des Demetrius Chalkondylas, des ersten Herausgebers der Werke Homers. Da drängt er sogar zu neuen Ufern. Ermutigt durch den italienischen Humanisten Giovanni Pico della Mirandola, der das Menschenbild der Renaissance philosophisch begründet und die Religion durch eine Synthese von Christentum, Griechentum und Judentum läutern will, entzündet sich sein Interesse für eine dritte alte Sprachkultur: das Hebräische. Es ist jene Literatur, die Reuchlin zum umstrittenen Manne in Deutschland machen wird.

Die neue Sprachfertigkeit führt ihn bald an die schriftlichen Quellen, und diesmal finden sich etliche Juden, darunter Jakob ben Jehiel Loans, der Leibarzt des deutschen Kaisers, die den ewig Studierenden fördern. Die »Rudimenta hebraica« – Grammatik und Wörterbuch – sind erste Veröffentlichungen. Wohl verstrickt er sich bis zu gewissem Grade in die Kabbala, die mittelalterliche Geheimlehre des Judentums, aber der Buchmensch, der in lateinischer, griechischer, hebräischer Literatur schaltet und waltet, erhebt sich geistig hoch über die Masse seiner christlichen Zeitgenossen, die in den Israeliten eine fremde Religion und Nationalität demütigen und verfolgen.

Auch Reuchlins Dasein offenbart die Abhängigkeit des Gelehrten von Mäzenen, unterliegt daher den Wechselfällen der adligen Gönner. Nach dem Tode des Württembergers übersiedelt er an den pfälzischen Hof in Heidelberg, wo er »mit einer Besoldung von 100 Gulden, zwei Pferden und einem Hofkleid auf ein Jahr zum fürstlichen Rathe und zum obersten Zuchtmeister der fürstlichen Söhne« avanciert. Er macht sich angenehm, nicht nur als Gelehrter, sondern auch als Dichter von Versen und lateinischen Komödien. Dann wiederum kehrt er als ein Richter des Schwäbischen Bundes nach Stuttgart zurück, um elf Jahre lang Streitigkeiten der Fürsten, Ritter und Stadtaristokraten zu schlichten.

1509 jedoch bricht Reuchlins Schicksalsjahr an. Nach einem halben Jahrhundert der Studien und Dienste mag sich entscheiden, ob ein Humanistenleben nur zu pflanzlichem Werden und Welken oder zu mannhaftem Streite taugt. Jetzt wird der feudale Beamte und freigeistige Stubengelehrte zum Bekenntnis gegen klerikale Dogmatiker gefordert. Der getaufte Jude Johannes Pfefferkorn zieht durch deutsche Lande, verdammt mit dem blindwütigen Eifer des Renegaten alle jüdische Literatur als christenfeindlich, konfisziert und vernichtet Bücher und Schriften, wütet in seinem eigenen Machwerk – dem »Judenspiegel« – sogar für Vertreibung der Israeliten selbst. Ein kaiserliches Mandat gewährt dem Brandstifter Schutz und Genugtuung: »Hebräisches Schriftgut muß unserem Diener und des Reiches Getreuen Johannes Pfefferkorn vorgezeigt werden. Er erhält das Recht, an jedem Ort, mit Wissen, Rat und in der Gegenwart des Pfarrers sowie zweier Abgeordneter des Rats oder der Obrigkeit alle derartigen Bücher zu nehmen und zu unterdrücken. Bei Vermeidung ergeht schwere Strafe und Ungnade an Leib und Gütern«. Ein fanatischer Dummkopf, der hier die Sache der römisch-katholischen Kirche gegen die Anhänger der israelitischen Religion betreibt – und den mächtige Hintermänner schützen. Da soll auch Reuchlin, der im Rufe eines hebräischen Literaturkenners steht, in den judenfeindlichen Dienst treten. Der Erzbischof von Mainz fordert sein Gutachten.

Es ist eine Probe auf die Standfestigkeit des Humanismus,

mitten auf dem Marktplatz der politischen Reaktion. Und Reuchlin bekennt: unsinnig nennt er im »Ratschlag« von 1510 die Vernichtung jüdischer Literatur, und er will nur Streitschriften, die sich ausdrücklich gegen die Christenheit wenden, verurteilt wissen. So entsteht der Konflikt.

Pfefferkorn, des Erzbischofs Zwischenträger, erbricht das Gutachten, besudelt es mit dem Vorwurf der Ketzerei und den unflätigsten Glossen: »Man soll sich um die Juden oder um ihre Gönner, derselbigen Ohrenbläser, Stubenstänker, Beutelfeger, Hinterschürzer, Seitenstecher nit kehren, noch ihren Worten kein Statt vergönnen.« Reuchlin schlägt zurück. Im »Augenspiegel« von 1511 stellt er sich mit Berufung auf Rechtsquellen und kirchliche Schriften schützend vor die hebräische Literatur: »Die Juden haben ihre Bücher ihnen selbst zugute und zur Beschirmung ihres Glaubens, für den Fall, daß sie von jemandem angefochten würden, er sei Heide, Tatar, Mohammedaner oder Christ. Sie haben ihre Bücher niemandem zu Leide, Schand oder Schaden. Sie sitzen unter uns in kleiner Zahl, und mehr bereit zu dienen, denn den Leuten Schaden zu tun.« Der humanistische Streiter verlangt sogar eine Pflege des jüdischen Schrifttums: »Wohl möge der Kaiser verfügen, daß jede deutsche Hochschule zwei Meister erhält, die die hebräische Sprache unterrichten könnten. So habe ich keine Zweifel, in kurzen Jahren werden unsere Studenten in der hebräischen Sprache gelehrt sein.«

Pfefferkorn ist ein Mann der Kölner Dominikaner, ihres Ketzermeisters Jakob von Hochstraten, dessen inquisitorischer Arm sogar die Hand und das Siegel des Kaisers Maximilian bewegt. 1512 befiehlt kaiserliche Verfügung die Konfiskation des »Augenspiegels«, während sich eine stinkende Flut von Schmähschriften über Reuchlin ergießt. Er hat Mühe, sich zu wehren, schüttet selbst nun den Kübel aus: schimpft seine Gegner Schafe, Böcke, Schweine, Schüler des Teufels und Genossen der Unterwelt... Da regen sich Humanisten, denen solche Sprache zu rauh scheint für die

Reinheit des hohen Gedankens, die aber gesinnungstüchtig genug sind, um Reuchlin zur Seite zu stehen. Am rührigsten ist der Erfurter Kreis mit Crotus Rubeanus, Hermann Buschius und Ulrich von Hutten. Auch andere erheben ihre Stimme: Erasmus von Rotterdam, Willibald Pirckheimer, Konrad Peutinger, Franz von Sickingen, Martin Luther, Andreas Karlstadt, sogar Thomas Morus. Sie verbessern die Holzerei gegen Pfefferkorn zum Literaturstreit gegen klerikale Dunkelmänner, weiten den plötzlichen Kampf des einzigen Reuchlin zur jahrelangen gemeinsamen Reuchlinistenfehde aus.

Die von Rubeanus, Buschius und Hutten verfaßten »Briefe von Dunkelmännern« – Epistolae obscurorum virorum – zählen zu den berühmtesten Streitschriften gegen die klerikalen Zwänge des Mittelalters. Hier läßt man, in satirischer Zuspitzung, die Mönche ihre Episteln an einen literarischen Klopffechter der Kölner Dominikaner schreiben: »Liebwertester Herr Ortvinus. Ich habe einen Casus mit Euch zu erledigen. Es betrifft folgende Sache: Ihr müßt wissen, daß hier ein schreckliches Gerücht herrscht. Alle sagen, daß man in Rom ein Urteil zugunsten des Reuchlin fällen wird. Die Freunde des Reuchlin laufen überall herum und streuen triumphierend dieses Gerücht aus. Santa Maria! Was sollen wir nur machen, wenn die Theologie so verachtet wird, daß ein Jurist wie Reuchlin alle Theologen in die Tasche stecken kann.« In den erdichteten Briefen schwingt der Humanismus die Geißel gegen mönchische Dummheit und Heuchelei, klerikale Sittenlosigkeit und Scholastik.

Das aber geht hoch über Reuchlins ursprüngliche Absicht hinaus. Mit keiner Faser des Herzens will er den Kampf gegen die Papstkirche, geschweige denn den Bruch mit ihr. Zu tief ist er im katholischen Glauben verwurzelt – und doch muß er fürchten, daß es der Kölner Inquisition gelingt, den Papst zum Ketzerurteil zu bestimmen. Er macht Zugeständnisse, verwickelt sich in Widersprüche, treibt endlich gar so weit, seine tapferen Schriften zu widerrufen.

Furchtsam zieht sich Reuchlin zurück, während die Reuchlinisten über ihn hinwegstürmen, weiterkämpfen und enttäuscht seinen Brief an Arnold von Tungern, einen Führer der klerikalen Gegenpartei, lesen: »Was also die heilige Kirche glaubt, die die Säule und Stütze der Wahrheit ist, und in welcher Weise immer sie es glaubt, dasselbe und in gleicher Weise glaube ich. Befiehl, und auf deine Meinung hin stoße ich das Schwert in die Scheide. Der Hahn möge krähen, und ich will weinen. Donnere zuerst, ehe du blitzest.«

Dennoch erfolgt am 23. Juni 1520 der päpstliche Bannspruch. Reuchlin wird verdammt, sein »Augenspiegel« als ketzerisch gebrandmarkt. Die Dunkelmänner mögen frohlocken. Aber der Reuchlinistenstreit war nur eine Welle in der nun schon wogenden Brandung. Luthers Reformation marschiert unaufhaltsam. Müntzer, Plebejer und Bauern schmieden noch schärfere Waffen. Zu beiden gewinnt Reuchlin kein gutes Verhältnis. Schon beim schwäbischen Bauernaufstand, dem Armen Konrad von 1514, hat er als treuer herzoglicher Rat seinem Landesherrn gedient. Und noch im letzten Lebensjahr läßt er sich zum katholischen Priester weihen: Eine Entscheidung gegen die Reformation! Einst selbst wie leuchtender Schaum auf der Woge, liegt er als schwarzer Stein nun am Grunde der Strömung. Wohl greift er noch einmal zum Lehramt, hält er – 65jährig – Vorlesungen in lateinischer und griechischer Sprache vor Studenten zu Ingolstadt und Tübingen. Aber die Sprache des Volkes spricht er nicht...

Am 30. Juni 1522 ist er in Bad Liebenzell gestorben.

REFORMATION
UND
ADELSREBELLION

Die babylonische Hure
mit Papstkrone.
Holzschnitt von Lucas Cranach d. Ä.

Volksurteil gegen Ablaßkrämer.
Holzschnitt von Niklaus Manuel,
gen. Deutsch

Die Schloßkirche zu Wittenberg
um 1509. Titelholzschnitt
von Lucas Cranach d. Ä.
zum »Wittenberger Heiligtumsbuch«

Exaltare qui iudicas terram: redde retribut. superbis.

Martinus Lutherus.

Vlrichus ab Hutten.

CC1

Gesprächbüchlin herr Vlrichs von Hutten.

Feber das Erst.
Feber das Ander.
Wadiscus. oder die Römische dreyfaltigkeit.
Die Anschawenden

*

Veritatem meditabitur guttur meum.

Perrumpendum est tandem, perrumpendum est.

Odivi ECCLESIAM malignantium.

A: 1521.

Titelblatt zum
Gesprächsbüchlein Huttens. 1521

Doppelbildnisse
aus dem Passional Christi und Antichristi.
Holzschnitt von Lucas Cranach d. Ä. 1521

MARTIN LUTHER

Er hat immer Widerspruch hervorgerufen, der Mönch und Professor aus Wittenberg – zu seinen Lebzeiten und nach seinem Tode. Aber der Widerspruch war auch sein Element. Zunächst widersprach er dem Papst, den Kardinälen und Bischöfen, der ganzen katholischen Kirche. Und am Ende seines Lebens schien ihm sein eigenes Werk, das neue lutherische Kirchenwesen, widerspruchsvoll und unbefriedigend.

Der erste Kampf, begonnen mit den 95 Thesen gegen den Mißbrauch des Ablasses, macht ihn zu einer weltgeschichtlichen Gestalt.

Sein letzter Kampf zeigt ihn als einen weithin Gescheiterten, der etwas bewirkte, das er so, wie es wurde, im Grunde nicht gewollt hatte und der doch entscheidend mit dazu beitrug, daß es so werden konnte.

Der Widerspruch gegen die Papstkirche prägte Luthers historische Leistung: den Bruch mit Rom, vollzogen durch große Teile des Heiligen Römischen Reiches Deutscher

Nation und viele Länder Nordeuropas. Die Zerstörung der Einheit und Universalität der römisch-katholischen Kirche war von Dauer: alle Bemühungen, sie rückgängig zu machen und Europa erneut dem Papst zu unterwerfen, waren zum Scheitern verurteilt. Das war eine wesentliche Voraussetzung für die freie Entwicklung der Nationalstaaten.

Aber der Widerspruch gegen das eigene Werk war die Folge von Luthers innerer Wandlung, seiner Abkehr von der Volksbewegung, seiner Stellungnahme gegen die aufständischen Bauern und Städter im Jahre 1525. Der Bauernkrieg war die Peripethie in seinem Leben.

Luther war nicht der Schöpfer, sondern ein Geschöpf seiner Zeit. Der Bruch mit Rom war keine Privataktion, sondern eine gesellschaftliche Notwendigkeit, in der sich zwei europäische Bewegungen überkreuzten: die Kirchenreformation, vertreten von Wiclif und Hus, und die Bauernbewegung, verkörpert in der französischen Jacquerie von 1358, im englischen Aufstand Wat Tylers von 1381, in zahlreichen Bauernerhebungen von der Mitte des 14. Jahrhunderts bis zu den Unruhen des Pfeifers von Niklashausen, des Bundschuh und des Armen Konrad.

Unter den Bedingungen des in ganz Westeuropa einsetzenden Übergangs vom Feudalismus zum Kapitalismus, vor allem der Herausbildung früher kapitalistischer Produktionsformen im Bergbau, im Metallgewerbe, im Schiffsbau und im Buchverlag, mußten die sich überschneidenden und durchdringenden europäischen Reformations- und Bauernbewegungen zu einer frühen Form der bürgerlichen Revolution werden. Charakteristisch für diese Revolutionen ist, daß in ihnen die politischen und sozialen Fragen, die im Mittelpunkt der Auseinandersetzungen standen, in religiöser Hülle ausgefochten wurden. So nimmt es nicht wunder, wenn die führenden Ideologen der Zeit, ein Erasmus von Rotterdam, ein Philipp Melanchthon, ein Martin Luther oder auch ein Thomas Müntzer, von Hause aus Theologen waren.

Martin Luther, Sohn eines kleinen Berg- und Hüttenunternehmers, wurde am 10. November 1483 in Eisleben geboren. Der Vater wollte aus dem begabten Sohn einen Juristen machen und ließ ihn seit 1501 an der damals führenden deutschen Universität in Erfurt studieren. Dieser erwarb nach vier Jahren den Magistergrad als Abschluß der Artistenfakultät, Vorgängerin der Philosophischen Fakultät, überraschte aber am 17. Juli 1505 durch seinen Eintritt als Novize in den Erfurter Konvent der Augustiner-Eremiten, eines strengen Bettelordens. Was hatte ihn aus der vom Vater vorgeschriebenen Bahn geworfen?

Die Flucht ins Kloster war dazumal ein weitverbreiteter Schritt, um übermächtiger Probleme Herr zu werden, durch Buße und Gebet die Gnade Gottes zu erlangen. Wahrscheinlich spiegelte sich in diesem uns heute nur schwer verständlichen Schritt auch die umfassende Krise der Gesellschaft vor der deutschen frühbürgerlichen Revolution wider, die sich bei dem Studenten Luther in einem qualvollen Ringen um die sichere Erringung seines Seelenheiles zeigte. Sicher ist, daß der junge Luther die Möncherei verzweifelt ernst genommen hat. In früheren Zeiten und unter anderen Bedingungen wäre er vielleicht ein Heiliger geworden – einer von vielen. Am Vorabend der frühbürgerlichen Revolution wurde er statt dessen zum Ketzer – und zu einem der erfolgreichsten in der Geschichte des Christentums.

Nach der Priesterweihe studierte er im Auftrag seines Ordens Theologie. 1508, endgültig 1511, wurde er in das Wittenberger Kloster versetzt, um an der neugegründeten Universität, wo er zum Doktor der Theologie promovierte, zu lehren. Er übernahm die biblische Professur, deren Aufgabe in der Erklärung der einzelnen Bücher der Heiligen Schrift bestand – ein akademisches Amt, das er bis zu seinem Tode am 18. Februar 1546 ausübte.

Seit 1511/12 zeigten sich bei Luther, wie aus den erhaltenen Vorlesungsmanuskripten und Nachschriften hervorgeht, eine wachsende kritische Einstellung zur Lehre und Praxis der katholischen Kirche. Er begann Auffassungen zu vertreten, die in letzter Konsequenz die geheiligte Mittlerrolle des Priesters überflüssig machten, Wallfahrten und Seelenmessen entwerteten. Die ganze kirchliche Hierarchie drohte Sinn und Berechtigung zu verlieren. Eine neue Vorstellung von der Kirche deutete sich an, die den Interessen des Städtebürgertums, gipfelnd in den Forderungen nach einer »wohlfeilen« Kirche, entgegenkam.

Der Öffentlichkeit wurden diese Angriffe auf die Papstkirche erstmals mit dem Thesenanschlag vom 31. Oktober 1517 bekannt. Es waren nicht nur die äußeren Begleitumstände des Ablaßhandels, die Luther einer vernichtenden Kritik unterzog, sondern auch die religiösen Aspekte! Das ganze Leben der Christen sollte Buße sein, lautete die erste These. Damit verlor der Ablaß seine Bedeutung. Wer echte Reue empfand, dem würde Gott auch ohne Ablaß eine Vergebung seiner Schuld gewähren. Noch wichtiger war die Kritik an den ökonomischen Grundlagen dieses unheiligen Handels. Mit Nachdruck betonte Luther das Recht des bürgerlichen Besitzes. Eine neue Wertschätzung produktiver Arbeit, des eigentlichen Sinnes des menschlichen Lebens, wurde sichtbar. Man sei ein besserer Christ, wenn man sein Geld nicht vergeude, sondern sein Haus bestelle. Die Aufhebung der alten Kirche als Institution zeichnete sich bereits hier als eine letzte Konsequenz ab.

Wenn eine auf die Bibel gegründete neue Auslegung christlicher Lehren die geldgierige Papstkirche überflüssig machte, so war das für alle in Gewerbe und Handel Tätigen vorteilhaft. Eine Anpassung des Christentums an die heraufkommenden neuen ökonomischen Verhältnisse schien möglich zu werden. Der Zeitpunkt für grundlegende gesellschaftliche Veränderungen war herangereift. In einigen anderen Staaten Europas waren Hemmnisse, die der Entwicklung des Kapitalismus entgegenstanden, besonders der feudale Partikularismus, durch das Bündnis zwischen Königtum und Bürgertum überwunden worden. In Deutschland, unter den Bedingungen feudalstaatlicher Zersplitterung und ohnmächtiger Zentralgewalt, blieb nur der Weg, diese Hemmnisse durch den revolutionären Kampf der Volksmassen gegen die herrschende Feudalklasse zu beseitigen. Diesen Kampf eröffneten Luthers Thesen gegen den Ablaß, mit denen eine ideologische Auseinandersetzung begann, die von der reformatorischen Bewegung zur Volksreformation führte und in den sozialen und politischen Kämpfen des Bauernkrieges 1524/26 gipfelte.

Seit dem Frühjahr 1518 bediente sich Luther mit wachsendem Erfolg der deutschen Sprache. Und schon die erste Schrift dieser Art, der »Sermon von Ablaß und Gnade«, brachte es in kurzer Zeit auf zwanzig Ausgaben. Zum Höhepunkt wurde das Jahr 1520: In den Schriften dieses Jahres wurde der Grund gelegt für Breitenwirkung und Durchschlagskraft der Reformation in den kommenden Jahren, wurden die Voraussetzungen geschaffen für den Übergang von der antirömischen Bewegung zur reformatorischen Volksbewegung, für den Übergang vom Kampf gegen das Papsttum zum Angriff auf die Kirchen und Klöster. In nur drei Wochen wurden viertausend Exemplare seiner politisch wichtigsten, zugleich auch populärsten Schrift abgesetzt: »An den christlichen Adel deutscher Nation«. Vor allem an die weltlichen Obrigkeiten gerichtet, entwickelte sie ein überaus wirksames bürgerlich-gemäßigtes Reformprogramm, das bei der städtischen Bevölkerung großen Anklang fand und die antirömische Bewegung in eine Richtung führte, deren Höhepunkt schließlich der Bauernkrieg wurde.

Luthers Lehre vom allgemeinen Priestertum und Recht der Gemeinden auf freie Pfarrerwahl verwarf prinzipiell die alte Papstkirche. Sie forderte erstmalig und uneingeschränkt die Säkularisierung des Kirchengutes, dessen Überführung in weltlichen Besitz. Alle geistlichen Orden sollten aufgelöst, die Machtstellungen aller geistlichen Fürsten beseitigt werden. Doch ging es nicht nur um eine neue Kirche ohne den Papst, das Heer der Mönche, den Selbstbetrug des Zölibats, der Seelenmessen, des Ablasses, es ging um die Neuordnung des Lebens und des Staatswesens im Interesse aufstrebender Städtebürger. Luther verwarf die weitverbreitete Bettelei, die Vielzahl der Heiligenfeste und Wallfahrten, die von nützlicher Arbeit abhielten.

Den endgültigen dogmatisch-lehrmäßigen Bruch mit Rom brachte die Schrift »De captivitate Babylonica ecclesiae« – Von der babylonischen Gefangenschaft der Kirche. Anfang Oktober 1520 wurde hiermit das Kernstück der katholischen Kirchenlehre, die Lehre von den Sakramenten angegriffen. Von den sieben Sakramenten ließ Luther nur drei – Taufe, Buße und Abendmahl – gelten, auch diese nur als symbolartige Zeremonien zur Unterstützung des Glaubens. Energisch wurde der Laienkelch, das alte Symbol der Hussiten, gefordert. Die »Babylonica«, die theoretisch radikalste Schrift Luthers, war in lateinischer Sprache abgefaßt und nur an die Gelehrten gerichtet.

Bereits am 15. Juni 1520 war die Bannandrohungsbulle in Rom ausgefertigt und sofort im Druck verbreitet worden. Luther wurde mit dem Bann bedroht, falls er nicht innerhalb von sechzig Tagen widerrufe. Alle seine Schriften sollten verbrannt, niemals wieder gedruckt werden – und tatsächlich veranstalteten Fanatiker in Löwen, Lüttich und Köln Bücherverbrennungen. Luther trat der römischen Aktion am 10. Dezember 1520 wirkungsvoll entgegen. Auf dem Schindanger in Wittenberg verbrannte er nun seinerseits auf einem Scheiterhaufen die päpstlichen Rechtsbücher, die Schriften von Eck und Emser und einen Abdruck der Bannandrohungsbulle. Er erklärte seinen Studenten am nächsten Tage, sein Gewissen habe ihm keine andere Wahl gelassen, als endgültig mit Rom zu brechen. Durch diesen Kampf war Luther zum Helden der deutschen Nation geworden. Nun mußte die endgültige Bannung durch Leo X. nach Ablauf der gesetzten Frist erfolgen: die Bannbulle vom 3. Januar 1521 blieb ohne großes Echo.

Den Höhepunkt seiner Wirksamkeit erreichte Luther durch sein Auftreten auf dem Reichstag in Worms. Nach dem Reichsgesetz war der Kaiser verpflichtet, dem kirchlichen Bann gegen Luther die Reichsacht unmittelbar folgen zu lassen. Karl V. hatte dieses auch vorgehabt und ein Edikt vorbereitet. Aber der am 27. Januar 1521 eröffnete Reichstag verweigerte die Zustimmung, weil die Ächtung zu Unruhen und Aufständen führen könne. So beschloß der Reichstag am 19. Februar, im Hinblick auf die Forderung Kurfürst Friedrichs von Sachsen und auf die bedenkliche Erregung unter dem gemeinen Mann, Luther nach Worms zu zitieren, um ihn von sachverständigen Gelehrten verhören zu lassen. So wurde der Wittenberger Professor am 6. März unter Zusicherung kaiserlichen Geleits nach Worms geladen. Er sollte widerrufen, diskutieren wollte man mit ihm keineswegs. Des Kaisers Meinung in der Luthersache war eindeutig. Er ließ am 26. März ein Mandat ergehen, das die Beschlagnahme aller lutherischen Bücher anordnete und lediglich mitteilte: Luther sei zum Widerruf nach Worms zitiert.

Luther trat die Reise, die sich zu einem wahren Triumphzug gestaltete, am 2. April an. Am 16. April traf der Mönch aus Wittenberg, feierlich begrüßt, in Worms ein. Doch schon am folgenden Tage wurde Luther in Anwesenheit des Kaisers und der Stände zum Widerruf aufgefordert. Er erbat Bedenkzeit, die auch gewährt wurde. Auf erneuter Sitzung, am 18. April, legte man ihm nahe, seine Schriften in drei Gruppen einzuteilen und wenigstens einen Teil derselben zu widerrufen. In einer vorbereiteten Rede vor Kaiser und Reich teilte er zwar seine Schriften in solche erbaulichen Charakters, in Kampfschriften gegen den Papst und in Streitschriften gegen seine Gegner ein. Er räumte ein, in den letzteren häufig zu heftig gewesen zu sein. Aber einen Widerruf lehnte er entschieden ab. Wenn er nicht durch Zeugnisse der Heiligen Schrift und klare Vernunftgründe überzeugt werde, so beharre er auf dem, was er geschrieben habe. Wider das Gewissen zu handeln, sei weder sicher noch heilsam. Luthers Antwort kam unerwartet. Die Sitzung endete im Lärm des Aufbruchs. Da auch ein weiteres Verhör, am 24. April, ergebnislos blieb, erhielt Luther den Befehl, die Stadt am 25. April zu verlassen.

Der Kaiser war verärgert. Er erklärte jedoch, das Geleit halten zu wollen; gegen Luther werde er aber vorgehen wie gegen einen überführten Ketzer. Am 8. Mai erließ er den Beurkundungsbefehl für die Verhängung der Reichsacht, das sogenannte Wormser Edikt. Um Unruhe zu vermeiden, hielt er es bis zum 26. Mai, dem Tag nach der offiziellen Beendigung des Reichstages, zurück. Der Kaiser ließ das Edikt erst nach dem Reichstag von den noch anwesenden Ständen billigen. Luther und alle seine Anhänger wurden in die Acht erklärt, seine Schriften sollten vernichtet, ihre Nachdrucke durch die bischöfliche Zensur verhindert werden. Damit war die Reformation in rechtsgültiger Weise verworfen. Ihre Anhänger wurden unter Strafe gestellt.

An diesem Tage war der Geächtete längst in Sicherheit. Um einer Verhaftung und Auslieferung an den Papst zuvorzukommen, hatte Kurfürst Friedrich von Sachsen, Luthers hoher Gönner, einen fingierten Überfall organisiert, bei dem der Wittenberger das Mönchshabit gegen ein Rittergewand vertauschen mußte. Gerüchte über sein Verschwinden wurden in Umlauf gesetzt. Der Ort seines Aufenthaltes blieb wohlgehütetes Geheimnis. Rund dreihundert Tage weilte Luther auf der Wartburg. Es wurde ihm nicht leicht, sich der Lebensweise eines Junkers Jörg anzupassen. Aber bald wurde die Verbindung mit Wittenberg hergestellt und die unentbehrlichen Bücher auf die Burg gebracht. Hier verfaßte er zehn deutsche und vier lateinische Schriften, abgesehen von erbaulichen Veröffentlichungen wie der sogenannten Wartburgpostille. Im Dezember 1521 begann er mit seiner größten literarischen und sprachschöpferischen Leistung: der Übertragung der Bibel, zunächst nur des Neuen Testaments, in die deutsche Sprache. Bereits am 1. März 1522 fertiggestellt, erschien das »Newe Testament Deutzsch« im September desselben Jahres gedruckt, daher auch »Septembertestament« genannt. Bereits im Dezember 1522 lag die zweite, verbesserte Auflage vor. Das Werk war Gipfelpunkt und Abschluß einer langen Tradition deutscher Bibelübersetzungen, aber die erste in deutscher Sprache, die auf den griechischen Originaltext zurückging, den Erasmus von Rotterdam wenige Jahre zuvor ediert hatte.

Als Schriftsteller hat Luther seiner Zeit den Stempel aufgedrückt. Erst durch seine Wirksamkeit wurde der Buchdruck eine öffentliche Macht. Allein zwischen 1517 und 1520 hat Luther nicht weniger als 30 Schriften verfaßt, die in 370 Drucken mit einer Gesamtauflage von rund 250000 Exemplaren nachweisbar sind. Bis zum Bauernkrieg blieb er der massenwirksamste Schriftsteller, fanden doch seine Schriften von 1517 bis 1525 in rund 2000 Ausgaben weite Verbreitung.

Aber bei aller Anerkennung dieser entscheidenden positiven Leistung darf doch nicht übersehen werden, daß Luther zugleich der Mann war, der Sorge trug, daß diese Waffe, die deutsche Bibel, die er dem Volk in die Hand gab, nicht allzu scharf wurde. Die Bibelübersetzung hatte eine doppelte Aufgabe: sie diente dem Kampf gegen die Papstkirche, sollte aber zugleich eine freie Auslegung durch die eigenen Anhänger verhindern, die auf eine bestimmte Übersetzung und Interpretation festgelegt werden sollten, um weitergehende Bestrebungen möglichst auszuschließen.

Schon während Luthers Wartburgaufenthalt drohte die Reformation über ihre antirömischen Anfänge hinauszugehen. Die Wittenberger Ereignisse Ende 1521 und Anfang 1522 bestanden in dem ersten Versuch einer bürgerlichen Umgestaltung, getragen durch die Stadtgemeinde und die Universität. Die Rückkehr Luthers am 6. März und die Fastenpredigten seit dem 9. März trugen entscheidend zur Liquidierung der Bewegung bei. Luther verwarf jede konsequente Weiterführung der Reformation in Kirche und Gemeinde und sprach das Recht auf Durchführung von Veränderungen allein den Obrigkeiten zu.

Luthers Abkehr von der Volksbewegung verstärkte sich bei zunehmender Differenzierung und Radikalisierung der Reformation. Seit er in Karlstadt und mehr noch in Müntzer die Werkzeuge des Teufels erblickte, endigte jede sachliche Beurteilung der Volksbewegung. Haß und Verleumdung, Ausweisung und Verfolgung waren die Mittel, mit denen Luther nun arbeitete und die er den Obrigkeiten empfahl. Der Aufstand der Bauern, der schließlich auch Thüringen ergriff, wurde zur entscheidenden Wende in seiner Entwicklung. Seine Haltung im Bauernkrieg, gipfelnd in bedenkenloser Rechtfertigung fürstlicher Grausamkeiten, ja sogar im Aufruf zu Mord und Totschlag, ist schon von den Zeitgenossen und den eigenen Anhängern scharf getadelt worden. Freilich ist die Maßlosigkeit der Schrift gegen die »reubischen und mördischen Rotten der Bauern« auch eine Äußerung seines impulsiven, von Stimmungen des Augenblicks ergriffenen und überwältigten Temperaments. Nicht systematisches Denken und ruhige Überlegung war seine Art, sondern eine haßerfüllte und aggressive Politik trieb ihn von Einfall zu Einfall, wie ein ausbrechender Vulkan feuerspeiend und glühende Lava ausstoßend. Daß das keine Entschuldigung und erst recht kein Freibrief war, spürten bereits die Zeitgenossen. Was diese so betroffen machte, war nicht etwa, daß man von ihm ein Zusammengehen mit den Bauern oder auch nur eine Billigung ihres Tuns erwartet hätte. Kein einziger Reformator, aber auch kein einziger Humanist hat das geringste Verständnis für die revolutionären Aktionen der Volksmassen gehabt. Doch hätte man von Luther mehr Verständnis für die berechtigten sozialen Anliegen der Bauern und Städtebürger erwartet, statt dessen bestritt er den Bauern sogar das Recht, Forderungen an ihre Obrigkeiten zu stellen, weil er nur diese für fähig und berechtigt hielt, über das Wohl der Untertanen zu entscheiden. So büßte er frühere Volkstümlichkeit weithin durch seine Haltung im Bauernkrieg ein und mußte sich immer stärker auf die Fürstenmacht orientieren.

Ein Fürstenknecht ist Luther nicht geworden. Wenngleich er am Prinzip der göttlichen Einsetzung der Obrigkeit festhielt, hat er den Fürsten immer wieder Leviten gelesen – kräftig, grob, unüberhörbar. Aber alle seine Mahnungen und Warnungen bewegten sich im Rahmen christlicher Bußpredigten und rüttelten niemals an den Fundamenten der Fürstenmacht. Ganz im Gegenteil: Indem er alle Stände vor das Tribunal seiner moralisierenden Kritik zog, festigte er die bestehende Feudalordnung. Denn er rief alle, Herrscher und Beherrschte, Reiche und Arme, zur Buße auf, zur religiösen Einkehr und Umkehr.

Je älter Luther wurde, desto mehr wich der kämpferische Optimismus seiner Frühzeit einer wachsenden Verdüsterung. Er hatte – wie alle Reformatoren – eine bessere, wahrhaft christliche Gesellschaft herbeigesehnt, quittierte aber das Ergebnis ihrer Mühen mit sichtlicher Enttäuschung. Folgt man den kritischen Reflexionen, so scheint alles noch schlechter geworden zu sein als es unter dem Papsttum schon war: Gleichgültigkeit und Unwissenheit, sittliche Verwahrlosung und Verrohung bei allen Ständen der Gesellschaft. Da empfahlen die Reformatoren immer mehr Zwangsmaßnahmen, staatliche Verordnungen, die schließlich alles reglementierten. Daß aber die blutige Niederschlagung des Bauernkriegs eine Ursache der gesellschaftlichen Fehlentwicklung sein könnte, – dieser Gedanke kam Luther und seinen Anhängern nie! Aber daß der Wittenberger Professor schließlich mit seinem eigenen Werk unzufrieden war und den tiefen Widerspruch zwischen ursprünglichem Wollen und schließlichem Vollbringen so stark empfand, daß er in tiefen Pessimismus verfiel, zeigt auch, daß er eine Ahnung hatte von der Tragik der Ereignisse. So endete sein Leben in Ärger und Enttäuschung, Verbitterung und Zorn, was sich auswirkte in einem immer wilderen Grimm und wütenderen Schimpfen auf alle seine Gegner, die er, im grobianischen Stil der Zeit, mit Unflat überschüttete. Es war das unheroische Ende eines heroisch begonnenen Lebenslaufes.

FRANZ VON SICKINGEN

Erasmus von Rotterdam schrieb: Die Wissenschaften dürfen den Namen Franz von Sickingen nie untergehen lassen, wollen sie nicht der Undankbarkeit bezichtigt werden.

In den Memoiren des Marschalls von Fleurange wird Sickingen ein ganz gewöhnlicher, obgleich geistig sehr begabter Räuberhauptmann geheißen: das Musterbild eines wegelagernden Ritters.

Sickingen selbst hat für sich den treffenden Satz gefunden: »Ich laß' mir nicht unterm Hütlein spielen.«

Wir wissen von seinen Taten, weniger von seinen Plänen und fast nichts von seinen inneren Beweggründen. Selbst aus den letzten Lebensjahren, in denen das volle Licht der Geschichte auf ihn fiel, ist kein eigenes Bekenntnis überliefert, das restlos Aufschluß gäbe. War er ein Emporkömmling aus dem niederen Adel, der – dem Vater gleich – in zahllosen Fehden den Familienbesitz mehrte? Ein Ehrgeizling, der gegen fürstliche Territorialgewalt anrannte, selbst aber zum Fürsten aufsteigen wollte? Ein politischer Kopf, der historisch notwendige Neuerungen erfaßte und dafür die Führung übernahm?

Am 2. März 1481 wird er auf der Ebernburg, nicht weit von Kreuznach an der Nahe, geboren. Über seine Kinder- und Jugendjahre berichten die Quellen nur spärlich: Vierzehnjährig soll er im Gefolge des Kurfürsten von der Pfalz auf einem Reichstag in Worms den Abschluß des ewigen Landfriedens erlebt haben, gegen den er später so sehr gesündigt hat; sehr bald habe der Vater ihn auf eine Pilgerfahrt nach Palästina mitgenommen, von der beide unversehrt zurückkamen.

Den ritterlichen Familienbesitz mehren! – diesen Auftrag des alten Sickingen nimmt der Sohn lebhaft an. Er heiratet Hedwig von Flersheim, die ihm reiche Güter einbringt; im pfälzischen Hofdienst, als Amtmann zu Kreuznach, vermehrt er treulich seinen Besitz; er wittert bald neue Wege des Geldgewinns, läßt sich mit Schürfrechten und Erzbergwerken belehnen. Seine Gruben am Rheingrafenstein sollen Silberadern geführt haben.

Sehr früh und mit unablässiger Betriebsamkeit arbeitet er an einer weiteren Treppe des Aufstiegs. Sein Auge fällt auf die Ganerbschaften, die Gemeinschaftsbesitzungen des niederen Adels. Er betreibt das Geschäft im großen Stil: Lützelburg, Dhaun, Kallenfels, zuletzt sieht ihn die weit und breit gefürchtete Feste Drachenberg als Mitinhaber. Da diese Rittergemeinschaft ihre Angehörigen zu gegenseitiger Unterstützung verpflichtet, findet er reichlich Gelegenheit, sich den Ruf eines allzeit Hilfsbereiten zu erwerben – vorzugsweise bei Händeln um Besitz.

Nicht minder pflegt Sickingen die Verbindung mit Fürsten. Im Dienste der Pfalz steht er seit langem. Auch die Dienstverpflichtung beim Kurfürsten von Mainz ist urkundlich überliefert: ».. . daß wir Unsern lieben getrewen Franciscus von Sickingen zu Unsern und Unsers Stiefts Diener uffgenommen und bestelt haben, also, daß er Unß von seinem Hauß aus mit sechs reysigen pferden, einem Knaben, vier reysigen Knechten wol gerüst und erzuget, Diensts wider allermeniglich, da er solichs mit Eren tun mag, gewertig sein, zu yeder tzeit...« Schon für das Bereithalten der Söldner erhält er 150 Gulden jährlich – ein gutes Stück Geld, mit dem er bequem eine Leibwache halten und auch eigene Unternehmungen ausrichten kann.

Sein Name wird bald unter den ersten im heimatlichen Raum genannt. Es könnte sein, daß er allmählich für töricht fand, immer bloß Sammler zu sein: von Goldgulden hier, ein paar Hufen da, einigen Zinsbäuerlein dort, von Bruchteilen der Abgaben fernliegender Dörfer und der Gerechtsame winziger Marktflecken. Am Ende mochte der Aufwand zu ihrem Schutz das gesamte Einkommen verschlingen. Kleinweise mehren? – zu langatmig war es seiner raschen, drängenden Art, die der Schwager, Philipp von Flersheim, für ihn typisch nennt. Sickingen streckt seine Hand nach dem Schnittpunkt europäischer Handelsstraßen, dem geheiligten Worms aus.

Bevor er in die Fehde tritt, noch während der Zurüstungen, stirbt seine Frau. Sieht man davon ab, daß die Überlieferungen der Folgezeit hin und wieder die Namen der drei Söhne – Schweikhardt, Hans und Franz-Konrad – nennen, so klingt mit dem Sterbejahr Hedwigs jede Bezugnahme auf sein Privatleben aus.

Franz ist dreiunddreißig, als er den Zug gegen die Freie Reichsstadt wagt. Balthasar Schlör, der bischöfliche Hofnotar von Worms liefert den Anlaß. Der Wormser Rat hat dessen Güter konfisziert und ihn auf die Liste der Geächteten gesetzt: er soll für die Loslösung der Stadt vom Reich, für ihre Wiedereingliederung in das bischöfliche Territorium agitiert haben. Schlör sucht Schutz bei Sickingen, tritt ihm nach zeitgemäßer Sitte einen Teil seines beschlagnahmten Vermögens ab und gibt so die Handhabe für den »Streit um die Gerechtigkeit«. Franz klagt auf Herausgabe des Schlörchen Gutes. Schreiben werden gewechselt, erst höflich, dann grob. Um den Konflikt zu beschleunigen, überfallen

Sickingens Reisige einige Kaufleute und setzen sie auf der Ebernburg fest. Zweimal trifft kaiserliche Reichsacht den kecken Landfriedensbrecher, »der sich von Sickingen nennt« und seine Übergriffe in Deutschland durch eine Dienststellung bei dem König von Frankreich absichert.

Im Juli 1514 erscheint der Ritter mit einem Heer von 7000 Mann vor den westlichen Toren der Stadt. Da er mit wenigen Geschützen den Zugang nicht freischießen kann, verwüsten seine Landsknechte die in sommerlicher Reife stehenden Fluren. Er schickt heimlich Briefe in die Stadt, an die Führer der Opposition, die er gegen den Rat aufwiegeln möchte: Wolle die Bürgerschaft ihn einlassen, so bewahre er sie vor Plünderung, Brand, Totschlag und Verwüstung, er werde sie von der Willkürherrschaft des Rates befreien. Doch hinter den Mauern mißtraut man ihm. Zweimal versucht er zu stürmen. Worms behauptet sich. 1517 geht Sickingen auf einen Waffenstillstand ein. Er wird von Kaiser Maximilian aus der Acht und in Dienst genommen.

Seine Bilanz ist positiv: Tausende liefen ihm als Söldner zu, die nun – in ihre Dörfer zurückgekehrt – jederzeit seinem Ruf verfügbar sind. Freunde wollen den wesentlichen Grund dafür im gewinnenden Zauber seines Wesens erkennen, seiner Zugänglichkeit, auch seiner fröhlichen Art zu zechen. Doch weit realer scheint der Umstand, daß seine Soldaten als Verwundete, Kranke oder Gefangene den Anspruch auf Weiterzahlung des Solds behielten. Ein Reiter, dessen Pferd erstochen oder verwundet wurde, bekam zur Nachbeschaffung einen vollen Monatssold zusätzlich. Den wohl größten Erfolg seiner Fehde gegen Worms darf Sickingen darin sehen, daß es dem Kaiser nicht gelungen ist, die Reichsstände gegen ihn aufzubringen.

Noch mehrfach und in ähnlicher Art fordert er Städte und Fürsten heraus. Krieg ist sein Handwerk und Verdienst. Er reiht Feldzug an Feldzug: brandschatzt Metz, verheert Teile der Pfalz und Hessens, befehdet Frankfurt – und zieht immer Gewinn daraus. Für die Rückgabe Darmstadts an die

Landgrafschaft Hessen kassiert er 35 000 Gulden. Die Schonung der zu Frankfurt gehörenden Dörfer läßt er sich mit harter Münze aufwiegen. Sein Schwager, Philipp von Flersheim, nennt das: »in allen bürgerlichen und Kriegshändeln anstellig«.

War er also doch vor allem ein räubernder Ritter, gleich anderen Standesgenossen, nur daß er das Handwerk im Großen betrieb? Und hat er, sich später zum Führer der Adelsrebellion erhebend, nur eine Sternstunde gehabt? Die Antwort ist nicht allein in seiner Person zu finden.

Der Ritterstand, dem Franz angehörte, verarmte und verfiel. Geld regierte schon die Welt, herrschte als Austauschmittel über die Produkte der feudalen Naturalwirtschaft und des Handwerks. Infanterie und eisenbrechende Feuerwaffen verdrängten schwertführende Ritter samt Roß und Rüstung. Zwischen aufblühenden Städten und territorialen Fürstentümern wurden die Reichsritter aufgerieben. Jeder Versuch, diesen Niedergang aufzuhalten, konfrontierte die Ritter mit allen Klassen und Schichten – den Bauern, die doppelt gepreßt, den Bürgern, deren Kaufmannszüge geplündert, dem Kaiser und den Landesherren, deren Fehdeverbot, Gerichtsordnung, Steuergesetz unterlaufen wurden.

In Sickingens Umwelt, den fränkischen, schwäbischen und rheinischen Gebieten, hatten die Ritter zwei Möglichkeiten, sich zu erhalten: entweder auf Reichsunmittelbarkeit verzichten, durch Dienstleistung für einen Landesherrn die ökonomische Lage verbessern – oder ein Bündnis mit dem Kaiser versuchen, das auf Steuerzahlung gegründet war und die ungewisse Möglichkeit eines reichsritterschaftlichen Zwergdaseins von Habsburgs Gnaden bot.

Die Gegensätze innerhalb der Adelsklasse, die zur Erklärung Sickingens eine Rolle spielen, vollzogen sich im Kraftfeld des wachsenden Antagonismus zwischen feudalen Ausbeutern und Ausgebeuteten. Dieser hatte seinen revolutionären Höhepunkt noch nicht erreicht. Der Konflikt zwischen Fürsten und Rittern war aufgebrochen, als es der ersten, weit mächtigeren Fraktion möglich erschien, die Volksmassen auf Kosten der anderen Fraktion zu beschwichtigen: durch das Fehdeverbot zum Beispiel, das Bürger und Bauern auf Landfrieden hoffen ließ, oder die Reichssteuer, die nun auch von Rittern, gleich Bürgern und Bauern, gezahlt werden sollte. Da wurden althergebrachte Privilegien angetastet. Der Ritterstand war im Begriff, seine Unabhängigkeit an die weltlichen und geistlichen Fürsten zu verlieren. Und hier nun liegt das »Geheimnis« für den Zulauf, den Franz von Sickingen erfuhr: Ritter – zuweilen auch Grafen – aus Franken, Schwaben und dem Rheinland schlossen sich in einer Bewegung zusammen, die mit fortschreitender Entwicklung antifürstlichen Charakter gewann.

Sie wollten an ihrer Spitze keinen Schwachen sehen. Sickingens Burgen bildeten eine Trutzlinie von der Nahe bis ins Elsaß hinein. Er hatte auf seinen Fehdezügen einige Kriegskunst, organisatorisches Talent und Furchtlosigkeit bewiesen. Sein Name und Geld vermochten in wenigen Tagen ein beträchtliches Heer unter seine Fahne zu bringen. Die Probe darauf machten die Mächtigsten selbst: als Kaiser Maximilian I. starb, suchten die beiden rivalisierenden Thronbewerber, Franz von Frankreich und Karl von Spanien, ihn in ihre Dienste zu ziehen.

Karl, der künftige Kaiser, gewinnt. Er schickt den Ritter gegen Ulrich von Württemberg ins Feld. Hier eine Episode nur scheinbar am Rande: Beim Einzug von Sickingens Truppen 1519 in Stuttgart vergräbt Reuchlin seine Schätze – die Bücher und Handschriften – und zitternd erwartet er rohe Söldnergewalt, vielleicht gar ein Ende wie einst Archimedes. Da bewahrt Sickingen das Haus vor Plünderung. Er befreit den Humanisten aus Furcht und Not.

In seiner Begleitung ist ein neugewonnener Freund und Bekannter des Reuchlin: Ulrich von Hutten, Dichter und streitbarer Humanist. Er ist von Sickingen schnell begeistert, schreibt an Erasmus: »Ein Mann, wie ihn Deutschland seit langem nicht mehr gehabt hat. Ich hoffe gewiß, daß Franz unserer Nation große Ehre bringen wird.«

Jetzt ist die Zeit der Reformation. Die Papstkirche schlägt gegen Luther, seine Anhänger und die Volksreformatoren. Da bietet Sickingen dem Humanisten Hutten den Schutz seiner Burgen an. Es scheint nicht nur eine Geste der Freundschaft, sondern des Einverständnisses zu sein. Biograph Ulmann bemerkt: »Sickingens derb-praktische Persönlichkeit entbehrte nicht des Schwunges der Seele. Er blieb nicht unberührt von höheren Zeitströmungen.« In der Unruhe der nationalen antipäpstlichen Bewegung mag dem Ritter die Entscheidungssituation seines Standes tiefer bewußt geworden sein.

So schmieden Sickingen und Hutten auf der Ebernburg, im Winter 1520/21, ihre Pläne für das, was sie Vaterland und Freiheit nennen: Freiheit von Rom und von den Landesfürsten, von geistlichem und weltlichem Despotismus! Kampf für ein starkes, einheitliches Reich, an der Spitze der Kaiser und darinnen die Ritter als Schwertträger der Reichsgewalt!

Ein unruhiges Treiben herrscht auf der engen Feste. Steter Waffenlärm, Herstellung von Kriegsgerät, Musterung von Mannschaften. Boten kommen und gehen. Eine ganze Kanzlei von Schreibern ist emsig. Des Abends liest Hutten aus Luthers und eigenen Schriften vor, erläutert, sucht mitzureißen zur baldigen Aktion, dem »Pfaffenkrieg«. Ob Sickingen ein gelehriger Schüler ist, bereit, Huttens Entwürfe einer Reichsreform geistig voll anzunehmen und mit Waffengewalt zu stützen, bleibt ungewiß. Sicher aber hält er den Gefährten zurück, gegen päpstliche Legaten tätlich vorzugehen, die den Wormser Reichstag zur Ächtung Luthers drängen.

Es bleibt im dunkeln, ob Sickingen, gleich Hutten, seine Hoffnungen auf Kaiser Karl V. begräbt, sobald dieser den Reformator Luther ächtet. Karl jedenfalls mag auf seinen Feldhauptmann nicht verzichten und schickt ihn laut Bestallungsbrief vom 4. Juli 1521 nach Westen: »Lieber Getreuer... Wir haben beschlossen, Euch mit 2000 Reisigen und 15000 Knechten zu Fuß gegen den König von Frankreich ins Feld zu entsenden.« Fast bittend fügt der Kaiser mit eigener Hand hinzu: »Franciscus, tut Euer bestes darin, Wir werden Euch gute Treue bewahren und anerkennen.«

Der Feldzug endet im Oktober erfolglos. Das Heer, mit eigenem Geld für den verschuldeten Kaiser geworben, ist aufgerieben – und die Gunst des launischen Herrschers verloren. So kehrt Sickingen auf die Ebernburg zurück. Er leidet an Podagra, sucht Linderung in warmen Quellen, wendet sich aber von den Zeitläuften nicht ab. Er öffnet seine Burgen noch mehreren Verfechtern der Reformation – Dietrich von Dalberg, Martin Butzer, Kaspar Aquila, Johannes Schwebel, Johannes Ökolampadius. Schon bevor Wittenberg reformiert, läßt er auf seiner Ebernburg den evangelischen Gottesdienst einführen. Er hat die volle Zuneigung Huttens und hört mit wachsender Bereitschaft auf dessen dringliches Fordern: mit der Herrschaft des Klerus auch die der kleinstaatlichen Fürsten zu brechen, mit der religiösen auch die politische Reformation zu gewinnen.

Jetzt geht es dem fränkischen, schwäbischen und rheinischen Adel nicht mehr um die Verteidigung einzelner Privilegien. Will er im allgemeinen Aufbruch des Neuen nicht endgültig zurückbleiben und erliegen, so muß er die Unruhe nutzen und den Angriff wagen. Im Frühjahr 1522 beginnt Sickingen erneut, Söldner zu werben: nicht für den Kaiser, sondern für sich, ob auch für den ganzen Ritterstand, ist schwer zu entscheiden. Doch sieht alles nach »Pfaffenkrieg« aus, den Hutten entschieden proklamiert hat.

Sickingen hat sein Angriffsziel, das Erzbistum Trier, in mehrfacher Hinsicht klug gewählt: Er kämpft gegen einen Klerikalen und hofft daher auf wohlwollendes, zumindest aber passives Verhalten der weltlichen Fürsten, er rechnet mit der Nachsicht des Kaisers, weil er in dem Trierer Erzbischof einen Parteigänger des französischen Königs bekriegt, und schließlich glaubt er auch die Gefühle der Ritter auf seiner Seite, die in dem Kirchenfürsten, der selbst einem Rittergeschlecht entstammt, einen Renegaten verachten.

Ende August scheinen die Kriegsrüstungen ausreichend zu sein. In der Überlieferung schwanken die Zahlenangaben über das Heer: sieben bis zwölftausend Mann, darunter 1500 bis 2000 Reiter. Die adlige Gefolgschaft ist differenziert. Ulrich von Hutten und Hartmut von Cronberg streiten für Reformation. Die schwäbischen Grafen Wilhelm von Fürstenberg und Eitelfritz von Zollern, Großunternehmer des Söldnerwesens, hoffen auf reiche Beute – und Thomas von Absberg, einer der begütertsten und bestgerüsteten Raubadligen Frankens, will ihnen nicht nachstehen. Den Hauptteil der adligen Teilnehmer bilden die kleinen Lehnsleute, Mitglieder von Ganerbschaften, denen eigener wehrhafter Wohnsitz fehlt.

Mit seinem kleinen Heer bricht Sickingen in das Territorium des Erzbischofs ein, des Feindes der Reformation. Er läßt Sankt Wendel im Sturm nehmen und lüftet im Siegestaumel, vor gefangenen Gegnern, sein bislang nur vermutetes Eigenziel: »Ihr Edelleute seid gefangen, Pferde und Harnisch sind verloren. Ihr habt aber einen Kurfürsten, der kann und mag Euch, wo er anders bleibt, wohl bezahlen. *Wo aber Franz von Sickingen ein Kurfürst von Trier wird*, er wohl thun könnte und thun wird und nicht allein dies als Geringste, sondern ein Mehreres, so wird er Euch, die Gefangenen, auch wohl ergetzen.«

Am 8. September 1522 lagert Sickingen vor Trier. Da schreibt der bayrische Kanzler Leonhard Eck an seinen Herzog: »Sickingen wird einen Pöbelaufstand erheben. Täglich kommen Kundschafter, daß es einem Bundschuh gleichsieht. Sollte dann ein Bundschuh erstehen, und der gemeine Mann überhandnehmen, so würden die rheinischen Fürsten das Morgenmahl, die anderen Fürsten das Nachtmahl und der gemeine Adel den Schlaftrunk bezahlen.« Diese Vermutung, daß Sickingen auch einen Bundschuh aufwerfe, ist durch Tatsachen nirgends belegt. Herzog Georg von Sachsen widerspricht ihr entschieden: »... Der Bundschuh ist widder den gemeinen Adel, denn wo die pawern regieren, daselben ist der Adel und Herrschaft verdruckt.« Aber auch das sagt man am sächsischen Hofe: In viel hundert Jahren sei nichts Gefährlicheres gegen die Fürsten des Reiches unternommen worden, als womit Sickingen umgehe... Das fürstliche Reichsregiment, die oberste Instanz bei Abwesenheit des in Italien kriegführenden Kaisers ruft deutsche Landesherren zum Heerzug gegen Sickingen auf und schickt an ihn selbst abmahnende Boten.

»Nun ich soll des Regiments alte Geigen noch einmal klingen hören«, spottet Sickingen beim Eintritt des Reichsherolds in sein Lager – und fügt selbstsicher hinzu: Er wisse fürwahr, sein Herr, der Kaiser, werde nicht zürnen, wenn er den Pfaffen ein wenig strafe und ihm die Krone eintränke, die er von Frankreich gewonnen habe; er wolle eine Handlung vollziehen, deren sich kein römischer Kaiser rühmen könne, indem er selbst eine neue Ordnung im Reich einführe. – Sickingens Selbstbewußtsein ist nicht gering. Während er die Hauptstadt des Bischofs erobern wird, so hofft er, können weitere Streitkräfte zu ihm ziehen...

Aber die Verstärkungen bleiben aus – zurückgehalten durch landesherrliche Truppen und die Drohung, daß jede Hilfe für Sickingen mit Todesstrafe und Einziehung des Besitzes geahndet werde. Statt dessen ziehen starke Kriegsscharen des Kurfürsten von der Pfalz und des Landgrafen von Hessen zur Entsetzung von Trier heran. Sickingen fürchtet ihre Überlegenheit und bricht nach sieben Tagen die Belagerung ab. Er macht noch einen vergeblichen Versuch gegen Kaiserslautern, entläßt einen großen Teil seines Kriegsvolks und zieht sich auf seine Burgen zurück.

Aber der Kampf ist nicht beendet. Anfang Oktober trifft Sickingen die Reichsacht. Seine Hoffnung auf die Gunst des Kaisers war trügerisch. Mit vereinter Kraft werfen sich die Fürsten von Trier, Hessen und der Pfalz zuerst auf seine

Verbündeten. Und jetzt, da die fürstliche Übermacht sichtbar wird, fällt mancher von Sickingen ab, um seine Haut zu retten.

Erst unter dem Zwang der Verhältnisse scheint Sickingen von der Idee eines allgemeinen Ritterkrieges gegen die Fürsten ganz durchdrungen zu werden. Er wendet sich am 31. Oktober 1522 an einige Ritter im Odenwald: sie möchten den fränkischen Adel zusammenrufen und Maßnahmen gegen die Fürsten beschließen, die »uns alle von der Ritterschaft mit Gewalt ihnen ganz zu Gehorsam nach ihrem Willen« zwingen wollen. Aber der Adel bleibt still.

Da setzt nun ein Tauziehen um die Städte ein, deren Vertreter in Speyer versammelt sind. Sickingen schickt eine Denkschrift, die die Fürsten als gemeinsame Gefahr bezeichnet, weil sie weder den Rittern noch den Städten das Mitspracherecht im Reich gönnen. Die Fürsten aber versäumen nicht, Sickingen als einen Raubritter und Wegelagerer auf der Städteversammlung gründlich anzuschwärzen. Vor die Wahl gestellt, zwischen zwei räuberischen Fraktionen der herrschenden Klasse zu entscheiden, verweigern die Städte eine Parteinahme gegen beide.

Sickingen bleibt isoliert. Mit starkem Geschütz belagern die Fürstenheere seine Burg Landstuhl und eröffnen am 30. April 1523 die Beschießung. Der Kampf dauert eine Woche. Gerade als Sickingen nach einer Schießscharte sieht, zerschmettert eine Kartaune das Verteidigungsgerüst und schleudert ihn selbst gegen einen spitzen Balken. Tödlich verwundet wird er von wenigen Getreuen ins Burggewölbe getragen. Er läßt den Belagerern gegen freien Abzug die Übergabe anbieten, erhält aber eine abweisende Antwort. Da lautet sein letzter Kommentar: »Nun, ich will nicht lange ihr Gefangener sein!« Am 7. Mai 1523 stirbt Sickingen, und Burg Landstuhl wird besetzt.

Wer also war der Mann: Ein Raubritter? Ein Ehrgeizling? Ein politischer Kopf? Vielleicht von jedem etwas. Wovon am meisten, ist auch nach allem, was wir nun wissen, nicht leicht zu sagen. Doch war er der letzte Vorreiter der historisch überfälligen Ritterschaft. Seine mißlungene Rebellion und sein Tod besiegelten den Untergang seines Standes. So schreibt auch Marx im Brief an Lassalle am 19. April 1859: »Sickingen (und mit ihm Hutten mehr oder minder) ging nicht unter an seiner Pfiffigkeit. Er ging unter, weil er als Ritter und als Repräsentant einer untergehenden Klasse gegen das Bestehende sich auflehnte oder vielmehr gegen die neue Form des Bestehenden.«

ULRICH VON HUTTEN

Ein kleiner, schmächtiger Mann hinkt durch die Straßen von Basel. Er ist auf der Flucht, sieht müde, abgerissen und krank aus. Sein Blick sucht die Fenster jenes Hauses, in dem Erasmus wohnt, ein Freund der Weisheit und der Menschen – Mitstreiter aus alten Tagen, der sich auch Freund des Mannes nannte, der jetzt der Hilfe so bedarf. Doch das Tor der Zuflucht bleibt verschlossen: Erasmus will Hutten nicht in seiner Nähe haben, fort mit ihm aus Basel, fort mit ihm aus der Schweiz. Hutten sei nur noch ein verkommener Raubritter und Leichtfuß, ein syphilitischer Straßenräuber und Landstürzer, einer, der – Gott behüte – Ernst gemacht hat mit dem Krieg gegen Pfaffen und Fürsten und der gescheitert ist mitsamt seinem Freunde Sickingen.

Der Flüchtling, gebrandmarkt durch Reichsacht und päpstlichen Bann, einem jeden Mordbuben als Zielscheibe preisgegeben, irrt noch wochenlang durch die Straßen von Basel und müht sich vergebens, ein Gespräch mit Erasmus zu erreichen. Nach hartem Winter, in billiger Herberge, flüchtet er weiter ins elsässische Mühlhausen, dann nach Zürich, wo er im Mai 1523 bei Reformator Zwingli eintrifft – und endlich Schutz findet. Die Insel Ufenau im Züricher See wird seine letzte Freistatt, obgleich auch hier Erasmus versucht, ihn durch den Stadtrat von Zürich ausweisen zu lassen.

Von nun an läßt ihn die Krankheit nicht mehr los. Das Blut ist vergiftet, langsam versagen ihm seine Glieder den Dienst. Hilflos liegt er auf hartem Lager und erwartet den Tod. 35 Jahre sind kein gutes Alter, um zu sterben. Doch welches Alter ist besser? Sein Leben ist verloren. Seine Sache auch?

Der alte Schnegg, der ihn pflegt und seine Leiden zu lindern versucht: ob er richtig versteht, was im Fieber über Huttens Lippen kommt? Was davon wird er weitergeben können an Zwingli und die anderen Freunde?

Doch halt, wo waren sie, die Brüder im Geiste? Warum sind seine Gefährten aus kühnen Kämpfen gegen die römische Klerisei und die Obskuranten nicht bei ihm in seiner letzten Not? Da ist zuerst Erasmus: Warum wollte er ihn nicht sehen, ihm nicht helfen, nicht mit ihm sprechen? Weil er die Krankheit fürchtet und glaubt, schon ein Lufthauch könne sie übertragen? Nein, das weiß er besser! Die wilden Studentenjahre, die Freiheit der Landstraße nach der Einöde hinter Klostermauern, die willigen Mädchen in den Badestuben – das weiß man doch, wie die Lustseuche sich ausbreitet. So einfältig ist Erasmus nicht. Es ist etwas ganz anderes. Der im Geiste lebt, er will nicht behelligt werden durch das wirkliche Leben, die wirklichen Kämpfe – und vor allem, er will an der Niederlage nicht teilhaben.

Hutten ist das Getümmel stets lieber gewesen als wohlgesetzte Reden. So lange er nur schöne Worte sprach und Lieder sang, hatten sie ihm alle zugejubelt. Constantia, das schönste Mädchen, des alten Conrad Peutingers Tochter, flocht ihm gar den Lorbeerkranz, damit der Kaiser ihn zum poeta laureatus kröne. Gewiß, er hatte die Auszeichnung gern getragen, und der 12. Juli 1517 in Augsburg war ein schöner Tag gewesen... Doch genaugenommen ging es ihm schon damals nicht mehr nur um die Poesie. Seine adlige Familie selbst hatte ihn darauf gestoßen, das Geschlecht der Hutten, und so mancher andere aus der fränkischen Ritterschaft – damals, als sie gegen den anmaßenden Herzog Ulrich von Württemberg, den Meuchelmörder seines Vetters Hans, gezogen waren. Da hatte er kraftvolle Worte gefunden, dieses Fürstengeschmeiß anzuklagen, die Treue und Redlichkeit braver Ritter über das drohnenhafte Dasein des Hochadels zu heben: Dem Ritterstand müsse sein alter Platz zurückgegeben werden, dann gehe es wieder vorwärts.

Wenn der Mann die Augen schließt, mag er sich im Kreise der Seinen sehen.

Wie sie ihn endlich bewunderten und lobten, da er die Worte gefunden hatte, die ihnen aus dem Herzen sprachen. Das schien seine Bestimmung, und diesem Ziel lebte er fortan – ein Sprecher seines Standes zu sein. Jahre zuvor aber hatte sich der Vater im Zorn vergessen, als sein Sohn der Benediktinerabtei zu Fulda entfloh und nach Köln ging, um sich als Adelricus hotten an der Universität einschreiben zu lassen. Die Familie strafte ihn mit standesbewußter Verachtung, während er als ein mittelloser Vagant weiter von Hochschule zu Hochschule zog: Erfurt, die Pflanzstätte des Humanismus, Frankfurt an der Oder, Leipzig, Greifswald und Rostock – dann jählings nach Süden, über Wien nach Italien. Die Familie hatte ihn ausgestoßen: Was sollte einem Hutten dieser brotlose Schnickschnack? Was hatten denn die Ritter davon, wenn sie erführen, wieviel Engel auf einer Nadelspitze tanzen konnten? Ein mit der Fuldaer Abtei, Nachbarin der väterlichen Burg, verbundener Geistlicher hingegen – der hätte wohl einiges für seine Familie tun können.

Ein Sterbender, der Zeit hat, denkt an seinen Ursprung.

Der Großvater selig hat auf Burg Steckelberg in der Rhön nicht einmal gekaufte Stoffe oder Gewürze geduldet. Er kleidete sich in grobes handgewebtes Tuch, in Leder und Eisen. Küche und Keller boten nur die Produkte des eigenen Landes, von herrschaftlich eigenen Bauern, auf herrschaftlich eigenem Grund und Boden gesät und geerntet. Lesen und Schreiben waren Blendwerke des Teufels. Der Vater dagegen erkannte den Zug der Zeit schon mehr und ließ dem Sohn, der als Burgherr ohnehin zu schmächtig schien, eine geistliche Erziehung geben. Die dauernden Händel der Hutten-Sippe mit weltlichen und klerikalen Fürsten ließen es ihm zudem nützlich erscheinen, einen Mann des römischen Rechts in der Familie zu haben. Des Sohnes wortgewaltige Angriffe gegen den Herzog von Württemberg überzeugten erst später, sie bestärkten den Vater in seinem Entschluß, so daß er ihn selbst nun nach Italien schickte, zum Studium der Rechte in Rom und Bologna.

Aus den väterlichen Plänen war nicht viel geworden. Aber in Bologna, noch am letzten Tag vor der Abreise, fertigte er eine Kopie der papstfeindlichen Schrift des Laurentius Vallas an, der die Konstantinische Schenkung als Fälschung entlarvt hatte – und die Herausgabe in Deutschland, mit ironischer Widmung an Papst Leo X., schob hier die Reformation kräftig mit an. Und zudem war da noch seine Mitarbeit an den »Dunkelmännerbriefen«, seine geistige Waffenhilfe für Reuchlin, im Kampf gegen die Kölner Dominikaner und die ganze Scholastik – das römische Recht interessierte ihn weniger als das römische Unrecht, mit dem Päpste und Pfaffen das Vaterland knechteten. Hier war das Feld, die Interessen des Ritterstandes mit denen des ganzen Reiches zu verbinden: Nieder mit der Herrschaft obskuranter Römlinge!

Außerdem – er mochte lächeln bei diesem Gedanken – fehlten ihm zum Advokaten doch einige wichtige Tugenden: Ruhe und Beschaulichkeit vor allem. Seine Ausflüge im Dienste der mainzischen Gerichtsbarkeit hatten für die Angeklagten jeweils ein böses Ende genommen, und der Kurfürst zog ihn eilig aus Justitias Gefilden zurück. Das Huttensche

Temperament ließ sich nicht ins Zuchtkorsett der Gesetze pressen. Er blieb der freie Mann des Schwertes und der Feder. Selbst der Vater mochte sich am Ende mit seinem Sohn gut abfinden. Nicht nur, weil er in deutschen Landen bekannt geworden war mit seinen gepfefferten Satiren und Epigrammen, seinen Reden und Aufmahnungsgedichten an den Kaiser und gegen den Papst. Weit mehr noch, weil er die Ritterschaft so mannhaft verteidigte, ihre Forderungen so klug formulierte und geschickt vertrat.

Dies hatte ihm auch die Freundschaft Sickingens eingetragen – des Mächtigsten unter ihnen. Er konnte ihn überzeugen, daß der Ritteradel gegen klerikale und weltliche Fürsten nicht im Alleingang zum Erfolg komme, sondern nur mit Verbündeten. Hutten dachte an Humanisten und Reformatoren: auch sie konnten das römische Joch nicht allein abschütteln, brauchten starke Bundesgenossen, und es schien gut, wenn diese das Schwert führten. Hatten die Humanisten nicht selbst gesagt, es müsse im Reich viel verändert werden, damit die Menschen wieder frei atmen könnten? Da bewiesen doch die schwerttüchtigen Ritter ihre Nützlichkeit. Sickingen und er schützten Reuchlin und drohten den Pfaffen offen mit Fehde. Sie boten Luther bewaffnete Hilfe und Zuflucht an, und sie bewogen Erasmus, in das sichere Basel zu gehen. Er, Ulrich von Hutten, knüpfte die Fäden zwischen Ritterschaft, Humanisten und Kaiserhof, versuchte sogar das Bündnis zu schmieden, damit die Papstkirche nicht nur mit Worten, sondern mit Taten bekämpft werde. »Dz ist der reutter orden eine grosse macht und starke Teutscher nation«, schrieb er im Dialog »Serspicientes«. Die Perspektive schien großartig: Ritter und Kaiser vereint, durch einen »Pfaffenkrieg« von Rom befreit!

Der Todkranke empfindet den körperlichen Schmerz als unerträglich, wenn er an die letzten Akte seiner Tragödie denkt. Wie hatte doch Karl, der neue Kaiser, sie alle betrogen! Als sie von einer Vorladung Luthers vor den Reichstag erfuhren, überwog ihr Vertrauen – denn der Kaiser hatte ein offenes Verhör und freies Geleit zugesichert. Er und Sickingen standen in seinem Dienst, und sie argwöhnten nicht, als sie von Worms ferngehalten wurden. Die bittere Einsicht kam bei der Nachricht von Luthers Ächtung: Sie hatten ihr Versprechen nicht einlösen, den Reformator nicht beschützen sollen. Da endlich sagte er sich von der Dienstpflicht gegenüber dem Kaiser los, wollte er über die päpstlichen Abgesandten herfallen – während Sickingen zögerte. Mit diesem verharrten die meisten Ritter in Unschlüssigkeit, eingefangen auch durch die Aussicht auf einen kaiserlichen Feldzug gegen Frankreich. Die Reformatoren hatten wohl ein Eingreifen der Ritterschaft gegen das Wormser Edikt erwartet. Jetzt zerfiel das empfindsame Bündnis. Er, Hutten, und Sickingen konnten hinfort die Kräfte nicht einigen, um nun gegen Papst und Kaiser vorzugehen.

Der Kranke denkt stöhnend daran, wie bitter damals die Tage waren, da alte Freunde ihn bedrängten, nunmehr seine Worte einzulösen. Die Papstkirche höhnte offen, der Hutten sei ein Hund ohne Zähne, er habe seine Sache feige im Stich gelassen. Nicht nur Luthers, auch seine Schriften wurden den Buchhändlern entrissen und verbrannt. Die päpstlichen Nuntien, denen er Tod und Verderben angedroht hatte, machten sich lustig über ihn und erklärten: Wenn keine schlimmere Gefahr drohe als Hutten, so seien sie sicher geborgen. Alle Welt erwartete von ihm, er werde sie an der Abreise von Worms hindern und für ihr Treiben gegen die Reformation bestrafen. Doch die Römlinge zogen unter des Kaisers Schutz ruhig davon. Hutten konnte sie nicht treffen.

Im ohnmächtigen Grimm verkündete er Taten auf eigene Faust, wenn die anderen Ritter noch länger zauderten. Aber seine Kraft reichte nur für lächerlich kleine Fehden gegen die übermütigen Karthäuser, deren Straßburger Prior gehöhnt haben sollte, er benutze Huttens Bildnis »zur Säuberung unreiniger seines Leibs Orten«. Das waren doch nur Streiche, die den Unmut über die verfehlte Schlacht gegen Rom dämpfen sollten.

Dennoch raffte er sich in jenen Tagen wieder auf, um ein neues Bündnis anzustreben: mit Bürgern und ihren freien Städten. Er dachte mit Unsicherheit an solche Partner, die von den Rittern als Pfeffersäcke beschimpft und oft genug auf den Landstraßen ausgeplündert wurden. Die Bürger wuchsen gleichwohl auf ihren festen Plätzen heran, werkten und trieben Handel, verliehen Geld und gewannen Reichtum, verbreiteten und verbündeten sich. Konnten sie wirklich Partner werden im Kampf gegen Rom und den Hochadel? Waren ihre Gegensätze nicht zu groß?

Nun, er überwand sich und buhlte um die Gunst der Städte. In seiner »Vormannunge an die freien und reich stet deutscher Nation« hat er noch im letzten Sommer geschrieben:

»Dan es wirt stan darauff allein
Das wir uns rotten jngemein
Und setzen stets des adel zu:
Der Adel solchs auch wider thü
Den durch ein solch vereinung magk
Uns werden gholffen, wie ich sag...«

Auch das blieben unerfüllte Hoffnungen. Zu stark waren die Bürger, zu schwach schon die Ritter, um aus alten Feinden noch ein Paar zu werden.

Noch einmal bäumten die Ritter sich auf, Sickingen begann seinen Feldzug gegen den Erzbischof von Trier. Aber die Wittenberger Reformatoren sahen das nicht gern und versäumten nicht, sich vom Kleinkrieg der Ritterschaft zu distanzieren. Der Feldzug scheiterte. Sickingen, in Voraussicht des Endes, schickte ihn, den Kranken, vorsorglich aus Deutschland fort, damit er sich in Sicherheit bringe.

Der Mann auf seinem Sterbebett weiß, daß die Sache, die er so lange und hartnäckig verfolgt hat, wohl gescheitert ist. Seit Sickingens Tod ist ihrer beider Pfaffenkrieg zu Ende. Das Schicksal der Ritter im Reich ist besiegelt. Reformatoren und Humanisten haben sich abgewendet – der Untergang ist dem Ritterstand allzu deutlich auf die Stirn geschrieben. So mancher sucht nun unter den Fürsten die Vollender der Reformation, und viele kriechen in den Schoß der Papstkirche zurück, aus dem sie so schmerzvoll hervorgekommen.

In jenen bitteren Tagen nach dem Wormser Edikt, als er seinen kleinen Pfaffenkrieg begann, erst da überschritt Hutten seinen Rubikon wirklich: »Ich habs gewagt mit Sinnen...!« Erst von da ab gab es kein Zurück mehr. Jahre zuvor, in Bologna, wo er sich Cäsars »Jacta alea esto« – Der Würfel sei geworfen! – zum Wahlspruch erkoren hatte, konnte er nicht ahnen, was auf dem anderen Ufer auf ihn warten würde.

Der Mann richtet seinen fiebrigen Blick auf Schnegg, der an seinem Bette steht.

Was bleibt von diesem kurzen Leben? Eine Erinnerung oder eine Veränderung, und sei sie noch so klein? Würden sie seiner gedenken als des Sprechers der Ritterschaft, sich streiten, ob er die Reformation oder die Reformation ihn benutzt habe? Würden sie an ihn denken als einen Poeten, der in deutscher Sprache zu dichten begann, sobald er erkannte, daß Bildung nicht nur für wenige da sein sollte? In Rom würden sie triumphierend die Glocken läuten lassen. Und Luther, was würde er sagen: Wieder nur, daß Gott ein gerechter Richter sei? Und Erasmus, was würde er nach der Berührung mit Huttens Geist wohl abwaschen wollen von seinem weißen Humanistenschild? War ihr aller Weg je derselbe gewesen? Sie hatten nur ein Wegstück gemeinsam. Den Rubikon überschritt er allein...

Der Mann, der da am 29. August 1523 arm und ohne Freunde starb, war der einzige Politiker unter den deutschen Humanisten. Er suchte die Standesinteressen der Ritter mit der Reformation zu vereinigen, den Kampf gegen Papstkirche und Fürsten mit dem Schwerte des Mittelalters zu führen.

ALBRECHT DÜRER

»Item am Freitag vor Pfingsten im 1521 Jahr kamen mir Mär geng Antorff (Antwerpen, E. U.), daß man Martin Luther so verräterlich gefangen hätt.« So schrieb Albrecht Dürer unter dem Datum des 17. Mai 1521 in das Tagebuch, das er während seiner Reise durch die Niederlande führte. Die Nachricht war ihm Anlaß, dem Buche Gedanken anzuvertrauen, die den revolutionären Ereignissen seiner Zeit gewidmet waren.

Dürer sieht in Luther einen »Nachfolger Christi« und den Künder des »wahren Glaubens«. Doch er bangt nicht nur um den Kirchenreformator, sondern vor allem um den Kämpfer gegen Papst und Klerus, die »nie kein Volk also größlich beschweret als uns Arme«. »Und lebt er noch oder haben sie ihn gemördert, das ich nit weiß, so hat er das gelitten um der christlichen Wahrheit willen und um daß er gestraft hat das unchristliche Papsttum, das do strebt wider Christus Freilassung mit seiner großen Beschwerung der menschlichen Gesetz, und auch darum, daß wir unsers

Blut und Schweiß also beraubt und ausgezogen werden und dasselbe so schändlich von müßiggehendem Volk lästerlich verzehret wird, und die dürftigen kranken Menschen darum Hungers sterben müßten.«

Bei aller religiösen Verhüllung erkennt Dürer ganz deutlich in den sozialen Verhältnissen, der Ausbeutung und der Not der Volksmassen, die Ursachen des angebrochenen revolutionären Prozesses. Er klagt gegen den herkömmlichen Zwang falscher Gebote und Lehren, sein Stoßgebet, das er nun fortsetzt, enthält Gedanken der beginnenden Volksreformation: »Und sonderlich ist mir noch das Schwerest, daß uns Gott vielleicht unter ihrer falschen blinden Lehr will lassen bleiben, die doch die Menschen, die sie (Kirchen-, E. U.) Väter nennen, erdicht und aufgesetzt haben, dardurch uns das göttlich Wort an viel Enden fälschlich ausgelegt wird. ... Ach Gott, erlös dein armes Volk, das dar durch großen Bann und Gebot gezwungen wird, der es keines gern tut, darum es stetigs sünden muß in seinem Gewissen, so es die übergehet. O Gott, nun hastu mit Menschengesetzen nie kein Volk also größlich beschweret als uns Arme unter den römischen Stuhl, die wir täglich durch dein Blut erlöst frei Christen sollen sein.« Wie sehr sich Dürer damit bereits in Opposition zur Obrigkeit befand, belegt ein Nürnberger Ratserlaß vom 20. Mai 1524 gegen jene Untertanen, die sich weigerten, Zehnt und Zinsen, Steuern und Abgaben zu entrichten, und sich dabei auf die Bibel beriefen.

Zweifellos hat Dürer von Luther Besserung der Mißstände in Kirche und Reich erwartet. Als er von dessen Gefangennahme hört, fürchtet er Luthers leiblichen Tod, und er sorgt sich um ein Größeres, die Sache der Christenheit. Er weiß nicht, daß Luther nur zum Schein gefangen wurde und wohlgeborgen in der Obhut des sächsischen Kurfürsten auf der Wartburg weilt. In der Sorge, die Reformation könnte führerlos werden, ruft er Erasmus von Rotterdam auf, an Luthers Stelle den Kampf fortzusetzen. »O

Erasme Roderodame, wo wiltu bleiben? Sieh, was vermag die ungerecht Tyrannei der weltlichen Gewalt und Macht der Finsternüs! . . . halt dich hie, daß sich Gott dein rühme, wie von Davidt geschrieben stehet; dann du magst tun, und fürwahr, du magst den Goliath fällen.« Dürer spricht aus, was alle fortschrittlichen Kräfte von Erasmus erwarteten, der in seiner Bibel- und Dogmenkritik die frühbürgerliche Revolution mit vorbereitet hatte. Aber das Haupt der Humanisten war weniger noch als Luther bereit, aus der Kritik an Glaubenslehren die Waffe christlicher Volksfreiheit zu schmieden.

Dürer, dessen Sache nicht gelehrtes Reflektieren, sondern scharfes Beobachten und tätiges Gestalten war, sah weiter als mancher zeitgenössische Gelehrte, sein Horizont reichte über Wittenberg hinaus. Er kannte die Lehren von Wiclif und Jan Hus ebenso wie die »Gravamina der deutschen Nation«, die »Reformatio Sigismundi« und die Schriften Luthers. Karlstadt hatte ihm eine Schrift gewidmet. Er kannte Zwingli und vertrat, wie später Melanchthon bezeugte, dessen Ansichten im Abendmahlstreit. Er unterhielt Verbindung zu niederländischen Reformierten und beherbergte ihre Verfolgten in seinem Hause – allesamt Männer, die »links« von Luther standen.

So kam es, daß Nürnbergs größter Künstler während des Bauernkrieges in seiner Vaterstadt angefeindet wurde, obwohl doch der Rat selbst den lutherischen Glauben annahm. Die Verfolgung galt der demokratischen Bewegung, die auch in der Reichsstadt um sich griff. Der »Bauer von Wöhrd«, vermutlich der Geistliche Diepold Peringer, hatte mit seinen Predigten die Erinnerung an den Pfeifer von Niklashausen wachgerufen. Der Maler Hans Greyffenberger stand unter der ratsherrlichen Anschuldigung, er verführe die Leute zu einer neuen Sekte. Und Ende 1524 war Müntzer in der Stadt, seine Schriften wurden gedruckt und heimlich verbreitet. Es spricht manches dafür, daß Dürer sie kannte.

Noch im selben Jahr schlug der Rat genau in die Richtung,

in welcher auch Dürer stand. Er machte dessen Schülern Georg Pencz, Barthel und Sebald Beham den Prozeß und vertrieb sie als die »drei gottlosen Maler« aus der Stadt. Es war eine deutliche Warnung für den Meister, obgleich sein Name ungenannt blieb und man nicht wagte, den weit über die Stadtgrenzen berühmten Mann anzutasten. Dieser schrieb am 5. Dezember 1524 an Nikolaus Kratzer nach London: »Item des christlichen Glaubens halben müß wir in Schmoch und Fahr stehn, dann man schmächt uns, heißt uns Ketzer... Van neuen Märn ist zu der Zeit nit gut zu schreiben. Aber es sind viel böser Anschläg verhanden.«

Auf die Niederzwingung der rebellischen Bauern antwortete Dürer in seiner Art. Noch während die »Unterweisung der Messung« gedruckt wurde, nahm er den Holzschnitt der »Bauernsäule« in seine Schrift mit auf. Bei gespielter Sachlichkeit lautet die Anmerkung: »Welicher ein Victoria aufrichten wollt, darum daß er die aufrührischen Bauren überwunden hätt, der möcht sich eins solichen Gezeugs darzu gebrauchen, wie ich hernach lehren will.« Doch hier wurde die Ikonographie eines Siegesdenkmals in zweifacher Weise verkehrt: nicht Wehr und Waffen sind die Kriegsbeute, sondern Vieh, Hausrat und Arbeitsgerät, und kein strahlender Sieger krönt die Säule, sondern »ein traureter Bauren«, der »mit einem Schwert durchstochen sei«. Wie »Christus in der Rast« das Mitleiden der Beschauer anrührt, so verkörpert der von hinten erstochene Bauer die Leiden des ganzen Volkes. Er ist leidgeprüfter Gottesknecht und Gottesstreiter, Sinnbild des Revolutionärs im Sinne Müntzers. So ist diese »Siegessäule« in Wahrheit ein Schandmal der Fürsten und eine Erinnerung an die gemordeten Bauernrevolutionäre – Dürers Bekenntnis zum Bauernkrieg, ein Zeugnis für sein Fortschreiten weit über Luther hinaus.

Die Ereignisse müssen den Meister tief betroffen haben. Er verzichtete darauf, jenen Passionszyklus zu machen, zu dem er in den Niederlanden die ersten Zeichnungen angefertigt hatte, und vollendete nur noch das große Tafelwerk der »Vier Apostel«. Dürer konzentrierte sich nun ganz auf die Niederschrift seiner kunsttheoretischen Einsichten und ihre Vorbereitung für den Druck: »Damit die Kunst der Malerei mit der Zeit wieder zu ihrer Vollkommenheit reichen und kommen mög.«

Wie aber konnte es geschehen, daß dieser Mann, den die Zeitgenossen wegen seines freundlichen, gefälligen und höchst rechtschaffenen Charakters lobten, dessen Werke von Königen, Fürsten und reichen Bürgern begehrt, von Gelehrten und Dichtern gerühmt wurden, in den Stürmen der Zeit auf den radikalen Flügel der Reformation geriet? Dürer hat selbst, inmitten der revolutionären Kämpfe, Rückschau auf Herkommen und Lebensweg gehalten. Er begann in den letzten Tagen des Jahres 1523 die Niederschrift seiner Familienchronik und erwies sich auch durch dieses Selbstzeugnis ganz als der allseitige Mensch des neuen Zeitalters: Der Künstler tritt mit seiner ganzen Persönlichkeit aus dem Dunkel mittelalterlicher Anonymität hervor in das Licht der Geschichte. Folgen wir dem Schreiber bei seinem Nachdenken, so findet sich eine Antwort auf unsere Frage.

Dürer entstammte einem in Ungarn lebenden Bauerngeschlecht. Der Vater, ein Goldschmied und »künstlicher reiner Mann«, hatte über die Hälfte seiner Jahre als Geselle ohne Bürgerrecht »sein Leben mit großer Mühe und schwerer harter Arbeit zugebracht und von nichten anders Nahrung gehabt, dann was er vor sich, sein Weib und Kind mit seiner Hand gewunnen hat«. Dem begabten Sohne Albrecht wollte er einen leichteren Lebensweg bereiten, aber auch dieser vermochte keine Reichtümer zu erwerben. Nach dreizehnjährigem Betrieb seiner Werkstatt besaß Dürer nicht mehr als den Hausrat eines mittleren Handwerkers, ein Besitz, den »ich ererbert (erarbeitet, E. U.) hab härtiglich mit meiner Hand«. Nie habe er Gelegenheit zu großem Gewinn gehabt. Wenn er allmählich auch zu bescheidenem Wohlstand gelangen, Haus und Garten erwerben konnte, so blieb ihm doch soziale Sicherheit versagt. Auf seiner zweiten Reise durch Italien, wo viele namhafte Künstler in Achtung und Wohlstand lebten, wurde ihm die soziale Zurücksetzung in Deutschland schmerzlich bewußt. Mit Bangen dachte er an die Heimfahrt und schrieb an den Freund Willibald Pirckheimer: »O wie wird mich noch der Sunnen frieren. Hie bin ich ein Herr, doheim ein Schmarotzer.« Er war aus der Enge deutscher Verhältnisse herausgewachsen.

Als Kaiser Maximilian für Dürers Arbeiten ein jährliches Leibgedinge von 100 Gulden aussetzte, schien dessen Existenz gesichert zu sein. Doch der Kaiser starb, und der Rat der Stadt Nürnberg weigerte sich sogleich, das Geld zu zahlen. Anfang 1520 schrieb Dürer deshalb an Georg Spalatin: »Muß also in meinen älteren Tagen mangeln und mein lange Zeit, Müh und Erbet an k(aiserlicher) M(ajestä)t verloren haben. Denn so mir abgeht am Gesicht und Freiheit der Hand, würd mein Sach nit wohlstehn.« Als er in die Niederlande reiste, um sich vom neuen Kaiser Karl V. sein Liebgedinge bestätigen zu lassen, wurden ihm große Ehrungen zuteil. »Da luden mich die Maler auf ihr Stuben... Und do ich zu Tisch geführet ward, do stund das Volk auf beeden Seiten, als führet man ein großen Herren. Es waren auch unter ihnen gar trefflich Personen von Namen, die sich all mit tiefen Neigen auf das allerdemütigste gegen mir erzeigten.« Wieder nach Hause zurückgekehrt, mußte er an den Rat ein Bittgesuch richten, damit dieser 1000 Gulden als Darlehen annehme, von dessen Zinsen Dürer und seine Frau zu leben hofften. Welch ein Gegensatz zwischen dem Hochgefühl beim Empfang durch die Antwerpener Malergilde und der Bitternis im Brief an den Nürnberger Rat: »Hab auch, wie ich mit Wohrheit schreiben mag, die dreißig Johr, so ich zu Haus gesessen bin, in dieser Stadt nit um fünfhundert Gulden Arbeit... gemacht, sondern alle meine Armut, die mir weiß Gott sauer ist worden, um Fürschten, Herrn und ander fremde Personen verdient und erarnt.« Der Abstand zwischen dem Maler und den wohlhabenden Geschlechtern Nürnbergs ist – unbeschadet persönlicher Freundschaften – stets geblieben. Was er in seiner Jugend als gegebene Ordnung hingenommen hatte, mit der Zeit dann zu überwinden hoffte, empfand er im Alter als drückende soziale Ungerechtigkeit.

Dank der besonders günstigen sozialen und geistigen Verhältnisse in Nürnberg und seinem schon früh offenbaren Genie fand Dürer den Zugang zur geistigen Führungsschicht der Humanisten. Obwohl durch Herkommen und Bildung kaum vorbereitet, formte sich sein Denken, seine Persönlichkeit, unter ihrem Einfluß. Sie erschlossen ihm das progressive Ideengut der Zeit und machten ihn mit dem Erbe der Antike vertraut, sie führten ihn an Luthers Reformation heran. Ihre entschiedenen »Linken« und eigene Erfahrung trieben ihn zuletzt darüber hinaus.

Schon den Knaben drängte es, zeichnend sich selbst zu begreifen. »Das hab' ich aus eim Spiegel nach mir selbs kunterfet im 1484 Johr, do ich noch ein Kind war. Albrecht Dürer.« So steht es auf der Silberstiftzeichnung des Dreizehnjährigen in der Albertina zu Wien. Der Maler schrieb diese Worte erst in späteren Jahren als ein angesehener Künstler und bewahrte das frühe Blatt sorgfältig auf. Kein anderer hatte vor ihm gewagt, das eigene Bildnis zum alleinigen Gegenstand eines Kunstwerks zu machen. Der Knabe wagte es und begann damit sein Lebenswerk.

Auf allen späteren Stationen Dürers finden wir Zeugnisse der Reflexion über sich selbst: die erstaunliche psychologische Studie aus den Jahren der Wanderschaft (Erlangen), das erste gemalte Selbstbildnis von 1493 (Paris), das Selbstbildnis von 1498, welches ihn in der modischen Kleidung eines wohlhabenden Patriziersohnes und stolz auf seine ersten Erfolge zeigt (Madrid), und das idealisierte Selbstbildnis von 1500 (München). Nach den Erfahrungen der zweiten Italienreise entstanden die Selbstbildnisse in assistenza – 1506 auf dem »Rosenkranzbild« (Prag), 1508 auf der »Marter der Zehntausend« (Wien), 1509 auf dem – zerstörten – Heller-Altar und 1511 auf dem »Dreifaltigkeitsbild« (Wien). Die eigene Gestalt ist nun in einen größeren Zusammenhang, gleichsam in ein soziales Bezugssystem eingefügt. Der Mensch ist nicht mehr nur der Akteur in einem Geschehen, das durch unerforschlichen Ratschluß gelenkt scheint, er steht diesem vielmehr als Beobachter mit Distanz gegenüber. Er selbst, der an irdische Wirklichkeit gebundene Mensch, vermag seinen Visionen Gestalt zu geben. Sie sind sein Werk, und das Täfelchen mit der Werkinschrift läßt keinen Zweifel daran. Hatte der Maler drei Jahrzehnte hindurch in Selbstbildnissen über sich Rechenschaft gegeben, so tat er im Alter dasselbe durch eigenhändig geschriebene Reflexionen über Leben und Werk.

Früh schon lernte der Maler, Traditionen an Zeitgeschehnissen zu prüfen. Seine Anteilnahme galt den einfachen Menschen im Volke. Während der Wanderschaft, in Basel, begann der Zwanzigjährige mit der Darstellung gesellschaftlicher Übelstände, indem er zu Sebastian Brants »Narrenschiff« die Holzschnitte riß. Der Stich »Marktbauern im Gespräch« erhob den wehrhaften Bauern, nicht den Tölpel städtischer Schwänke, zum Gegenstand eines für die Öffentlichkeit zugänglichen, weil im Druck vervielfältigten Kunstwerks. Zur gleichen Zeit, um 1497, wählte er für das Gleichnis vom »Verlorenen Sohn« jene Szene, die diesen bei den Schweinen zeigt (Luk. 15, 15), verlegte sie aber im Gegensatz zum Bibeltext in einen Bauernhof. Das Gleichnis diente ihm so zur eindringlichen Schilderung der Not der Bauern; dem Knienden, der in seiner Armut selbst den Schweinen das Futter neidet, verlieh er selbstbildnishafte Züge.

In seiner »Apokalypse«, die mehr ist als nur Kritik an Klerus und Papst, gestaltete er die künstlerische Utopie vom großen Anderswerden, dessen Ziel die wohlverwaltete Bürgergemeinde unter einem starken Königtum sein sollte. Aber wie sich oft erst im Ausland der Blick für die Realitäten des eigenen Vaterlandes schärft, so beobachtete er in Venedig mit großer Besorgnis, in welch geringem Ansehen der deutsche Kaiser Maximilian stand: »Unseres Künigs spott man sehr...«

Die Frage der Nation, gespiegelt im Wunsch nach starker Zentralgewalt und Kampf gegen die römische Papstkirche, verband sich Dürer immer wieder mit dem Blick auf die Bauern, die größte Klasse des werktätigen Volkes. Im Jahre 1515, da die Geschichte den Schweizer Bauernkrieg und eine Erhebung des »Armen Konrad« in Württemberg und Bühl nennt, entstand Dürers Federzeichnung zum Gebetbuch Maximilians, die einen Bauernhaufen im Kampf gegen Landsknechte zeigt. Vier Jahre später fertigte er den Stich »Marktbauern«. Eine dazugehörige Zeichnung trägt von Dürers Hand die Aufschrift: »Das ist der pawer der die priff gert.« Hier ist ein Bauernpaar dargestellt, das Brief und Siegel für seine Steuern begehrt, also nur willens ist, seine Abgaben – wohl den kleinen Zehnten – nach verbrieftem Recht zu leisten. Mit dem Abendmahlsholzschnitt von 1523 bekannte sich Dürer zur Spende des Abendmahls in beiderlei Gestalt, einer brennenden Streitfrage der Zeit, in die sich der politisch-soziale Anspruch der Gleichheit aller Menschen vor Gott einkleidete. Und der Buchholzschnitt der »Bauernsäule«, entstanden am kritischen Punkt der frühbürgerlichen Revolution, zeigt schließlich ganz offen die Parteinahme Dürers für die aufständischen Bauern. Der Meister übertrug seine Achtung vor dem Menschenantlitz, die der Humanismus lehrte, auf die Klasse seiner Väter. Die gleiche Würde, die er in Bürgern und Heiligen gestaltete, sah er in Bauern lebendig. Es war ihm ernst, wenn er schrieb, »daß ein verständiger, geübter Künstner in grober bäurischer Gestalt sein großen Gwalt und Kunst mehr erzeigen kann... dann mancher in seinem großen Werk«.

Wir sahen schon, wie sehr der Humanismus dem Maler half, einen neuen Begriff von Kunst zu gewinnen. Da erscheint die Idee der Nachfolge Christi, die in den sozialreligiösen Volksbewegungen lebt, im künstlerischen Selbstverständnis: »Dann durch Malen mag angezeigt werden das Leiden Christi.« Da wird der für Renaissance und Humanismus so wichtige Gedanke des Nachruhms aufgegriffen: »Auch behält das Gemäl die Gestalt der Menschen nach ihrem Sterben.« Da wird die Kunst zu einem Mittel der Welterkenntnis und die ganze Wirklichkeit zum Gegenstand der Kunst: »Die Messung Erdrichs, Wasser und der Stern ist verständlich worden durch das Gemäl und würd noch Menschen viel künd durch Anzeigen der Gemäl.« Am Ende seines Lebens formuliert Dürer den großen Satz über das Verhältnis zwischen Kunst und Natur: »Aber das Leben in der Natur gibt zu erkennen die Wahrheit dieser Ding, darum siech sie fleißig an, richt dich darnach, und geh nit von der Natur in dein gut Gedünken... Dann wahrhaftig steckt die Kunst in der Natur, wer sie heraus kann reißen, der hat sie.«

War dieser Mann ein Revolutionär? Sicherlich kaum, wenn man darunter nur einen Aufrührer versteht. Ganz gewiß aber, wenn man einen Menschen meint, der beitrug zur grundlegenden Umwälzung vom Mittelalter zur Neuzeit, der – einer gesellschaftlichen Notwendigkeit folgend – nach Klarheit, Eindeutigkeit und Ordnung strebte, um objektive Erkenntnisse gestalten und anderen mitteilen zu können, der seinen Beitrag zum neuen bürgerlichen Welt- und Menschenbild leistete.

Dürers Kunst war revolutionär. Wie kein anderer deutscher Künstler hat er alle Probleme der bildenden Kunst seiner Zeit zuerst aufgegriffen. Er führte das Porträt zur neuen Qualität des humanistischen Menschenbildes. Er zeichnete schon während seiner Wanderschaft den ersten freien Akt der deutschen Kunst. Er wollte die Gesetzmäßigkeiten menschlicher Schönheit ergründen, betrieb Proportionsstudien und faßte sie in einem Lehrbuch zusammen. Er vollzog den Übergang zur echten Landschaftsmalerei und machte dadurch die neuen Beziehungen des Menschen zur Welt ebensosehr erkennbar wie das neue

Verhältnis der Kunst zur Wirklichkeit. Er erhob das Naturstudium zu einer unabdingbaren Grundlage der Kunst und des theoretischen Wissens, und er befreite damit die Kunst aus der Bindung an das Handwerk. Das Bestreben, die Wirklichkeit in allen ihren Erscheinungen rasch und unmittelbar im Bilde einzufangen, ließ ihn zum Schöpfer der Künstlerhandzeichnung werden. Die graphischen Künste hat er zu einem bis dahin nicht gekannten Ausdrucksvermögen geführt. Er wagte den kühnen Versuch, das volkstümliche Wesen der Kunst mit geläutertem Formensinn zu verbinden.

Sein letztes großes Werk, die 1526 vollendeten Tafeln der »Vier Apostel«, schenkte Dürer dem Rat seiner Vaterstadt. Bildunterschriften erläutern sein Anliegen mit den Worten: »Alle weltlichen Regenten in diesen fährlichen Zeiten nehmen billig acht, daß sie nit für das göttliche Wort menschliche Verführung annehmen...« In diesen vier Gestalten scheint die gesamte Entwicklung der Menschheit zusammengefaßt, und zugleich greifen sie ihrer Zeit weit voraus, sind sie ein Stück Zukunft. Das humanistische Ideal vom kraftvollen, freien Menschen, der fähig ist, sich selbst zu entscheiden und zu entwickeln, wird in diesen Männern des christlichen Glaubens anschaulich. Nur so konnte das Leitbild des Humanismus auch vom Volke verstanden werden: Ein neuer Begriff von heiligen Männern trat in Erscheinung und ein neuer Begriff von menschlicher Größe überhaupt. Auf dem Höhe- und Wendepunkt der frühbürgerlichen Revolution hat Dürer das Bild des allseitig gebildeten, sein Schicksal in gesellschaftlicher Verantwortung bestimmenden Menschen als Ziel des Kampfes gestaltet. Das war seine, des Malers Antwort auf entscheidende Fragen der Zeit, die Fragen nach dem Sinn des Lebens, nach Wert und Würde des Menschen. Den praktisch-politischen Schritt an die Seite Müntzers und der Bauern konnte Dürer nicht tun, aber er teilte manche ihrer Gedanken. Sein letztes großes Werk ist Parteinahme und Bekenntnis für die Revolution.

Ein dreifaches Vermächtnis hat Dürer uns hinterlassen: die »Familienchronik«, die Aposteltafeln und den großen ästhetischen Exkurs der »Vier Bücher von menschlicher Proportion«, ausgeführt in den stürmischen Jahren des Bauernkriegs. Sie sind den Nachkommen gewidmet, damit sie das Begonnene weiterführen und vollenden. »Ich mein, ich will hie ein klein Feuerle anzünden. So ihr all Nahrung mit künstlicher Besserung darzu tüt, so mag mit der Zeit ein Feuer daraus geschürt werden, das durch die ganze Welt leucht.«

BAUERNKRIEG

Aufständische Bauern mit der Bundschuhfahne umzingeln einen Ritter.
Holzschnitt des Petrarca-Meisters. Um 1519/20

Angriff von Bauern auf ein Kloster.
Zeitgenössische Federzeichnung
des Abtes Johann Murer von Weissenau

Plünderung eines Dorfes.
Federzeichnung aus dem Hausbuch
des Fürsten Waldburg-Wolfegg

Marktbauern im Gespräch.
Kupferstich von Albrecht Dürer. 1519

Bauernpaar. Holzschnitt von Hans Weiditz. 1521

Bauerngruppen zu Fuß und zu Pferd.
Aus dem Holzschnitt von Hans Tirol.

THOMAS MÜNTZER

Sein Leben war von Jugend an hart und schwer: lange Jahre ein Ringen um die Existenz, sichere Anstellungen, notwendigste Einkünfte. Es war zugleich steter Kampf gegen die aus den Fugen geratene Gesellschaft. Man wird nicht fehlgehen, die Unruhe des jungen Müntzer, seine Wanderung von Ort zu Ort, seine vielen Zusammenstöße mit städtischen und kirchlichen Instanzen, die immer wieder zum Bruch oder gar zur Vertreibung führten, auf das tiefe Mißbehagen des werdenden Revolutionärs gegenüber den Zeitverhältnissen zurückzuführen. Was dieser Unzufriedenheit das besondere Gepräge verlieh, ist die Hartnäckigkeit, mit der jedes Zugeständnis abgelehnt, jede Anpassung an die Mächte der Zeit zurückgewiesen, jeder Versuchung eines voreiligen Friedens mit den herrschenden Zuständen aus dem Wege gegangen wurde.

Mißbehagen und Unzufriedenheit führten den jungen Müntzer aber nicht zur Weltflucht, zur Passivität und zur Verachtung des Treibens der Welt, sondern zu vertieftem

Nachdenken, zu einem leidenschaftlichen Ringen um Klarheit über die Grundfrage der Zeit, über die Rolle der Kirche in Vergangenheit und Gegenwart. Ein umfassendes Literaturstudium, ein Vordringen zu den Quellen der christlichen Überlieferung, angeregt durch den Humanismus, ließen Müntzer aufnahmebereit werden für die Kritik an Kirche und Gesellschaft, wie sie seit langem von Wiclif und Hus, besonders aber von den Taboriten vorgebracht worden war. Dieser Lebensweg zeigt uns das Werden und Wirken eines Revolutionärs an der Schwelle der Neuzeit.

Für Kindheit und Jugend fließen die Quellen nur dürftig. Schon das Geburtsjahr ist unbekannt. Die erste urkundliche Erwähnung ist die Eintragung Müntzers in die Leipziger Universitätsmatrikel vom 16. Oktober 1506: »Thomas Munczer de Quedilburck«. Doch er stammte nicht aus Quedlinburg – die Stadt war nur der damalige Wohnort der Eltern –, sondern, wie das nächste gesicherte Lebensdatum, die Einschreibung in die Matrikel der Universität Frankfurt an der Oder vom Jahre 1512 nachweist, aus Stolberg im Harz. Geht man von dem Durchschnittsalter der Studenten jener Zeit aus, so dürfte Müntzer zwischen 1485 und 1490 geboren sein.

Im Verlaufe des Universitätsstudiums erwarb er – wir wissen nicht wo – die Grade eines Magisters der freien Künste und Bakkalaureus der Heiligen Schrift. Er wirkte als Lehrer und Prediger in Halle, Halberstadt und Aschersleben, soll 1513 in der Saalestadt eine Verschwörung gegen den Erzbischof Ernst von Magdeburg angestiftet, zwei Jahre später in Aschersleben an einem ähnlichen »Verbündnis« teilgenommen haben. Diese Vorgänge können – stadtgeschichtliche Quellen haben sich bis heute nicht nachweisen lassen – den innerstädtischen Kämpfen, die in jenen Jahren in großer Zahl ausbrachen, zugeordnet werden. Falsch wäre es, sie rückblickend aus der Sicht des Bauernkrieges zu dramatisieren und zu überhöhen.

Wenig wissen wir auch von Müntzers Wirken im Damenstift Frose bei Aschersleben in den Jahren 1516/17. Bereits 1518 dürfte er sich der Reformation angeschlossen und Luther genähert haben. Ein Aufenthalt in Wittenberg um die Jahreswende 1518 auf 1519 ist wahrscheinlich.

Ganz zuverlässig sind wir erst von Müntzers kurzer Tätigkeit in Jüterbog unterrichtet: vom Konflikt des leidenschaftlichen Predigers mit der alten Kirche. Er trat gegen die Franziskaner auf, ließ neben Luthers Ideen auch hussitische, wenn nicht gar taboritische Einflüsse erkennen. Woher komme die Auffassung, »die Böhmen seien bessere Christen«, fragten die Franziskaner in ihrem gedruckten Bericht? Woher die ketzerische Rede, »das heilige Evangelium habe seit 300 oder 400 Jahren unter der Bank gelegen«, und es müßten viele ihren Hals dem Schwerte hinhalten, damit jenes wieder aus dem Winkel hervorgeholt werde? Wenn die Geltung des Evangeliums nur durch Gewalt erneuert werden konnte, dann stellte Müntzer bereits damals Papst und Konzilien, die Macht der herrschenden Hierarchie, in Frage. Luther selbst urteilte in einer Schrift gegen die Franziskaner, verteidigte damit aber einen Mann, der eigene Wege zu beschreiten begann.

Auffällig ist, daß sich Müntzer, dessen Teilnahme an Luthers Leipziger Disputation von 1519 bezeugt ist, während der zweiten Jahreshälfte in klösterliche Abgeschiedenheit zurückzog, um sich als Beichtvater im Nonnenkloster Beuditz bei Weißenfels dem vertieften Studium zu widmen. Luther hatte während der Disputation in der Pleißenburg für Hus und gegen die Unfehlbarkeit der Konzilien gesprochen. War das für Müntzer einer von sicher mehreren Gründen, sich letzte Klarheit zu verschaffen und zu den Quellen vorzustoßen? Wir können es nur vermuten. Aber wir wissen genau, was Müntzer damals studierte. Vor allem Quellenschriften zur Frühgeschichte des Christentums: die Chronik des Eusebius in der Übersetzung und Fortsetzung des Hieronymus, den »Jüdischen Krieg« des Flavius Josephus in der lateinischen Bearbeitung des sogenannten Hegesippus, die Briefe des jüngeren Plinius, vor allem den Bericht über die Christenverfolgungen in Bithynien. Es folgten lange Reihen von Ausgaben der Kirchenväter, zahlreiche Schriften der deutschen Mystiker des Mittelalters, die Akten des Konstanzer und Basler Konzils, Schriften der Humanisten und Reformatoren. Müntzer begann, die Reformation als grundlegende Umwandlung des gesamten irdischen, diesseitigen Lebens zu begreifen.

Wir sind heute vielleicht geneigt, die Schwierigkeiten solch ideologischer Prozesse wie der Trennung von Rom oder der Weiterführung der lutherischen Reformation im Interesse der Volksmassen zu unterschätzen. Das Beispiel Müntzers kann uns zeigen, wie kompliziert es war, aus religiösen Überzeugungen zu revolutionärem Denken und Handeln vorzustoßen. Aber jeder andere Weg war damals noch nicht gangbar. Bevor der weltliche Feudaladel angegriffen werden konnte, mußten seine theologischen Stützen erschüttert werden. Das gilt für Luthers Kampf gegen die Papstkirche ebenso wie für Müntzers Ringen um eine Weiterführung der Reformation durch das Volk und für das Volk.

Die erste große Wirksamkeit Müntzers, die seine neuen Erkenntnisse reifen ließ, entfaltete sich in Zwickau, wohin er von Luther empfohlen worden war. Dort hielt er im Mai 1520 an der Marienkirche seine erste Predigt, bezeichnete er die Mönche als Schanddeckel der Kirche und die Franziskaner als Witwenfresser, die den alten Frauen schändlich das Geld aus der Tasche zögen. Im Oktober wechselte er zur Katharinenkirche und kam in engste Berührung mit ausgebeuteten und verarmten Tuchknappen. Denn hier in Zwickau gab es frühe Formen kapitalistischer Ausbeutung, hier bestanden bedeutende soziale Spannungen. Die Sekte um Nikolaus Storch, dem Prediger, vermittelte Müntzer die Auffassung, daß die Offenbarung Gottes nicht nur durch die Bibel, sondern ständig durch den Geist Gottes erfolge, der sich den Gläubigen unmittelbar kundtue. Obwohl dadurch dem Glauben an Träume und Prophezeiungen Tür und Tor geöffnet wurde, bildete dieser Spiritualismus ein wertvolles Gegengewicht gegen den starren Bibelglauben der Wittenberger Theologen, die von einer lebendigen Offenbarung nichts wissen wollten. So überwand Müntzer die einseitige Bindung an das Bibelwort und an den »stummen« Gott. Bei Verzicht auf gelehrte Überlieferung wurde das Volk zum handelnden Subjekt erhoben; doch mußte es sich durch das Tragen des Kreuzes – durch Leid, Not und Armut – dem Hören auf Gottes Wort geneigt machen, um selbst »christförmig« zu werden.

Die eindeutige Parteinahme Müntzers für die Stadtarmut ließ den Rat schließlich Unruhe und Aufruhr befürchten. So wurde Müntzer am 16. April 1521 entlassen. Die Quittung für seine letzten Bezüge unterschrieb er mit dem stolzen Wort: Thomas Müntzer, der für die Wahrheit in der Welt kämpft.

Nun richtete er seinen Blick auf Böhmen, das Land der Hussiten. Von der lutherischen Reformation enttäuscht, hoffte er Kräfte zu finden, die eine Wandlung der Verhältnisse herbeiführten. Im Juni 1521 traf er in Prag ein. Er predigte und verfaßte sein erstes uns erhaltenes Werk: das Prager Manifest – dazu bestimmt, an Kirchentüren angeschlagen zu werden. Der Verfasser berief sich auf Jan Hus, bekämpfte in dessen Namen Pfaffen, Mönche und gelehrte Doktoren. Aber die Lage in Böhmen war anders als Müntzer gedacht hatte. Er wurde verhaftet und ausgewiesen. Sein Manifest blieb ohne nachhaltiges Echo.

Der wiederholte Versuch, erneut festen Fuß zu fassen, scheiterte an den Vertreibungen durch stadtaristokratische Räte: so in Nordhausen und Halle-Glaucha. Erst im kursächsischen Allstedt fand er ruhigere Zeit, um die revolutionären Gedanken voll ausreifen zu lassen. Hier wirkte Müntzer von März 1523 bis August 1524 als Pfarrer an St. Johann, verfaßte oder konzipierte er nahezu alle seine Schriften, die durch den Buchdruck verbreitet wurden. Er versuchte ein

»Gegen-Wittenberg« zu schaffen, daß seine Lehren schrittweise in die Tat verwandeln und der lutherischen Reformation eine Volksreformation entgegensetzen sollte.

Im Mittelpunkt der Allstedter Bemühungen stand zunächst die Erziehung des Volkes zu seiner revolutionären Aufgabe. Denn ohne Überwindung des »kreatürlichen« Menschen gab es für Müntzer keine Herrschaft Christi und keinen Sturz der gottlosen Tyrannen. Zu diesem Zweck führte er die deutsche Sprache umfassend im Gottesdienst ein und versuchte, Wort und Musik in einer dem Volk verständlichen und mitvollziehbaren Weise neu zu gestalten. Den Buchdruck, zuerst in Eilenburg, dann in Allstedt, stellte er in den Dienst einer Verbreitung seiner Gedanken.

Seit es im September 1523 zum ersten Zusammenstoß mit dem Grafen Ernst von Mansfeld gekommen war, spitzte sich die Lage merklich zu. Nach der Zerstörung der Wallfahrts-Kapelle hielt der revolutionäre Pfarrer die Zeit für gekommen, das erste »Verbündnis« zu gründen. Ein kleiner Kreis von dreißig Bundesgenossen ließ sich insgeheim auf dem Stadtgraben in das Verzeichnis eintragen. Mitte Juni wurde der Bund erweitert, besonders durch Einbeziehung der Bergknappen des Mansfelder Reviers. Der Bund, nun auf über fünfhundert Mitglieder angewachsen, wurde zu einem wirksamen Instrument der Abwehr von Übergriffen, des Schutzes der Predigt und deren Ausbreitung.

Das bedeutendste politische Dokument der Allstedter Zeit ist Müntzers berühmte »Fürstenpredigt« vom 13. Juli 1524, gehalten vor Herzog Johann und dessen Sohn Johann Friedrich. Diese Auslegung des Traums Nebukadnezars nutzte Müntzer, um die Ziele seines Kampfes in einen weltgeschichtlichen Rahmen hineinzustellen und als Erfüllung des göttlichen Willens zu erweisen. Aber nicht nur ein grandioses Geschichtsbild von der Ablösung des Heiligen Römischen Reiches Deutscher Nation durch die Herrschaft des Volkes wird entrollt, sondern, im Zusammenhang damit – zum ersten Mal in der deutschen Reformation – die Lehre vom Widerstandsrecht dieses Volkes klar formuliert. Wenn die Fürsten und Obrigkeiten im Kampf um eine gerechte Ordnung ihre Pflicht auf dieser Welt nicht erfüllen, »so wird ihnen das Schwert genommen werden und wird dem Volke gegeben werden zum Untergang der Gottlosen«, so müsse die Gewalt übergehen an den gemeinen Mann. In der »Fürstenpredigt«, die bereits am 20. Juli im Druck erschien, wurde die neue Auffassung der Reformation durch und für das Volk unüberhörbar verkündet, einer Volksreformation, die durch den Sturz gottloser Tyrannen den Weg zu entscheidenden Veränderungen im kirchlichen, sozialen und politischen Leben bahnen sollte. Müntzer vertrat und verbreitete hier seine revolutionäre Lehre, wonach die Beseitigung der tyrannischen Gewalt auf Erden unausbleiblich sei und unmittelbar bevorstehe.

Die Predigt war ein letztes Angebot an die lutheranisch gesinnten Fürsten von Kursachsen zum gemeinsamen Kampf. Aber für die anwesenden Fürsten und deren Räte war es eine unverhüllte Aufforderung zu Aufruhr und Empörung. Von Luther in Wort und Schrift bestärkt, verlangten sie die Auflösung des Bundes, die Entlassung des Druckers, die Einstellung der für sie bedrohlichen Tätigkeit Müntzers. So blieb diesem keine Wahl: im Sommer 1524 floh er aus Allstedt in die Reichsstadt Mühlhausen.

Dort setzte er seinen Kampf entschlossen fort – jetzt auch gegen die kursächsischen Fürsten. Der Allstedter Bund fand seine Weiterführung im »Ewigen Bund Gottes«. Die Elf Artikel, die für die Mühlhäuser Gemeinde ausgearbeitet wurden, bildeten ein Programm, wonach die Reichsstadt zum Vorbild der revolutionären Umgestaltung, zum Praxisfeld der revolutionären Theorie werden sollte.

Aber es erwies sich sehr rasch, daß die Voraussetzung für revolutionäre Aktionen noch nicht gegeben war. Der alte Rat setzte sich zur Wehr. Gestützt auf das Aufgebot der reichsstädtischen Dörfer gelang es am 27. September 1524, Müntzer und seine Anhänger aus der Stadt auszuweisen.

Also haben sich auch die Bauern der Mühlhäuser Dörfer gegen ihn gestellt, und Müntzer mußte erkennen, daß er ohne ein Bündnis mit den bäuerlichen Massen seine Ziele nicht erreichen konnte. Daher entschloß er sich, nach dem Süden des Reiches zu wandern, wo die Bauern des Schwarzwaldes bereits im Aufstand waren, um mit diesen Verbindung aufzunehmen. Vorher aber wollte er in Nürnberg seine beiden Hauptschriften, die »Ausgedrückte Entblößung des falschen Glaubens der ungetreuen Welt« und die »Hoch verursachte Schutzrede und Antwort wider das geistlose sanftlebende Fleisch zu Wittenberg«, herausgeben lassen.

Beide Schriften sind Höhepunkte der revolutionären Flugschriftenliteratur der Zeit, hinreißend geschrieben und noch heute eine packende Lektüre. Hier wurden die Schranken der Theologie durchbrochen und letzte Schlußfolgerungen gezogen: Der gemeine Mann – der Bauer und der Plebejer – sei berufen, die gottlose Fürstenmacht zu stürzen und eine Ordnung der Gleichheit zu schaffen. Nach dem Bruch mit den sächsischen Fürsten erkannte Müntzer nun im Volk die einzige Kraft, das göttliche Gesetz zu verwirklichen.

So entbrannte der Kampf der Volksreformation mit der bürgerlich-gemäßigten Reformation Luthers in aller Heftigkeit. Die Verbindung der müntzerschen Ideen mit dem Bauernkrieg begann am Oberrhein, wo Müntzer von Dezember 1524 bis Januar 1525 im Hegau und Klettgau weilte. Hier mündete Müntzers Weg unmittelbar in die Kämpfe des deutschen Bauernkriegs. Die Radikalisierung des Aufstandes im Schwarzwald gilt als eine Folge dieses Wirkens unter den Bauern.

Ende Februar 1525 war Müntzer wieder in Mühlhausen. Der alte Rat wurde gestürzt, ein neuer, der »ewig sein und heißen und stets für und für regieren sollte«, am 17. März gewählt. Wenn dieser »Ewige Rat« auch kein Organ der revolutionären Bewegung in der Reichsstadt, sondern ein Kompromiß zwischen den an die Macht gekommenen Schichten des wohlhabenden Bürgertums war, so unterstützte er doch erstere nachdrücklich. Unter dem Druck der plebejischen Kräfte kam es zu ersten Versuchen einer planmäßigen Aufteilung kirchlichen Besitzes an die städtische Bevölkerung. Damit wurde begonnen, die Forderung des Allstedter Bundes: »Omnia sunt communia« – alles gehört allen – in bescheidenen Ansätzen zu verwirklichen. Der rechtlichen Gleichheit sollte auch die soziale folgen. Diese Maßnahmen standen im Zeichen der Vorbereitung auf eine bevorstehende militärische Auseinandersetzung. Geschütze wurden in der Stadt gegossen, Musterungen der Bürger, bei denen Müntzer predigte, durchgeführt. Waffen wurden gekauft und Landsknechte zur Ausbildung des städtischen Aufgebotes angeworben.

Damals entstand auch die Fahne der Aufständischen. Sie zeigte auf weißem Grund einen Regenbogen und die Worte »Verbum domini maneat in eternum« – Das Wort des Herrn bleibe ewiglich. Der Regenbogen ist im 1. Buch Moses das Symbol des Bundes, den Gott mit Noah geschlossen hat, der Kriegsbogen Jehovas, den er in die Wolken stellt zum Zeichen des Friedens. Der Text der Fahne geht auf Jesaja zurück und war zugleich die Losung der wettinischen Fürsten in der Reformationszeit. Regenbogen und Bibelwort sollten bedeuten, daß der »Ewige Bund Gottes« die Reformation vollenden wolle und sich zum Ziele setze, die »neue Erde« zu schaffen, die der Prophet Jesaja geweissagt hatte. Unter der Regenbogenfahne zogen Müntzer und seine Anhänger in den Thüringer Aufstand, den Engels »den Kulminationspunkt des ganzen Bauernkriegs« nannte.

Müntzers zentrale Forderung war die Übernahme der politischen Macht durch das Volk. Das sollte planmäßig geschehen. Müntzers Aufstandsplan sah vor allem die Zerstörung der feudalen Zwingburgen Heldrungen, Mansfeld und der Neuenburg über der Unstrut vor, wohin sich ein Teil des Adels zurückgezogen hatte. Ein Zug durch ganz Thüringen sollte die verstreuten revolutionären Kräfte einigen und den Widerstand der Gegner brechen.

Auf dem Höhepunkt der Erhebung standen 30000 Aufständische unter Waffen, die einen raschen Sieg über die Feudalherrn erfochten. Aber es gelang nicht, die von außen durch die vereinigten Fürsten von Hessen, Sachsen und Braunschweig drohenden Gefahren abzuwenden. Der Werra-Haufen unter Hans Sippel versagte bei der Abwehr des Landgrafen Philipp von Hessen, und bei dem Versuch, die Stadt Eisenach zum Anschluß zu bewegen, kam Sippel mit anderen Anführern ums Leben. Der Landgraf konnte seinen Feldzug ungehindert gegen die Aufständischen fortsetzen. Statt die feudalen Zwingburgen zu brechen, zogen die Mühlhäuser ins Eichsfeld, wo es keinen Widerstand mehr gab und sie kostbare Zeit verloren. Als am 10. und 11. Mai Müntzer mit nur dreihundert Mann und acht Karrenbüchsen von Mühlhausen dem Frankenhäuser Haufen zuzog, vermochte er, ungeachtet seiner großen Tatkraft, den Niedergang des Aufstandes nicht mehr aufzuhalten. Noch bevor es gelang, die zersplitterten Kräfte zu sammeln, erschienen die fürstlichen Heere vor Frankenhausen. Die Fürsten forderten die Auslieferung Müntzers. Darüber mußte im Ring verhandelt werden, was eine vorübergehende Entblößung der Wagenburg auf dem Schlachtberg zur Folge hatte.

Die letzte Predigt Müntzers ist uns fragmentarisch überliefert. Der Bericht erwähnt außer dem Regenbogenfähnlein der Bauern einen »Regenbogen am Himmel um die Sonne«, der während der Predigt gesehen wurde. Freilich war es kein Regenbogen, sondern ein Sonnenhalo, der auch von Würzburg aus wahrgenommen wurde, dessen farbige Ringe leicht mit einem Regenbogen verwechselt werden konnten.

Da eine Waffenruhe vereinbart war, fühlten sich die Bauern während der Verhandlung und der Predigt sicher. Aber die Fürsten brachen ihre Zusage und nutzten die Situation für einen Überfall. Mit überlegenen militärischen Mitteln rieben sie am 15. Mai das bäuerliche Heer auf und vernichteten es völlig.

Rund 6000 Bauern wurden erschlagen. Thomas Müntzer

geriet in Gefangenschaft und auf die Folter. Das Verhör, dem er unterzogen wurde, ging sofort mit dem Abschiedsbrief vom 17. Mai an die Mühlhäuser in Druck. Die Flugschrift mit dem Titel »Bekentnus Ein Thomas Muntzers« beweist, daß Müntzer bis zuletzt ungebrochen blieb. Am 27. Mai 1525 wurde er nahe Mühlhausen mit dem Schwert hingerichtet und sein Kopf aufgespießt.

In seinem Wollen und Streben verbanden sich der Kampf um reale Bedürfnisse und Ziele notwendigerweise mit utopischen Zukunftshoffnungen. Der Sturz der Fürsten und die Errichtung der Macht des Volkes mußten damals unerreichbar bleiben. Weder mit den Denkmitteln noch mit den realen Klassenkräften der Bauernkriegszeit waren so gewaltige Aufgaben lösbar. Aber Müntzers Größe offenbart sich uns in der Konsequenz, daß er sich zur Durchführung seiner Lehren mit den Volksmassen des Bauernkrieges verbündete, daß er von ihnen lernte, mit ihnen kämpfte und schließlich starb.

Als früher Repräsentant echten revolutionären Denkens und Handelns wurde er zum Propheten einer noch ungeborenen Klasse. Und als revolutionärer Führer der Volksmassen im Bauernkrieg deutete er in genialer Weise den Kampf der Arbeiterklasse um eine gerechte Gesellschaftsordnung an, ahnte er die künftige klassenlose Gesellschaft voraus.

JÖRG RATGEB

Zweiundzwanzig Tage im Leben des Jörg Ratgeb genügten, um seine Spur für mehr als 350 Jahre zu verwischen. So gründlich war die Rache der Fürsten, des Adels, der Kirche, selbst ihrer bürgerlichen Helfer, wider die Bauern und ihren Maler. Dabei war es sicherlich einfacher, die ohnehin verachteten Bauern aufzuknüpfen, aufs Rad zu flechten und – wie auch immer – zu töten, als einen namhaften Künstler vergessen zu machen: einen Mann, der in knapp zwei Jahrzehnten ein Werk vollbrachte, das ihn neben Meister Grünewald stellt – so die monumentalen Fresken im Frankfurter Karmelitenkloster und der Hochaltar der Stiftskirche zu Herrenberg.

Sein Vergehen war die Konsequenz revolutionärer Haltung, ablesbar schon aus seinen Bildern. Zuletzt tauschte er Farbe und Pinsel gegen Siegel und Schwert, wurde Bauernkanzler und Kriegsrat. Doch wie ihn die Woge der Volksempörung hob, riß ihn der Strudel der Niederlage in den Abgrund. Als Rädelsführer angeklagt, wurde er des

Landes- und Hochverrats bezichtigt. Das Urteil – der Tod. Lebend zwischen vier Pferden gefesselt, wurde »Jörgen Schürtz, genannt Rathgeb, Malers zu Stuttgarten«, im Jahre 1526 bestialisch »auf vier Wegstraßen« zerrissen.

Sein Name aber wurde fortan weder in Bürgerhäusern noch in Klöstern erwähnt. Schon die Enkel des Frankfurter Patriziers Claus Stahlheim wußten nichts mehr über den Maler des großartigen Wandbildes in ihrer Familiengruft. Auch die Rechnungsbücher des Karmelitenklosters, die für die Zeit von 1514 bis 1517 einen Vertrag mit Ratgeb und sein Honorar genau ausweisen – für die Ausmalung des Kreuzganges erhielt er 200 Gulden und 30 Achtel Weizen – blieben geschlossen, die Angaben über die Wandgemälde wurden gefälscht.

Aber der Meister ließ ein Zeichen zurück, seine Signatur. Vollständig auf dem Barbara-Altar: I. M. R., das ist: Jörg Meister Ratgeb 1510 – und unübersehbar sein »R« auf den nachfolgenden Werken. Niemand vermochte die Initialen aufzulösen. Nach etwa 175 Jahren wurden für seine Werke zwei fremde Namen genannt: von Schwed und Georg Schlot, und nach weiteren 150 Jahren tauchte ein dritter auf. So also wurde das Werk des Gevierteilten dreigeteilt! – perfekter ist ein politischer Mord selten ausgeführt worden. Aber: Wer siegte hier? Bezeugt sein verstümmelter Name nicht Anteilnahme und eine unverminderte Wirkung seines Werks?

Freilich endete Ratgebs Passionsgeschichte auch 1882 keinesfalls, als der Maler Otto Donner von Richter in Frankfurt am Main den Künstler endlich erlöste, will sagen – Schöpfer und Werk identifizierte. Denn als Ratgebs zweites Hauptwerk, der Herrenberger Hochalter, bekannt wurde, eiferte der Stiftungsrat und Bürgerausschuß dieser Stadt gegen die revolutionäre Sprengkraft der Altarbilder. Im Protokoll vom 25. Juli 1890 ist nachzulesen, daß der Maler zwar Talent gehabt habe, doch seine Phantasie ohne Zucht und die Darstellung des Abendmahls »abstoßend häßlich, ja unwürdig« sei: Christus, unedel gezeichnet, sitze steif. Links neben ihm schneuze sich ein Jünger mit dem Finger die Nase, rechts liege der gelbe Judas unflätig über dem Tisch, den Bissen zu empfangen; die übrigen Jünger aber seien abschreckende Gestalten von gemeiner Auffassung. Weil das unschöne Bild gegen die christliche Pietät verstoße, wurde der Altar für 5000,– Mark an die Staatssammlung vaterländischer Altertümer in Stuttgart verkauft. So suspekt erschien noch in Herrschaftszeiten des Kapitals, das selbst so pietätvoll nicht ist, ein Meister, der die Jünger Jesu als Bauern gemalt hatte – und dessen Werk besser im Museum als in der Kirche verwahrt blieb. Auch den bürgerlichen Experten für Kunstgeschichte fielen angesichts der Bilder nur verlegene Phrasen ein: sie nennen den Maler einen »feurigen Alemannen«, der »am Mittelrhein und in Württemberg spukt«.

Wer aber ist Jörg Ratgeb? Mühevolle Nachforschungen über den Maler und Revolutionär ergeben wenige – oder doch genug – Stationen.

Ratgeb wird etwa 1480 in Schwäbisch-Gmünd geboren. Hier hatten schon seine Vorfahren Haus- und Landbesitz, waren angesehen und gehörten zum Rat. Jörg geht in eine der spätgotischen Werkstätten, wird Maler und später Meister. Und als er 1508 in Stuttgart lebt, hat er sich bereits zum ersten Male entschieden. Er, der freie Meister und Vollbürger, hat ein Bauernmädchen, eine Leibeigene des Herzogs Ulrich von Württemberg, geheiratet und damit soziale Zurücksetzung für sich selbst, erbliche Leibeigenschaft für seine und seiner Frau Kinder gewagt. Vergeblich sind seine Mühen, um Frau und Kinder loszukaufen.

Dann folgen drei Jahre in Heilbronn, wo Ratgeb für das nahegelegene Schwaigern den Altar der Barbarakapelle malt. Herzog Ulrich, unzugänglich, hat der Familie nur begrenzten Urlaub bewilligt. Der Heilbronner Rat verweigert das Bürgerrecht, macht den Meister zum Hintersassen. 1512 muß Ratgeb, gegen seinen Willen, die Stadt verlassen. Er hat weder das volle Honorar für den fertigen Altar bekommen, noch einen neuen Auftrag. Aber er hinterläßt ein bewunderungswürdiges Werk.

Auf dem mittleren Tafelbild – das Martyrium der Heiligen Barbara. Von ihr berichtet eine Legende aus Kleinasien. Sie muß, bevor sie von ihrem Vater ihres christlichen Glaubens wegen umgebracht wird, entsetzliche Qualen erdulden. Doch den furchtbaren Vater trifft Gottes Zorn, er wird durch den Blitz erschlagen. Ratgeb malt diese alte Geschichte unpathetisch. In Kenntnis der Leiden derer, die es wagen, sich gegen Frondienste, ungerechte Steuern und Lasten zu wehren, wird aus dem Mythos der Heiligen ein Gleichnis. Denn wie jene wird Barbara von fürstlichen Richtern und Schergen geschunden, an den Haaren geschleift, gepeitscht, barfüßig über Schwertklingen getrieben, mit Eisenhaken die Brust abgerissen – bis endlich der Vater die Tochter enthauptet. Aber diesmal straft kein Blitzstrahl den Mörder. Dieses Bild ist ein Zeitdokument. Es klagt wider das Unrecht, das ein Mensch durch Menschen ertragen muß.

Für die Außenseiten der Flügel, die den Altar verschließen, wählt der Maler ein seltenes Motiv: den Abschied der zwölf Apostel. Eigentlich Vorgeschichte der Barbaraszenen, kann dieses Geschehen auch als Folgeerscheinung verstanden werden. Denn die Apostel gleichen bäuerlichen Sekten- und Laienpredigern, die jetzt in die Lande hinausziehen, um die Gleichheit aller Menschen vor Gott zu fordern und zu verkünden. Sie wissen nichts – sagen wir heute – von der ursprünglichen Akkumulation des Kapitals, der daraus resultierenden Zuspitzung des Widerspruchs zwischen mittelalterlicher Feudalordnung und neuzeitlichem Kapitalismus. Aber sie reagieren feinfühlig und auf ihre Weise auf die Wandlungen, Konflikte und Krisen der Ständegesellschaft und sind entschlossen, Gottes Botschaft gegen die soziale Scheidung der Christenheit in Mächtige und Bedrückte, Reiche und Arme zu verbreiten: Das Strafgericht, das den Antichrist niederwerfe, Unrecht beseitige, sei nicht mehr fern. Christus erscheine wiederum auf Erden und begründe ein Tausendjähriges Reich der Gerechtigkeit, des wahren Glaubens, der irdischen Glückseligkeit. Ein Reich, das die Auferstehung der Toten und den Tag des Jüngsten Gerichts vorbereite.

Daß Ratgeb diese Meinung teilt, beweist er immer wieder von neuem. Von Heilbronn ist er ins Neckartal, nach Hirschhorn gewandert. Dort ist ihm bei der Bemalung des Refektoriums im Karmelitenstift der Sprung in eine neuartige Technik gelungen. Er, der bisher in spätgotischer Manier auf Leinwand und Holz malte, schafft den Durchbruch zur großflächigen Wandmalerei, für die es bisher in deutschen Ländern keine Tradition gibt. Der Subprior des Stifts empfiehlt ihn 1514 ins Frankfurter Ordenshaus. Dort entwirft er mit großem Atem, auf 110 Metern des Kreuzganges, die Heilsgeschichte von der Weltschöpfung bis zum Weltgericht. Er mischt gotische Formen mit Renaissancegestalten ohne Übergang, malt in geheiligten Klostergängen – die Zeichen der christlichen Sektierer: Gott als Sonnenfeuer, Christ und Antichrist, malt den »zweiten« und letzten Adam, der dem ersten, Urheber der Sünde und des Todes, als der Urheber des Lebens mit den Zügen des Christus entgegensteht. Und im Refektorium, inmitten der bildlichen Historie des Karmelitenordens – ihren Schutzpatron Elias. Ratgeb malt den Elias der Sage und der Weissagung des Johannes: jenen Propheten, der revolutionären Widerstand nicht scheut und gegen den Kult des Baal, für die Alleinverehrung des alten Volksgottes und die Wiederherstellung der alten sozialen Rechte ficht. Dieser Elias wird zurückerwartet und gilt – auch für Thomas Müntzer – als Symbol der erhofften Ankunft Christi und des Gerichts über jene, die jetzt so willkürlich über das arbeitende Volk herrschen.

1517 sind die Fresken beendet, und schon im Sommer des folgenden Jahres beginnt Ratgeb mit seiner nächsten, bedeutendsten Arbeit: dem Hochalter in Herrenberg. Hier wird er sich vollenden. Dieser Altar ist sein politisches Bekenntnis. Diesmal wird seine Arbeit nicht nur wenigen Mönchen sichtbar sein, sondern der ganzen christlichen Gemeinde.

Auf den Außenflügeln des verschließbaren Altars – wieder die Apostel. Sie gehen unter dem Regenbogen. Das ist das Zeichen des neuen Bundes. Gott wird ihn nach der Vernichtung der Ungerechten mit seiner Gemeinde schließen. Der Regenbogen wird auch auf der Fahne Thomas Müntzers sein.

Auf den inneren Tafeln – die Passion Christi. Diese Bilder sind Agitation. Da gibt es keine sanften, abgedeckten Farben. Jede Zeit hat die ihren. Die der Volksreformation sind für Ratgeb schwefelgelb, orange, zinnober, lichtblau, hellgrün, flaschengrün, blankes Weiß.

Grell, plakativ – seine soziale Kritik. Da ist eine messingbeschlagene Marmorsäule: violettes Rosa, dumpfes Grün. Hauptsäule einer zweistöckigen Galerie im bleigrauen Halbkreis. Diese pompöse Galerie, bestückt mit blauroten und schwarzglänzenden bauchigen Trägern, offen gegen den Himmel, darunter die hohe Freitreppe, könnten Palastteil eines weltlichen oder geistlichen Fürsten sein. Das ist die Kulisse.

Die Hauptszene zeigt Christus mit eisernem Halsband an die Prachtsäule gekettet. Das ist ein anderer Jesus von Nazareth, den Ratgeb malt. Nicht der oft Dargestellte, der gleichsam in sich selbst leidet, still ist, Würde hat. Sein Christus hat das Gesicht eines der selbstlosen, verfolgten, unermüdlichen Sektenprediger, die den Tod trotzig und ohne Widerruf ihres Glaubens erdulden. Er wird geschunden, gegeißelt, bespien von drei Landsknechten. In safrangelb der eine. Das ist die Farbe, die das Böse bedeutet. Froschgrün das Wams des anderen, ledergehelmt der dritte. Ein wenig vorgeschoben – rechts neben der Säule – die Szene der Dornenkrönung. Christus ist erschöpft. Sie haben ihm einen roten Mantel umgelegt, reichen ihm einen Rohrstock – das Zepter. Der Dornenkranz zerfetzt seine Stirn. Der Behelmte hebt die Feldflasche zum Schlag. Seine Bewegung wird nach oben aufgenommen und führt zu den fanatisch-schreienden, dickbäuchigen Schriftgelehrten. Oder sind es Mönche, die dort unter dem habsburgischen Doppeladler stehen und auf den nackten Christus zeigen, der auf der Treppenempore neben dem aufgeputzten Pilatus steht? Was geht hier vor? Dieser üppige Pontius Pilatus mit Adelshut, Hermelinkragen und goldenem Zepter gleicht mehr einem Duodezfürsten als einem römischen Landpfleger. Da ist kein Zweifel möglich. Auf der obersten Galerie ein zweifacher Pilatus mit Christus im Verhör und Pilatus mit dem ritterlichen Attribut, dem Falken. Befriedigt vom Sieg über diesen Ketzer lehnt er über brokatgrünem Teppich. So ist er für die Herrenberger Gemeinde erkennbar: als der neueingesetzte Statthalter der Habsburger.

Diese Fremden sind den Württembergern nach der Ächtung und Vertreibung ihres machthungrigen Herzogs durch das Reich aufgezwungen. Schwer ist die Last und unerbittlich die katholische Regierung. Sie hat wenig Verbündete. Ratgeb malt also auch die zeitgenössische Geschichte seines Landes. Er ist – trotz persönlicher Enttäuschung – Anhänger des Herzogs Ulrich. Denn wie die römischen Fremdherrscher in Judäa, so sind jetzt die Habsburger in Württemberg. Die christliche Passionsgeschichte kann aktueller nicht dargestellt werden. Ein politischer Maler – ein gegenwartsbezogenes Thema.

Auf der Rückseite des Altars, die so ganz anders ist: verhalten, bräunlich-gelb, gibt es neben dem wiederverwendeten Motiv der abschiednehmenden Apostel ein Bild: die Verlobung Marias. In spätgotischer Geste – Maria, Joseph, Tempelfrauen und der Hohepriester als Zeuge ihres Bundes. Theatralisch-bizarre Gestalten einer unwirklichen Oberschicht vor einer schwerfälligen Architektur. Realistisch und lebendig sind nur drei Gestalten. Unübersehbar der Stifter – in schlichter Mönchstracht eines Zeitgenossen. Neben ihm, unmittelbar hinter Maria – das Porträt einer Bürgerin: die

Frau des Malers. Am linken äußeren Rand – Ratgeb. Selbstbewußt. Gespannt. Er hört, was ihn ganz in Anspruch nimmt. Er steht, als erwarte er von außen, daß diese, seine sanfte, schlichte Frau, die Leibeigene, in die Gemeinde der Stadt aufgenommen werde.

Für Ratgeb schließt sich der Kreis. Er ist nach elf Jahren wieder Bürger von Stuttgart geworden. Doch – wie vieles ist geschehen, wie vieles geschieht!

Herzog Ulrich, an dessen Rechte der Maler zu glauben scheint, hat nach vergeblichen Versuchen, sein Land wiederzugewinnen, es erneut verloren und ist geflohen. An seiner Statt regiert Erzherzog Ferdinand, der Bruder Karls V. Herzog Ulrich aber versucht die Unruhe der württembergischen Bauern, die in den österreichischen Fremdherrschern eine Zielscheibe ihres antifeudalen Grolls finden, für seine Interessen zu nutzen.

Außerdem – sind da Nachrichten von der neuen Lehre Martin Luthers aus Wittenberg. Bestätigt die Idee der Reformation nicht auch die Rechtlichkeit der bäuerlichen Forderungen von 1514, der Verschwörung des »Armen Konrad«, den gerade Herzog Ulrich durch seine belastende Steuerpolitik verursachte und niederwarf? Was brutal vernichtet, so gänzlich ausgelöscht schien, erweist sich durch volkstümliche Auslegung der Reformation als unvergessen.

In der allgemeinen Erregung verdichten sich Gerüchte, die Kundschafter schüren, daß Herzog Ulrich für die »gut Sach« sei. Da sind Steine vom Himmel gefallen – mit seinem Namen! Auch sein Wappen ist gesehen worden: die Hirschstangen – ins Eis gefroren! Und alle, die es hören wollen, glauben zu wissen, daß der Herzog sagt, er werde den Bauern helfen und für sie mit Geld und Waffen streiten, er, der »Bauer Utz«. Wer aber kann ihm trauen, dem Herzog? Doch lieber er – als die verhaßten Habsburger und der Adel des Schwäbischen Bundes, der Württemberg an die »Ausländer« verschachert hat!

Als erste sind die Bauern bereit, für den Herzog und für

ihre Sache zu streiten. Es ist April 1525. In Scharen sammeln sie sich zu Haufen.

So verknüpft sich in Württemberg der Bauernkrieg teilweise mit der Fehde des Herzogs, der mit Hilfe der Bauern seinen verlorenen Besitz zurückgewinnen will. Das sind völlig verschiedene, sogar gegensätzliche Interessen: feudale Machtkämpfe zwischen Herzog, Schwäbischem Bund und Habsburgern zeigen den zeitweiligen und fraktionellen Konflikt innerhalb der herrschenden Klasse, antifeudale Aufstände der Bauern und Plebejer offenbaren den unversöhnlichen und grundsätzlichen Antagonismus zwischen Adel und Volksklassen. Das ist das Spannungsfeld, in dem Jörg Ratgeb handelt und endet.

Er hat in Stuttgart miterlebt, wie der Herzog am 10. März 1525 in die Vorstadt eindrang – und geschlagen wurde. Aber für die Bauern ist die Zeit gut. Die Reichstruppen kämpfen in Italien. Das mindert die Schlagkraft des Schwäbischen Bundes unter Jörg Truchseß von Waldburg. Er muß mit den aufständischen Bauern verhandeln. Am Ostersonntag – so erfährt es auch Ratgeb – fällt Weinsberg durch den »Hellen Haufen« der Bauernrevolutionäre, und als in Stuttgart bekannt wird, daß Graf von Helfenstein und andere Adlige in die Bauernspieße gejagt wurden, fliehen die beiden Bürgermeister entsetzt. In der Stadt herrschen Unruhe, Streit, Parteiungen: für und gegen die Bauern und – wen soll man erwählen: Herzog Ulrich oder doch die Habsburger?

Entscheidend bleiben die Stimmen der Ehrbarkeit. Das sind die bevorrechteten Aristokraten und die reichen Bürger der Stadt. Sie zeigen sich nachgiebig gegen alle. Es wird ein neuer Rat gewählt und ein Aktionsausschuß von sieben Mitgliedern gebildet. Seine Order ist eindeutig: Mit den Bauern verhandeln, aber zögern und hinhalten, bis Hilfe von den Nachbarstädten kommt und sich die Stadt gegen die Bauern erklärt.

Einer, der da am 21. April 1525 als Ausschußmitglied ins Bauernlager nach Bietigheim reitet, ist Jörg Ratgeb. Er weiß, daß er sich entscheiden muß. Durch Rat und Gericht als Delegierter berufen, soll er Instruktionen ausführen, die gegen die Bauern, auch gegen den Herzog gerichtet sind. Die Stuttgarter Obrigkeit will gegen die österreichischen Fremdherrscher und die Kollaborateure des württembergischen Adels nichts wagen. Aber ist nicht der Herzog im Recht – und gar die Bauern mit ihrer Forderung nach göttlicher Gerechtigkeit? Wie anders könnten alle Christenmenschen denn frei werden? Der Bauer – Ratgebs Familie selbst: sein Weib, seine Kinder? Die Bauern müssen siegen! Und haben sie die Kraft der guten Sache nicht schon bewiesen? Haben sich nicht sogar viele Adlige der bäuerlichen Brüderschaft verschworen?

Aber erst zwei Tage später, erneut auf dem Weg ins Bauernlager, diesmal nach Sachsenstein, ist Ratgeb ganz sicher. Er wird den Magistratsbeschluß nicht dulden. Er wird den Bauern sagen, daß Verrat geplant ist. Nun gibt es kein Zurück. Der herzogtreue Maler hat sich der Bauernsache verschrieben.

Dank seiner Information werden die Stuttgarter gezwungen, ein bewaffnetes Kontingent »wie sonst für Fürsten« aufzustellen. Die Zeit drängt. Der Truchseß ist mit 12000 Mann bereit, gegen Württemberg zu ziehen. Vier Tage später sind die geforderten 300 Stuttgarter aufgeboten. Unter ihnen ist Ratgeb, einer der sechs Kriegsräte und zum Bauernkanzler gewählt.

Das Kanzleramt nimmt ihn ganz in Anspruch: das Land muß verwaltet werden. Er wird das Unrecht beseitigen helfen und auch die Güter des Klerus zu öffentlichen Leistungen heranziehen. Ratgeb kontrolliert alle Befehle, auch jene, die vom Bauernheer kommen. So ist er bald im Bauernlager, bald in Stuttgart. Er hört, daß der Truchseß in Eilmärschen nach Württemberg vorstößt. Die obersten Heerführer der Bauern, Feuerbacher und Wunderer, übergeben dem Kanzler Ratgeb am 4. Mai einen dringlichen Befehl. Er ist an alle Adligen gerichtet, die die »Zwölf Artikel« unterschrieben und sich zur Bundeshilfe verpflichtet haben: Sie sollen sich unverzüglich im Degerloch, unweit von Stuttgart, einfinden. Ratgeb bringt den Aufruf zur Vervielfältigung in die Stuttgarter Stadtschreiberei. Sicher, nach herrschendem Reichsrecht ist diese Generalmobilmachung staatsgefährlich. Aber für Ratgeb gibt es schon lange kein Zaudern mehr. Er treibt den widerstrebenden Stadtschreiber Johann Elias Meichner und seine drei Gehilfen zur Eile. Siegelt. Er hat das Seinige getan.

Am 9. Mai siegt das Bauernheer, nimmt Herrenberg. Der Truchseß muß verhandeln. Doch noch während des ausgemachten Waffenstillstandes überfällt er das Bauernheer, den »hellen christlichen Haufen«, am 12. Mai, und er zwingt ihm die Entscheidung auf. Erbittert verteidigen sich die Bauern bei Böblingen und Sindelfingen. Und – wie so oft – fallen die Bauern durch Verrat. Was nun folgt ist Panik, Unordnung, Flucht. Die bündischen Reiter spießen und morden die Bauern rücksichtslos.

Auch Ratgeb flieht. Er wird in Pforzheim gefangen, eingekerkert und zuletzt gerichtet. Er ist der einzige. Er allein soll die Bauern aufgewiegelt, soll Reichsrecht gebrochen und sogar das Rundschreiben an den Adel verfaßt haben. Weder Matern Feuerbacher, Ratsherr aus Bottwar und oberster Feldherr des württembergischen Bauernhaufens, noch Theis Gerber, Hauptmann des Stuttgarter Fähnleins, oder die anderen fünf Kriegsräte werden verurteilt. Sie alle können sich rühmen, die Bauern verraten, heimliche Verbindung zur Ehrbarkeit Stuttgarts und zum Adel gehabt zu haben.

Es gab nur einen Gerechten unter ihnen. Und der hieß: »Jörgen Schürtz, genannt Rathgeb, Malers zu Stuttgarten«, den Pferde »auf vier Wegstraßen« zerrissen.

FLORIAN GEYER

Auf dem Grühbühel zwischen Waldenburg und Neuenstein traten am 10. April 1525 die Grafen Hohenlohe vor die Hauptleute des Odenwälder Hellen Haufens und taten, was sie vor kurzem erst verschmäht hatten: Sie leisteten das Handgelübde auf die bäurischen Zwölf Artikel. Ihr Standesgenosse Georg von Wertheim schickte zur selben Zeit seine Briefe ins Lager der Taubertalbauern, die mainwärts nach Ochsenfurt zogen und den Mann um seinen gräflichen Besitz bangen ließen. Die Antwort der Bauern war eindeutig: Sie forderten den Eintritt des Grafen ins Bündnis, den Zuzug von Mannschaft und Geschütz. Mit Sorge um Leib und Habe willigte Wertheim in den Vertrag ein und ließ sich »bäurischer Bruder« nennen.

Im Wirtshaus von Gundelsheim warteten die gewählten Oberen der Odenwälder auf einen anderen Ritter: Götz von Berlichingen, der gottfürchtige Heckenschinder und Kaufmannsschreck, kam so reisig und derb, wie sie nur wünschten. Doch tagelang mußten sie in ihn dringen, daß er ihr Hauptmann werde – Tage, an denen er sich laut späteren Angaben – im »bösesten Turm« zu liegen wünschte. Schließlich aber nahm er den Vorschlag an.

Wilhelm von Grumbach, gleichfalls ins Verbündnis getreten, konnte einem anderen das bäurische Kreuz auf seinem Ärmel nur durch die barsche Gegenfrage erklären: Sollte er vielleicht die Schmalzgruben der Pfaffen verteidigen?

Beliebig ließe sich die Liste der Adligen verlängern, die im April oder Mai, bevor die schweren Niederlagen von Böblingen und Frankenhausen das Blatt wendeten, der Bauernsache und der Volksreformation mit Schwur und Vertrag »brüderlich« beitraten. Aber ihnen allen war dies gemeinsam: Sie schworen zu, weil sie nicht anders konnten, weil der »Ufruhr überwälzig«, das »Reisen, Werben und Inhaufenziehen unter dem gemeinen Mann zu übermächtig« geworden war. Und sie taten es, weil sie glaubten, in der allgemeinen Unruhe für eigene Ziele arbeiten zu können. Während sie mit Mund und Hand treuen Beistand gelobten, dachten sie schon an Verrat.

Die Bauern waren mißtrauisch. Sie zwangen die Hohenloher Grafen, beim Schwur die Eisenhandschuhe abzuziehen: »Nimmt man einen von Adel darein, verschleift man Wolfshaar unter die Schafswollen«. Aber die Bauern waren nicht mißtrauisch genug.

Nur ein einziges Mal hatten sie keinen Grund dazu: im Falle des fränkischen Ritters Florian Geyer. Der ungewöhnliche Mann wurde Gegenstand der Legende.

Wilhelm Zimmermann, der erste große Geschichtsschreiber des Bauernkrieges, stellt Geyer auf ein hohes Monument, nennt ihn den »schönsten Helden dieses Kampfes« – läßt ihn Festungen stürmen, die dieser nie gesehen hat.

Der Dichter Gerhart Hauptmann steckt ihn in eine schwarze Rüstung, mit schwarzen Straußenfedern auf dem Helm, er läßt ihn als Dramenheld und Gegenspieler zu Goethes »Götz« tragisch und im Zerwürfnis mit triebhaft-anarchistischen Bauern enden, die seiner nicht würdig scheinen.

Der preußisch-deutsche Historiker Max Lenz hingegen sperrt den Ritter ins papierne Verlies seiner Geschichtsblätter: Er nennt das »freie, unverfälschte Evangelium«, das auch Geyer auf den Lippen hatte, eine Phrase – tauglich genug, um den Pfaffen ihre Güter abzujagen.

Erst später wird die Gestalt des Mannes klarer umrissen. 1901 kommen die Briefe Wertheims ans Licht und beweisen, daß Geyer beim Sturm auf Weinsberg nicht dabei war. 1929 erfährt man, daß Geyer von 1519 bis 1524 im Dienst des Hochmeisters des Deutschen Ordens und nachmaligen Preußenherzogs Albrecht gestanden hat. 1934 findet man sichere Belege für Geyers Englandreise von 1512 und 1513. 1948 gelingen Aktenfunde, die für 1517 ein Exkommunikationsverfahren gegen Geyer belegen.

Doch sind dies alles nur mittelbare Zeugnisse, Aussagen anderer über den Mann. Von seiner eigenen Hand ist nichts überliefert, kein Urteil, keine Zeile. Der »schwarze Ritter«, der nach Wochen geschichtlichen Wirkens durch die Mordhände von Ritterknechten fiel: Welchen Weg nahm er zwischen den Standesbarrieren der niedergehenden Ritterschaft? Gelang ihm der Sprung ins soziale Lager der Bauern, der Gegenklasse des gesamten Adels?

Zieht man von Sickingen die hohe politische Intention und die Berührung mit humanistischen Ideen ab, dann bleibt nichts übrig als die Gestalt des – Berlichingen. Ähnlich hat sich Karl Marx geäußert. Die Rückführung des überragenden Vorreiters der Ritterschaft auf die wegelagernde Dutzendgestalt veranschaulicht so recht die ausweglose Situation des niederen Adels. Sickingen und Berlichingen löckten, jeder auf seine, aber doch ähnliche Weise, wider den Stachel der Landesherrschaften. Fehde ansagen, hinter dem Busch liegen und Kaufleute niederwerfen, konnte die materielle Lage auf Monate verbessern, aber nicht den Strauchrittern von ihren Buschkleppern herunter aufs »Schwungrad der Geschichte« helfen, das allzumal die »großen Hansen« ritten: die Fürsten, die fetten geistlichen Oberhirten und die pelzbehangenen Pfeffersäcke der städtischen Aristokratie. In Franken waren die Nester der »ruppigen Zaunkönige« besonders dicht gesät. Berlichingen, der sich zuweilen der Rechtssachen armer, bedrängter Leute annahm, war der übelste nicht, gemessen an Thomas von Absberg und Mangold von Eberstein – Schreckensnamen im ganzen Land. Doch gab es da noch die andere ritterliche Fraktion: die nach Würzburg, Bamberg, Ansbach zu Hofe ging, um als Räte, Amtsmänner, Hauptleute in landesfürstlichen Dienst zu treten oder auch nur als »gespornte Hähnlein« dem lieben Gott die Zeit und ihrem Herrn den Wein zu stehlen.

Wir sehen den Ritter Florian Geyer seit Anbeginn kaum auf seiten der Wegelagerer, sondern unter jenen, die den aufstrebenden Fürsten ihre Intelligenz und Waffentüchtigkeit veräußerten. Dabei hatte auch er seinen Grund, ein Feind der Papstkirche zu sein.

Die Mönche des Würzburger Klosters Neumünster hatten ihn im August 1517 vor dem Landgericht verklagt, weil er angeblich Zins und Gült von einem 1160 verpfändeten Acker schulde. Geyer stellte sich, als ob ihn eine Gans anblies und fragte: Welches denn der strittige Acker sei? Da die Sache kein schriftliches Herkommen hatte, gewann Geyer den Prozeß. Nun gingen die Mönche vor ein geistliches Gericht, das den Ritter auch prompt exkommunizierte. Aber der Bannstrahl hatte die Kraft seiner vernichtenden Willkür schon verloren, und im Herbst selben Jahres schlug Luther seine Thesen gegen die weltlichen Geschäfte der römischen Kirche an.

Teilte Geyer den Haß gegen pfäffische Falschheit mit vielen seiner Standesgenossen, so hob ihn ein anderes über sie hinaus: Seine einjährige Englandreise, begonnen am 5. November 1512, verschaffte ihm Eindrücke, die sich von den heimatlichen Erfahrungen nur zu deutlich abhoben. Dort entstand ein Nationalstaat, beherrscht von einem starken Königtum. Sichere Straßen und verhältnismäßig geordnete

Rechtszustände ließen dem Unternehmergeist ungeahnte Möglichkeiten. Das Modell einer neuen Gesellschaft entfaltete sich, deren Schattenseiten Thomas Morus allerdings deutlicher sah als der erstaunte Besucher aus dem zerstrittenen und zerstückten »Heiligen Römischen Reich Deutscher Nation«. Aber Geyer gewann hier wohl ein Gegenbild für die Zustände daheim. Die Frage mußte dem wachen und weltoffenen Manne kommen: Welches konnten die Kräfte sein, etwas Ähnliches auch auf deutschem Boden zu verwirklichen?

Mit Sicherheit dürfen wir annehmen, daß Geyer seine Standesgenossen für unfähig hielt. Der Adelstag zu Schweinfurt im Januar 1523, wo Frankens Ritter schwadronierend die Humpen schwangen, sich aber gegen die drohende Strafexpedition des Schwäbischen Bundes nicht einigen konnten, endlich gar Sickingens Niederlage im selben Jahr gegen den Bischof von Trier und die anderen Fürsten, lehrten Geyer die Schwäche der reichsunmittelbaren Ritterschaft.

Schon vordem muß er dieser Einsicht zugeneigt haben, sonst hätte sein Lehnsherr Markgraf Kasimir von Ansbach nicht schon 1519 vermocht, ihn für den Dienst bei Hochmeister Albrecht im fernen Ordensland Preußen zu gewinnen – für Fürstendienst also. Sonst hätte sich Geyer auf dem Schweinfurter Tag wohl nicht ausgeschwiegen. Sonst wäre er – gleich danach – nicht in den Ritterorden nach Preußen zurückgekehrt, wo er 1524 in diplomatischen Sendungen bis zur Würde eines Hofmarschalls aufstieg.

Zur Osterzeit 1525 aber weilte Geyer, nun 36 Jahre alt, wieder in Franken. Die alte Ordnung schien aus den Fugen zu sein. Man sah Kometen mit drohendem Schweif, hörte düstere Prophezeiungen der Volksprädikanten auf Kirmes und Märkten. Es gab nächtliche Zusammenkünfte und heimliche Zurüstungen in den Dörfern. Die Bauern der Rothenburger Landwehr steckten ein Fähnlein auf, bemalt mit dreizinkiger Heugabel und Dreschflegel, Pflugschar und Bundschuh. Weiter im Norden, wo sich nahe des Klosters Bildhausen der größte fränkische Bauernhaufe sammelte, galten ein aufrechtes Kreuz und zwei Blumen als Zeichen. Auch die Henneberger Bauern wählten das Kruzifix, setzten es aber zwischen Vogel, Hirsch, Fisch und Wald – Symbole ihrer Rechtsansprüche, die sie gemein und frei zurückgewinnen wollten. Und in Thüringen, wo Müntzer die Bauern anfeuerte, spannte sich der Regenbogen auf dem Tuch.

Da war kaum ein Graf oder Fürst, Abt oder Bischof, der nicht den Tanz vor seiner Tür hatte, dem die Bauern nicht den Brotreigen sangen nach ihrem langen Hunger und Aufsetzen von Beschwerden. Zinsbücher verbrannten, Burgen und Klöster sanken bis auf die Grundmauern nieder. Am Ostersonntag wurde der gräfliche Gemahl einer Kaisertochter bei Weinsberg durch die Spieße gejagt, so daß der Adel sich entsetzte.

Nun waren es nicht mehr geschundene Bauern, sondern adlige Schinder, die sich fürchteten, flohen und unterkrochen. Die falschen Eide gingen ihnen dutzendweise von den Lippen, sooft die Bauern ihre Tore aufbrachen und den roten Hahn androhten. Nur ein einziges Mal trat einer unnötig in den Ring der Aufständischen. Florian Geyer, der gewesene Hofmarschall des Hochmeisters Albrecht. Er wollte keine verbriefte Abmachung und keine Zusicherung seines adligen Besitzes.

Wahrscheinlich schon in der ersten Hälfte des April, ganz gewiß aber seit dem 17. dieses Monats, an dem das früheste Zeugnis für Geyers Parteinahme datiert ist, gehörte der Ritter zu den aufständischen Bauern des Taubertals, und er saß in ihrem Rat. Das zu wissen und die Satzung dieses »radikalsten« der fränkischen Bauernheere anzusehen, überrascht uns aufs neue – doch erst nach einem Seitenblick auf das Programm der Odenwälder Bauern, deren Feldhauptmann etwa am 24. April Götz von Berlichingen geworden war. Dieses Programm von Kloster Amorbach knüpfte zwar an die Zwölf Artikel der schwäbischen Bauern an, die nur auf eine Abschaffung übertriebener Ausbeutung drängten, doch war es auf Betreiben Berlichingens, Wendelin Hiplers und des geschmeidigen Heilbronner Ratsherrn Hans Berlin durch eine »Erläuterung« noch verwässert worden: Jeder, der nur ins Bündnis willigte, sollte seinen Besitz mit allen Abgaben und Diensten behalten, bis eine künftige große »Reichsreformation« einen »allgemeinen Vergleich« festsetzte. Es war ein Musterbeispiel des frühen »Reformismus«, der aber Berlin, als er den entrüsteten Odenwäldern die Amorbacher Artikel erläutern wollte, beinahe um den Kopf brachte.

Nicht den mindesten Anflug davon trug hingegen die Satzung der Taubertalbauern. Sie spiegelte ganz das Interesse der Unterdrückten und gebot, alle Abgaben und Dienste bis zur »Reformation« auszusetzen. An die Adligen, die ins Verbündnis wollten, stellte sie harte Bedingungen: Sie mußten zustimmen, daß ihre Burgen oder festen Häuser gänzlich niedergelegt wurden – ein scharfes Schwert, das die echten von den falschen Gesinnungen teilte. Diese Artikel wurden am 27. April zu Ochsenfurt angenommen. Das erstaunlichste an ihnen ist die verbürgte Mitautorschaft Florian Geyers. Die zeitgenössischen Chronisten überliefern seinen mehrfach gesprochenen Satz, daß »jeder nur eine Tür haben solle«. Als die Bestimmung konsequent an ihm selbst angewendet und seine Stammburg Ingolstadt abgerissen wurde, soll er mit keiner Wimper gezuckt haben. Er tat seinen Dienst an der Bauernsache wie kein anderer Ritter.

Die Taubertalbauern entschieden sich sehr bald, die Haufen aus dem Odenwald und dem Neckartal erst nach inneren Auseinandersetzungen, zum Stoß gegen Würzburg, Frankens Zentrum.

Berlichingen hatte zwar anderes vorgeschlagen: Man solle dem »Feind den Bauch und nicht den Rücken weisen«, womit er den Truchseß meinte, der in Schwaben wütete. Das war der Ansatz eines strategisch richtigen Gedankens. Man mußte mit vereinter Kraft den Truchseß schlagen, noch ehe er über die schwäbischen Bauern allein zum Siege kam und die blutigen Hände frei für Franken hatte. Wenn es Götz nur so gemeint hätte! Aber schon durch seinen nächsten Vorschlag schienen wieder Erfahrung und Eigennutz des gelernten Raubritters zu blitzen: Man möge lieber die Reichsstädte Hall und Nürnberg brechen, das sei leichter und verspreche mehr Erfolg als die Belagerung der hohen, fast uneinnehmbaren Marienfeste über Würzburg.

Geyer soll am Anfang die Meinung Götzens geteilt, als aber die Entscheidung für Würzburg fiel, gemeint haben: Wenn schon Belagerung, dann richtig. Anders Götz, dem mit einem Schlag jeder Graben zu tief und jeder Morast zu breit dünkte. Es waren Geyers Tauberbauern, die mißtrauisch Alarm schlugen, sobald der gefährdete Bischof mit dem üblichen Verzögerungsmittel, der Einberufung eines Landtags, winkte. Am 9. Mai, der hohe Herr schlüpfte eben noch zum Tor hinaus, lag die Marienfeste eingeschlossen.

Doch es fehlte an mauerbrechendem Geschütz. Geyer wurde beauftragt, die freie Reichsstadt Rothenburg ins bäuerliche Bündnis zu bewegen und ihre Geschütze zum Beschießen heranzubringen. Am 12. Mai ritt Geyer davon. Er löste beide Aufgaben mit Geschick und traf am 18. Mai mit den Rothenburger Kanonen vor der Marienfeste ein. Da war das Unglück schon geschehen.

Am Abend des 15. Mai – am gleichen Tag erlitten die thüringischen Bauern bei Frankenhausen ihre blutige Niederlage – hatten die fränkischen Bauern ihre Sturmleitern an die Außenmauern der Marienfeste gelegt. Es war zur Unzeit. Da Graf Wertheim, der »bäurische Bruder«, seine Feldschlangen wohlweislich daheim gelassen hatte, fehlte fast jede Artillerievorbereitung. Es war tollkühn, die hohen Mauern nur mit leichtem Geschütz und Handwaffen anzugreifen. Aber die Ungeduld, zusätzlich aufgestachelt durch Würzburgs Bürger und Stadtarme, die mit dem Schloßherrn mancherlei Rechnung zu begleichen hatten, siegte im

Bauernrat über alle militärische Vernunft. Berlichingen, »Narr und Hauptmann« nach eigenen Worten, ließ das leicht hingehen; er stand beiseite, als habe er mit dem Handel nicht das mindeste zu tun.

Die 250 Mann starke Besatzung der Feste donnerte aus einer stattlichen Zahl von Geschützen einen demoralisierenden Feuerregen auf die Stadt hinunter, und von den Belagerern lagen nach dreimaligem Sturm etwa 400 tot oder sterbend im Schloßgraben. Vielleicht hätte der vierte Sturm das Ende der Bischöflichen gebracht, denen inzwischen die Munition ausging. Aber wer im Bauernlager wußte das? Und die Hauptleute wiegelten ab. Resignation besiegelte die Niederlage. Die Verteidiger fanden Zeit, den Rest der Nacht hindurch Kugeln zu gießen, und das Ersuchen der Bauern, wenigstens die Verwundeten aus dem Graben bergen zu dürfen, »christlich« abzuweisen.

So kam es, daß Geyer mit dem schweren Rothenburger Geschütz zu spät erschien. Er hörte, was geschehen war, fluchte und zürnte. Der Dichter Hauptmann legt ihm diese Worte in den Mund: »...den besten Handel, die edelste Sache, die heiligste Sache... eine Sache, die Gott einmal in eure Hand geben hat und vielleicht nimmer – in euren Händen ist sie gewest wie ein Kleinod im Saustall...« Der Vorwurf, den der Geyer Hauptmanns gegen prahlende, hurende Bauern schleudert, trifft in Wahrheit nicht sie, sondern die kriegstüchtigen Hauptleute von der Art Berlichingens.

Jetzt, nach den Niederlagen bei Böblingen und Frankenhausen, hatte die Bewegung ihren Scheitelpunkt überschritten. Am 19., das Rothenburger Geschütz bellte endlich gegen die Feste, wurde bekannt, daß der Truchseß von Waldburg, der »Alba des Bauernkrieges«, nach Franken vorrückte. Es trennte sich die Spreu vom Weizen, die Treue von der Untreue. »Itzt gilt nimmer Lachens und mit halbem Wind fahren«, soll Geyer gesagt haben. Diejenigen aber, die im Bauernheer mitzogen, weil sie den verachteten

»Gevatter Knollfink« vor den ritterlichen, feudaladligen Karren spannen wollten, sahen ihn hinstürzen, machten sich davon und zeigten ihr wahres Gesicht.

Auch nicht wenige Bauern gaben die Sache verloren, zogen heimwärts, um ihre Äcker zu bestellen. Wo sie einzeln oder in kleinen Gruppen gingen, geschah es, daß Ansbachische Reiter über sie herfielen. Eines der Mordfähnlein führte Wilhelm von Grumbach, nun wieder Ritter, nicht mehr »Bauernbruder«. Götz hielt es noch bis zum 28. Mai im bäuerlichen Lager. Dann verschwand auch er, unter dem Vorwand, mit dem Truchseß verhandeln zu wollen. Der »biedere Fuchs« überlistete sich selbst: Er ging für fünf Jahre in Haft, schrieb dann seelenruhig seine Memoiren, nach denen 250 Jahre später der national gesinnte und shakespearisch begeisterte Goethe ein Drama hinwarf, das Geschichte und Theaterregeln gleichermaßen genialisch überfuhr. Die von Götz Verlassenen fanden ein bitteres Ende. Am 2. Juni 1525 wiederholte sich bei Königshofen, Sulzdorf und Ingolstadt die Tragödie, die die schwäbischen und thüringischen Bauern schon ereilt hatte.

Ob Geyer, der auch jetzt von der »heiligen Sache« nicht ließ, bei Ingolstadt mitfocht, ist ungewiß. Aber auch er fand seine Mörder. In der Nacht des 9. Juni, als er einsam durch den Forst Gramschatz ritt, wurde er von zwei Knechten Grumbachs niedergemacht, nachdem dieser die Herberge verweigert hatte. Grumbach war Florian Geyers Schwager. Die fränkische Ritterschaft war endgültig auf den Hund gekommen.

Es gab nur eine Ausnahme: Florian Geyer, den Zimmermann den »schönsten Helden dieses Kampfes« genannt hat.

MICHAEL GAISMAIR

Der Mann: groß, schlank, fast mager, mit einem feinen kleinen Gesicht und einem dichten dunkelbraunen Bart. An die fünfunddreißig Jahre zählte er, als er den Herrschenden, die ihn bis dahin zu den Ihren rechneten, als Feind gegenübertrat. Die leicht gebeugte Gestalt, der leicht geneigte Kopf, ein nachdenklicher Blick verrieten, daß er Tage und Nächte über Büchern und amtlichen Schriftstücken zugebracht hatte.

Was mußte er, die rechte Hand eines Tiroler Landeshauptmanns und der Sekretär eines Bischofs, alles lesen – bis es ihn im Wohlergehen nicht mehr litt? »Langsam geht man auch weit«, so lautet die Marginalie von seiner Hand in einem Gerichtsprotokoll. »Warum kommen die Heringe mit der Haut auf unseren Tisch? – Damit der arme Mann doch auch eine Kreatur hat, der er die Haut abziehen kann.« Auch solche Rede könnte ihm gut von der Zunge gegangen sein. Er war wortgewandt und nicht nur belesen. Er sprach klar, und die Bauern folgten ihm, sobald er ihnen als »Junker Michel« im Kloster Neustift zuschwor.

Und dann noch um vieles weiterging...

Das Land: Seine Straßen, die unter wuchtigen, umwölkten Fels- und Firnmassiven den Norden mit dem Süden verbanden, waren nun nicht mehr sicher. »Die Edlen getrautten den Paurn nicht, die Paurn den pfaffen vnd hanntberchern nicht. Es war ganntz Kain ordnung«, schrieb bekümmert der Chronist Kirchmair.

Tirol – topographisch eine Vielheit von mehr oder minder abgeschlossenen Tälern, politisch eine Vielheit von heterogenen Obrigkeiten, Herrschaften, Gerichtsbarkeiten, die hier der Bischof von Brixen, dort die Herren von Kufstein oder irgendein Landadliger ausübten: mittelalterlich-kleinteilige Verhältnisse, die aber schon im Begriff standen, in die Einheit »moderner«, zentralisierter Staatlichkeit überführt zu werden. Ihr Kern war die Grafschaft Tirol, seit 1363 habsburgisch, seit Kaiser Maximilian I. mit den österreichischen Erblanden unter einem Herrscher vereint.

Das Bild spätmittelalterlicher oder frühneuzeitlicher Zustände herrschte auch hier am Rande des Reiches: Ein eifersüchtig über »altes Herkommen«, Sonderrechte und ständische Ämter wachender Adel, auf neue Einkünfte gierend, blutsaugerisch bei wachsender Geldnot, sich selbst nicht grün, zerstritten, fehde- und händelsüchtig; eine Pfründen genießende, heillos verweltlichte Geistlichkeit, in Finanzaktionen ebenso gut unterrichtet wie in der Kunst, die menschliche Seele knechtsfähig zu machen; ein Landesherr, der sich einen zentralisierten, damit höhere Einkünfte versprechenden Staat baute, mit Polizei- und Halsgerichtsordnung und mit Beamten, die fast so gut in die eigene wie in die Tasche ihres Gebieters wirtschafteten. Hinzu kamen einige »tirolische« Besonderheiten: ein florierender Bergbau mit Silber- und Kupfergruben, die nicht nur den Inhaber des Bergregals, den Landesherrn, reich machten, sondern auch den Bischof von Brixen und – freilich um einige hunderttausend Gulden weniger – manchen Bauern, der seiner Bergäcker nicht froh, ins unterirdische Gewerk einstieg. So auch einen Jakob Gaismair aus dem Städtchen Sterzing, der mit unternehmerischem Geschick zu Wohlstand und Reputation gelangt war, das Amt eines kaiserlichen Wegemeisters ausübte und seinen Sohn Michael auf die Klosterschule zu Brixen schickte, damit dieser die Beamtenlaufbahn einschlage.

Die meisten Bauern litten an blanker Armut. Andere aber – vor allem nördlich des Brenner-Passes – lebten in Wohlhabenheit. Sie waren die Träger jener »Fürstenlegende«, die bald unselig wirken sollte.

Selbst in einem so klaren Kopf wie dem Sohn des besagten Wegemeisters, der inzwischen zum Sekretär des Bischofs Melchior von Brixen aufwuchs und tiefe Einblicke in die Konten der Macht tat. Sein Dienstherr zählte zu den engsten Geschäftsfreunden der Fugger, der Augsburger Handelsdynastie, der er einmal sogar einen Kredit von sage und schreibe 100000 Gulden vorstreckte. Da sah Gaismair nicht nur, daß Geld alles vermochte – Privilegien, Ämter, Titel, Kardinalshüte beschaffte. Er sah auch, woher das Geld kam. Und er begriff, warum die Straßen unsicher waren.

Vergeblich hatten die Armen gegen neue unberechtigte Abgaben, Geldleistungen, Gülten, Zölle, Mauten und ähnliche Gebühren geklagt, vergeblich die Verletzer des Gemeineigentums und der Freizügigkeit von Wald, Weide, Wasser und Jagd beschworen, vergeblich einen Ersatz für Jagd- und Wildschaden begehrt, vergeblich die Verringerung zahlloser Kirchenabgaben auf dem »Rechtswege« verlangt, vergeblich irgendeinen der Pfleger, Richter, Vögte um Abhilfe oder Mäßigung angebettelt. Da blieb nichts, als der Obrigkeit ohne Anfrage zu nehmen, was sie selbst mit fadenscheinigem Recht an sich gebracht.

Rebellische Absager, meist bäuerlicher Herkunft, wagten das ritterliche Recht der Fehde für sich zu üben. Sie gingen in die Wälder, wegelagerten, mit scharfem Messer für die Kaufmannsgeldkatz – von den Armen bewundert als ein Beispiel des Wagemuts. Der berühmteste der Absager hieß Peter Päßler.

Der Fürst: Kaiser Maximilian I. starb 1519, nicht viel später als nach dem schimpflichen Abgang, den ihm die Stadt Innsbruck wegen unbezahlter Gastwirts-, Metzger- und Handwerkerrechnungen bescherte. Einen »Strohkönig« schalten ihn Landsknechte, die vergeblich auf Sold warteten, den »Allermächtigsten«, aber vom Zinsfuß der Fugger und Hochstetter Abhängigen, den überspannte Pläne, teure Kriege und prunkhafte Hofhaltung dazu verdammten, Pomp auf Pump zu genießen. Dennoch konnte die rigorose Steuerforderung dieses »letzten Ritters«, der Tirol 120000 Gulden abverlangte, nicht die Auslöschung der »Fürstenlegende« bewirken. Vier herrscherlose Jahre, in denen feudale Anarchie grassierte, brachten sie wieder zum Glühen. 1523 sah Ferdinand, Maximilians Enkel, der die österreichischen Erblande für seinen Bruder, den neuen Kaiser Karl V. regierte, Federhüte und Fellmützen in die Luft fliegen – begeisterte Untertanen, welchen Standes auch immer. Aber der Jüngling, kalt und klug, wollte mehr.

Obwohl er als spanischer Habsburger die Sprache des Landes nicht verstand, verstand er die Notwendigkeiten der Herrschaft, zu der er sich mit aller Anmaßung des Prinzen von Geblüt berufen fühlte. Er begriff auch die Kunst des Zurückweichens und der scheinbaren Mäßigung, die er im Briefwechsel mit Erasmus von Rotterdam gelernt hatte. Mehr als sein verschwenderischer Großvater drängte Ferdinand auf Zentralisation, und er brachte als nächsten Ratgeber einen Mann mit, der den eisernen Rechen des gelernten Finanziers in der Tasche trug: Gabriel Salamanca. Der Spaniole, dem Herrscher unentbehrlich geworden durch die Verbindung mit den Fuggern, lud bald den Haß von ganz Tirol auf sich: durch die Anziehung der Steuerschraube, den Prunk der Hofhaltung und die Mißachtung des herkömmlichen Rechts. Sowohl der klerikale Chronist Kirchmair als auch das Volk mochten eingestimmt haben in die Verse, die gegen diesen »Wolf und Feind ganz Germaniens« geschmiedet wurden:

»Wer den Salamanca finge
und Jakob Fockern hinge,
zeurbreche der großen list,
so wurde Ferdinandus großer, dan er ist«.

Die Pointe klingt versöhnlich. Ferdinand, von schlechten Ratgebern umgeben, bleibt der gütige Landesherr. Das Volk vertraute noch.

Aber schon das Jahr 1525 drohte alles ins Wanken zu bringen. Ein Holzschnitt Hans Holbeins zeigt den Tod, der die »großen Hansen« hinwegrafft. Er trägt eine Bauernkappe.

Die Erhebung: Man sah sie lange kommen, signalisierte sie mit der ekstatischen Phantasie christlicher Heilserwartung – in düsteren Vorzeichen, Waldbränden, Kometen, die am Himmel standen. Lutherische und müntzerische Prädikanten drohten sie an, auch Laienprediger aus dem Volk, deren Namen die Akten verschweigen. Lange schon gärte es, im welschen Val di Non, um den Bischofssitz Brixen herum, zuletzt bei den Bergknappen von Schwaz, für die ein Veit Stoß den Altar schnitzte. Nach Maximilians Tod häufte sich Unbotmäßigkeit. Die Untertanen jagten nach eigenem Gutdünken, legten auf den Hirsch an, das Lieblingswild des Kaisers, und bald auf den Waldhüter, Richter, Schildknecht, der sich der Selbsthilfe des Volkes in den Weg stellte.

Und dann brach es los. Am 9. Mai 1525 sollte für den Henker Gerichtstag sein. Auf dem Karren stand Peter Päßler, der dem Bischof von Brixen wegen erblicher, jedoch abgestrittener Fischereirechte Fehde angesagt und sich zum Kampf in den Wäldern gelagert, des Zuzugs von Gleichgesinnten versichert hatte – aber in die Hände eines bischöflichen Aufgebots fiel. Sein Todeskarren kam nicht bis zum Richtblock. Landleute, die ebensogut an Päßlers Stelle sein konnten, befreiten den Absager, ließen ihn verschwinden, bis er ein Jahr später als Heerführer an die Seite Gaismairs trat.

Schon am Tag darauf taten bischöfliche Bauern auf der Millauer Aue einen »Rütli-Schwur«, und sie bildeten einen Ausschuß aus ihrer Mitte. Der wußte nicht recht, wie die Artikel aufzusetzen waren, die dem Landesherrn alle Beschwerden melden sollten. Aber er wußte, daß die ärgsten Geiernester abgetan werden mußten, und hieß die Bauern ins Kloster Neustift einzubrechen. Und als dort die stets Gedrückten, der Schrift Unkundigen beim Anblick all der Papiere und Urkunden wiederum die Scheu vor dem geschriebenen Wort anfiel, da trat einer mitten unter sie: der Sekretär des Bischofs. Viele der Uneingeweihten, die nichts wußten von den Fäden, die Gaismair längst gesponnen hatte, erstaunten. Ein Mann, dessen Stellung ihn berechtigt hätte, selbst in den Ritterstand aufzusteigen, stand mit ihnen, forderte ihr Recht, sprach ihre Gedanken aus.

Was in und um Brixen geschah, war nur eine Flamme des Feuers, das in vielen Tälern brannte. Die Empörung richtete sich gegen die Klöster, gegen die Sitze der Bischöfe von Brixen und Trient, gegen die Burgen der Pfleger und Amtleute. Auch durch das Inntal zogen die Haufen, besetzten die wichtige Stadt Hall. Doch zeigte sich schon Mitte Mai eine verhängnisvolle Tatsache: die Spaltung der Aufständischen.

Der Landtag: Erzherzog Ferdinand, der aus den Erfahrungen im übrigen Reich gelernt hatte, reagierte gewandt. Die bauernfeindliche Kunde von Böblingen und von Frankenhausen war noch nicht an sein Ohr gedrungen, und im nahen Allgäu gärte die Unruhe stark. Da hieß es taktieren und leutselig scheinen. Er zog den aufrührerischen Bauern entgegen, ließ Wein ausschenken, winkte in die Menge. Er erfuhr zu seiner Genugtuung, daß die »Aufrührer« – nun eher demütige Bittsteller – keineswegs gegen Abgaben und Privilegien an sich, sondern nur gegen unbillige Forderungen, keineswegs gegen die Obrigkeit an sich, sondern nur gegen einige üble Amtsträger, voran Salamanca, aufbegehrten. So jedenfalls lautete die Sprache der begüterten Bauern, die nicht wie die Armen um die nackte Existenz fochten, sondern um ihren Anteil am Markt. Es konnte sich alles fügen.

Zum 16. Juni ließ Ferdinand die Deputierten der feudalen Stände für einen Landtag nach Innsbruck laden. Darunter Vertreter der Bauernschaft. Das konnte ein Weg der Rückkehr aller Unzufriedenen sein: unter die Fittiche eines »gütigen Landesvaters«, der in Kundgaben wieder und wieder schwor, alles prüfen zu lassen, wo Forderungen »zu Recht« bestünden – nur sollte die Masse der Bauern vorerst nach Hause gehen und sich des Aufruhrs enthalten. Und hatte er sich nicht durch den Vertrag von Füssen auch mit den Aufständischen des Allgäu gütlich geeinigt?

Der Erzherzog wußte, daß ohne Kriegsknechte schlecht Krieg zu führen war. Deshalb zog er Verhandlungen vor. Er verstand, mit der »erbrigkait« und allen Gemäßigten eine gemeinsame Sprache gegen den »pofel« zu finden, dessen Zentrum der Ausschuß von Brixen unter Gaismairs Leitung war. Der Landtag bestätigte ein Reformprogramm, hinter dem die Großbauern, Mittelbauern und Städtebürger standen, er riskierte zugleich aber zwei Folgen. Es trennte sich der radikale Flügel von den Gemäßigten. Und die weiterhin herrschende Feudalgewalt rechnete mit Zeit und Geld, um ihre alte Macht erneut zu festigen – schließlich wurden inzwischen die Bauernheere in allen übrigen deutschen Territorien vernichtend geschlagen.

In Brixen wahrte Gaismair, der zum Bauernführer von unbestrittener Autorität aufgestiegen war, die letzte Bastion der Erhebung. Aber mit eiserner Strenge hielt der Oberste Feldhauptmann die in Innsbruck beschlossene Landesruhe ein, strafte er Plünderer, ließ er sogar Zehnt und Gülte einfordern. Noch nannte er sich einen »Mehrer des fürstlichen Kammergutes« – bis er am 20. August verhaftet wurde. Erst im Kerker dämmerte ihm, daß es im Kampf zwischen den Klassen keine Versöhnung gab. Der Michael Gaismair, der am 7. Oktober 1525 aus dem Gefängnis in die Schweiz entfloh, war ein anderer.

Die Tiroler Landesordnung: Gaismair erkannte, daß der Innsbrucker Landtagsabschied, der sich hochtönend »Reformation und Landesordnung« nannte, ein Kompromiß war, dem Ferdinand und der Adel nur in ihrer zeitweiligen Bedrängnis zugestimmt hatten. Er wußte, daß das prächtig gesiegelte, von »höchster Hand« unterzeichnete Pergament den Beschwerden des Landes auf die Dauer keine Abhilfe brachte. Und eine fruchtbare Begegnung mit dem Reformator Ulrich Zwingli in Zürich half nach. So schrieb Gaismair in dem Graubündener Dörfchen Klosters etwa im Februar und März 1526 ein Dokument nieder, das allein genügen würde, das Andenken seines Verfassers zu wahren: die Tiroler Landesordnung.

Das erste Gebot des »geeinten treuen Volkes« galt – dem Verständnis der Zeit folgend – der »Ehre Gottes«, aber auch und nicht weniger dem »gemeinen Nutzen«. Diejenigen, die das Volk bedrückten und dem Gemeinnutz wehrten, sollten aus jeglicher weltlichen Macht verdrängt werden. Das zielte gegen die kirchlichen Würdenträger, auch gegen den Adel und die Städte, die Heimstätten der Wucherer. Alle Privilegien sollten ihnen genommen werden, »damit kein Unterschied der Menschen bleibe, also daß der eine höher oder mächtiger denn der andere sein könne«. Das evangelische Ideal der Gleichheit war der zentrale Gedanke in Gaismairs Programm. Handel, Handwerk und Bergbau sollten verstaatlicht, das Privateigentum abgeschafft werden.

Die Idee der Gleichheit stützte sich allein auf das werktätige Volk, vor allem auf Bauern und Bergknappen. Sie sollten den Kern der neuen Gesellschaft bilden, für die die Landesordnung erdacht war; ihre Interessen sollten gesichert werden durch die Garantie des »gemeinen Nutzens«. Für den Fall, daß die Enteignung der Feudalhierarchie, des städtischen Patriziats und der großen Handelshäuser gelänge, enthielt die Landesordnung Regeln für die vergesellschaftete Produktion, nannte sie darüber hinaus umfangreiche Aufgaben der Landeskultur und der Sozialpolitik. In klaren Linien zeichnete Gaismair das Bild einer egalitär-demokratischen Republik von Bauern und Bergleuten, in der es streng zentralistisch zugehen sollte. Doch war das Prinzip der Wählbarkeit von unten bis oben auf allen Ebenen des Staatswesens durchgehalten.

Gaismairs Gedanken schweiften weit in die Zukunft voraus. Das Schicksal der Landesordnung war tragisch besiegelt, indem sie erst konzipiert wurde, als der Bauernkrieg nördlich der Alpen zu Ende und damit der Ausgang der revolutionären Bewegung auch in Tirol entschieden war. Gleichwohl nimmt Gaismairs Gesellschaftsplan in der Geschichte der sozialen Utopien und kommunistischen Programme vor Marx und Engels einen bedeutenden Platz ein.

Mit seiner Landesordnung hatte Michael Gaismair sein Bestes gegeben. Was nun folgte, war ein vergeblicher Wettlauf gegen die Zeit.

Der Verschwörer: Dem kühnen Vorgriff stand ein kühner Plan zur Seite. Gaismair hatte sich mit Zwingli auf eine militärische Aktion gegen Habsburg geeinigt, wofür der Reformator die Kraft der evangelischen Kantone der Schweiz beizubringen hoffte. Der Revolutionär selbst, dem alsbald die gedungenen Mörder Ferdinands auf dem Fuße folgten, ging in das entlegene Klosters, um dort ein Heer aus exilierten Tirolern und Allgäuer Aufständischen zu sammeln. Auch knüpfte er konspirative Verbindungen mit dem Heimatland an. Rastlos und zäh setzte Gaismair seine ganze Hoffnung darauf: Sein Plan möge die gedrückten Menschen entzünden, damit sie ihm zuliefen, ihn unterstützten, wenn seine Truppe, die er tagtäglich zum Kampf rüstete, die Grenze nach Tirol überschritt.

Gaismair zog auch die große Politik ins Kalkül, bedachte die alte Feindschaft Venedigs und Frankreichs gegen die Habsburger, spann Fäden dorthin. Das Bild eines seltsamen, ungleichen Zweikampfes steht uns vor Augen: Hier, in einem einsamen Gebirgsdorf, der vertriebene, unermüdliche Revolutionär, der seine Hoffnung auf den Freiheitsdrang der Menschen, die Kraft des Volkes setzte – dort, inmitten eines prächtigen Hoflebens, der Erzherzog und Bruder des Kaisers, der seine Macht auf den Staatsapparat und auf das Geld stützte. 300 Gulden waren es, die er demjenigen versprach, der ihm Gaismairs Kopf bringe.

Aber der Herrscher auf seiner Hofburg konnte den Einmarsch des revolutionären Heeres nicht verhindern. In kleinen Gruppen gingen die Aufständischen am 2. Mai 1526, fast ein Jahr nach der Szene auf dem Brixener Markt, über die Grenze – unbemerkt von den Wachen. Zunächst erfolgte ein Zug durch den benachbarten salzburgischen Pinzgau, wo noch einmal der Aufstand loderte, den Gaismair als einen Brennpunkt für die erneute Insurgierung Tirols plante. Dort nämlich wuchs die Unzufriedenheit, erhoben sich Klagen über Wortbruch und nicht eingehaltene Versprechungen. So kam es zu den letzten Gefechten des Bauernkrieges.

Bei Appenzell und Radstadt bewies Gaismair militärisches Talent. Aber Peter Päßler, der im Pinzgau ebenfalls ein Heer führte, mußte eine Niederlage hinnehmen. Und auch die Belagerung des salzburgischen Radstadt mißlang, trotz aller Listen, die Gaismair anwandte. Verfolgt von immer stärkeren Fürstenheeren und vergeblich den Tiroler Aufstand erwartend, blieb zuletzt nichts als der Rückzug. Gaismair vollzog ihn im Juli 1526 mit 1500 Mann in mustergültiger Ordnung über die zweitausend Meter hohen Tauernpässe. Dieser Marsch ins venetianische Gebiet und die anderwärts bewiesene Führungskraft Gaismairs bewog Friedrich Engels, ihn »den einzigen bedeutenden militärischen Kopf unter allen Bauernchefs« zu nennen.

Gaismair wäre nicht Gaismair gewesen, hätte er den Kampf nun aufgegeben. Es schien, als gelänge es, die Republik Venedig für seine Pläne einzunehmen. Er wurde ihr Hauptmann, focht in der Lombardei gegen das verhaßte Habsburg, daß er auf heimischer Erde nicht erfolgreich bekämpfen konnte. Wie sehr muß er Tirol geliebt haben, da er auf Jahre hin wieder und wieder die alten Pläne zur Verwirklichung der revolutionären »Landesordnung« schmiedete. Allmählich jedoch, ohne Erfolg, sank die Glut. Gebeugter ging der hagere Mann mit den brennenden Augen. Er geriet in Gefahr, nur noch ein Hauptmann des Dogen von Venedig zu werden. So jedenfalls behaupteten Ferdinands Gerüchtemacher, die es nötig hatten, den fernen, aber gefürchteten Bauernführer in seiner Heimat anzuschwärzen. In Wahrheit nämlich quittierte er den venetianischen Dienst, verband sich weiterhin mit Zwingli zu Freundschaft und gemeinsamem Kampf gegen Habsburg.

Aber der Reformer fiel 1531 im Gefecht bei Kappel. Und Ferdinands Mordgesellen umkreisten Gaismair enger und enger. Der Erzherzog hatte die Kopfprämie auf 1500 Gulden erhöht. Am 14. April 1532 erwarben ein Krämer und zwei entlaufene Landsknechte in Padua den Blutlohn. Gaismairs Leichnam trug 42 Dolchstiche – satanische Wutmale der Mächtigen gegen den Revolutionär, den sie den »ersten und größten Rebellen im Lande« nannten. Ferdinand hatte seinen ärgsten Feind zum Schweigen gebracht. Er ließ noch im selben Jahr eine Landesordnung verabschieden, die alles, was 1525 errungen schien, rückgängig machte.

ZEITGENOSSEN

Kriegerische Beratung.
Federzeichnung von Urs Graf. 1515

Zeitgenössische Darstellung von Hinrichtungen

Diese Figuren mit jren darzu gehörigen Reymen/ die von einem alten Tebich/ vor hundert jaren vngefehrlich gewürckt/ vnd in dem Schloss Michelfeldt am Rheyn/ zu Mitfasten im Tausent Fünffhundert vnd Vier vnd zwentzig Jar gefunden/ abgemalet vnd abgemacht sindt. Zaygen an/ was die alten der jetzigen leüfft halben/ So sich täglich ereygnen/ Jn jrem verstande gehabt/ vnd heymlich bey sich behalten haben.

Luther und Kurfürst Friedrich der Weise von Sachsen.
Holzschnitt von Lucas Cranach. Um 1550

Szenen auf dem »Teppich von Michelfeld« (Mittelteil).
Holzschnitt von Albrecht Dürer. Um 1525

Entwurf zu einem
Denkmal des Bauernkrieges.
Albrecht Dürer. 1525

ANDREAS KARLSTADT

Am 30. oder 31. Mai 1525, genauer wissen die Chronisten den Tag nicht zu nennen, verläßt ein Mann die Reichsstadt Rothenburg ob der Tauber. Klein ist er von Wuchs, und er hat Mühe, so schnell davonzukommen, wie er wohl möchte. Doch ist es auch, als hemme etwas seinen Schritt, wie bei einem, der zwischen den Fronten die Richtung verlor – oder nicht recht versteht, was da geschah, was da sich gegen ihn kehrte, daß er nun fliehen muß.

Er heißt Andreas Bodenstein, nennt sich aber Carolostadio, aus Karlstadt – in zeitgenössischer Humanistenmanier nach seinem fränkischen Heimatort. Da wir ihn auf der Flucht treffen, drücken ihn etwa fünfundvierzig Lebensjahre, und nie wieder soll er sich nach der erlittenen Niederlage zu seiner früheren Bedeutung aufrichten.

Eine der eigenartigsten Gestalten steht vor uns, die wohl auch tragisch genannt zu werden verdiente, wenn nicht alle gemordeten und wieder in feudale Knechtschaft gepferchten Bauern uns enger berührten. Ein wenig blaß wirkt das Bild dieses Mannes neben dem Jahrhundertschädel Luthers und dem glühenden Haupte des Revolutionärs Müntzer. Er hat einen Weg weisen wollen, der zwischen diesen beiden lag, er distanzierte sich vom Fürstendienst des einen und vom »Rottengeist« des anderen. Doch haben die einen auch ihn des »Rottengeistes« bezichtigt, die anderen aber als »nit gut bäurisch« von sich gewiesen. Und nun, da die Schlachten geschlagen sind, sucht Karlstadt sein Leben auf der Landstraße in Sicherheit zu bringen.

Weggehen zu müssen ist freilich nicht neu für ihn. Schon nach Luthers Rückkehr von der Wartburg, im März 1522, verlor er in Wittenberg jede öffentliche Wirkungsmöglichkeit. Und was noch bitterer war, im zweiten Herbst danach m ßte Karlstadt das freundliche Orlamünde verlassen, wo er geglaubt hatte, seine Gedanken im Leben zu erproben und wo ihm die einfachen Leute ihr Herz auftaten. Was hatte er Gefährliches getan, daß ihn die Obrigkeiten derart verfolgten? Und warum verlor er auch dort den Boden, wo er zu stehen und zu wirken hoffte: im Volk?

Bis zum 13. Januar 1517 galt Karlstadt, Doktor der Theologie und Doktor der Rechte, an der Universität Wittenberg als Säule der Scholastik. An diesem Tag aber reiste er nach Leipzig, um sich die Werke des Kirchenvaters Augustinus zu kaufen, mit deren Hilfe er den rebellischen Hochschulkollegen und Augustinermönch Martin Luther zu widerlegen hoffte. Das Resultat der Lektüre war überraschend. Statt der Gegnerschaft erfolgte der Übergang zu Luther.

Dessen Vorlesungen waren die besuchtesten an der ganzen Universität, weil er theologische Lehrsätze aussprach, die für die Gesellschaft unabsehbare Folgen haben mußten. Er stellte nicht mehr und nicht weniger in Frage, als den Herrschaftsanspruch der Papstkirche. Sie hatte den Menschen des Mittelalters in Angst und Devotion gehalten, vor einem richterlichen Gott, dessen Strenge den mit Erbsünde behafteten Christen in der Ungewißheit des Heils niederdrückte. Auf diesem Schema beruhte die Position des Priesters, der, als ein geweihter Mittler zu Gott, den Menschen in der Hand hielt. Indem Luther aus dem Studium der Bibel, vor allem der Paulusbriefe, zu einem neuen Gottverständnis vorstieß, das er überdies durch den Kirchenvater Augustinus bestätigt fand, stellte er die Position des Priesterstandes selbst in Frage.

Luther entdeckte in Gott das Prinzip der Gnade und der Barmherzigkeit. Kein strafender, sondern ein verzeihender Gott throne über den Menschen. Und nicht äußere Werke wie Meßkult, Ablaß, Ohrenbeichte oder Letzte Ölung sollten ihm Gnade verheißen, sondern der Glaube. Was aber hieß es, wenn Gnade und Glaube zum wichtigsten Medium der schon von den Mystikern angestrebten unmittelbaren Verbindung zwischen Mensch und Gott wurde? Die alte Kirche mit ihrem kostspieligen Heilsapparat wurde überflüssig! Und mehr noch: In einer solchen Lehre verbarg sich die theologische Rechtfertigung für das untergründige Drängen aller Volksklassen nach Veränderung in Kirche, Staat und Gesellschaft.

Der Weltgeistliche, Prälat und Professor Karlstadt hielt sich den Mißbräuchen der alten Kirche, die lange schon kritisiert wurden, ebenso wenig verpflichtet, wie Luther, der in der Hierarchie des Augustinerordens immerhin bis zum Distriktsvikar aufgestiegen war. Beide fühlten sich nicht unwesentlich von der Mystik früherer Zeit geprägt, in der sich durch religiöse Verinnerlichung die Opposition gegen das pomphafte Seelengeschäft der römisch-katholischen Kirche ausgedrückt hatte. So fand auch Karlstadt, dem es an schneller Begeisterung und Schärfe des Denkens nicht fehlte, die Folgerichtigkeit der Ideen Luthers heraus. Er wurde 1517 zu einem der frühesten und entschiedensten Parteigänger dieses Mönchsrebellen.

Gequält von dem individuellen Konflikt der Gnadenwahl, war Luther zum allgemeinen Wortführer einer fast alle Klassen umfassenden nationalen Bewegung gegen Rom geworden. Aber die einheitliche Front der Reformation, vom Bauern bis zum Humanisten, zerfiel, sobald die Fürsten und Luther gewahr wurden, daß die Volksmassen den Wittenberger Thesenanschlag auch als Kampfansage gegen die bestehende Gesellschaftsordnung auffaßten. Wenige Jahre noch – und der »Held der Nation« gab sich in Wort und Tat als ein Sachwalter der Fürsten zu erkennen.

Während Luther auf der Wartburg das Neue Testament ins Deutsche übersetzte, entblößte die Reformation in Wittenberg ihre Waffen. Luthers Gedanken zündeten auf eine Weise, daß es den Ratsherren mitsamt dem sächsischen Kurfürsten schien, als sei die Weltordnung in Gefahr. Studenten und kleine Leute stürmten in die Kirchen, verhinderten das Abhalten der Messe, bedrohten Priester und Mönche mit blanker Klinge und zeigten gefährlichen Trotz gegen besitzende Bürger, die zur Ruhe mahnten. Man forderte Priesterehe, Klosteraustritt, Verbot des Mönchbettels und strenge Strafe gegen den sittenlosen Lebenswandel – vor allem der Geistlichkeit. Im Februar 1522 kam es in den Kirchen der Stadt zum Bildersturm.

Dieser Unruhe hatte Karlstadt das Tor weiter aufgestoßen. Der scharfzüngige Gelehrte hatte am Heiligen Abend des Vorjahres die erste evangelische Messe gehalten, im weltlichen Gewande gepredigt und die Sympathien auf sich vereinigt. Er vertrat die Neuordnung kirchlicher Verhältnisse streng nach biblischen und laienchristlichen Grundsätzen, und indem er dem Wittenberger Rat eine »Ordnung des gemeinen Kastens« abtrotzte, machte er sich zum Sprecher des radikalen Flügels der Reformation. Diese Kastenordnung überführte Luthers Idee der Kirchenreformation auf den Kampfplatz sozialer Fragen. Alle bisherigen kirchlichen Einnahmen, so hieß es da, sollten einer Kasse zugeführt werden, die von zwei Ratsherren, zwei Gemeindevertretern und einem Schreiber verwaltet werden sollte. Aus diesem »gemeinen Kasten« sollten unbemittelte Handwerker zinslose Kredite empfangen, Waisen ernährt, Kinder armer Leute und Studenten unterstützt werden. Sofern aber die Mittel nicht ausreichten, mußten die begüterten Bürger und die Priester zustrecken.

Ein jeder Artikel der Wittenberger Kastenordnung konnte durch die Schriften und Predigten Luthers begründet werden. Er selbst hätte kaum etwas gegen sie vorbringen können, wäre sie nicht auf energische Weise von »unten her« eingeführt worden. Wohin aber konnte das führen?

Bestürzte Briefe erreichten den »Junker Jörg« auf der Wartburg. Da hielt es ihn nicht länger, und vor der Zeit kam er zurück. Mit seinen Fastenpredigten gedachte er die Wittenberger Tollköpfe zurechtzurücken: »Ein Christenmensch ist im Glauben ein freier Herr über alle Dinge und niemandem untertan, aber in seinem Tun ein dienstbarer Knecht aller Dinge und jedermann untertan.« Er mußte mit Karlstadt aneinandergeraten, der sich als einziger zu seinem Anteil an der »Wittenberger Bewegung« bekannte. Damit er die Linksschwenkung büße, nannte ihn Luther fortan einen »Judas« der Reformation.

Neben theologischen Unstimmigkeiten lag die wesentliche Ursache ihres Zerwürfnisses wohl in der verschiedenen Wertung des Volkes. Luther wollte mit seiner Kirchenlehre den dogmatischen Unterschied zwischen Priester und Laien zwar aufheben, er sprach jedoch dem »gemeinen Mann«, den er verächtlich stets den »Herrn Omnes« nannte, die Mündigkeit ab und damit das Recht, für seine Belange einzutreten. Entscheiden sollte allein die Obrigkeit. Und wenn er späterhin sagte, man möge dem Volke aufs Maul schauen, dann sah Karlstadt früh schon richtiger.

Dieser hatte 1519 geschrieben, daß »die ungelehrten einfältigen Laien eines höheren Verstandes sind denn die gelehrten vermuschten Theologen«. Aus dieser Wertschätzung des einfachen Volkes wuchsen die Vorstellungen von einer demokratisch verfaßten Gemeinde der Gläubigen, die – Luther weit überschreitend – an urchristliche Ideale erinnerte. So wurde Karlstadt ein linker Außenseiter unter den Wittenberger Reformatoren. Bald durfte er weder predigen noch Vorlesungen halten und schreiben. Er zog seine Konsequenz, warf alles, was ihn an fadenscheinige Gelehrsamkeit erinnerte, mitsamt beiden Doktorhüten, von sich und wagte den Schritt ins produktive Leben. In Wörlitz kaufte er einen Bauernhof, um mit eigenen Händen sein Brot zu verdienen. Dorthin lud er auch Thomas Müntzer ein.

Nach dem ungewöhnlichen Schritt, den das »sanft lebende Fleisch zu Wittenberg« freilich bespöttelte, bot sich Karlstadt im Jahre 1523 die Möglichkeit zu breiterer Wirksamkeit und Erprobung seiner Gedanken. Er übernahm das Pfarramt im thüringischen Orlamünde und erlebte den Höhepunkt seines Lebens. Aber wir sehen ihn dort auch die Grenzen erreichen, die seinem Denken gezogen waren. Heißt es doch in einer seiner Schriften: »Gott will, daß der Reiche dem Armen Hilfe tue, denn darum machet Gott Leute reich, daß sie ihren armen Brüdern zuhilf kommen.«

Der Mangel an revolutionärer Folgerichtigkeit wird hier wie in allen Schriften Karlstadts sichtbar. Dieser richtete zwar ernste Mahnungen und Forderungen an die Mächtigen, die Armen nicht zu mißachten, er tat aber keinen entschiedenen Schritt darüber hinaus. Thomas Müntzer, der auf Karlstadts Teilnahme an seinem großen »Christlichen Verbündniß« rechnete, wurde enttäuscht. Aus Orlamünde kam ein Absagebrief. Gewaltlosigkeit war Karlstadts letztes Wort.

Mit Recht konnte Karlstadt später den Vorwurf einer Teilnahme an Müntzers Verschwörung zurückweisen. Gegen die Obrigkeit zu rebellieren, lag ihm fern. Darin blieb er ein Lutheraner. Doch Luther wiederum argwöhnte in ihm den »Allstedter Geist« und hörte nicht auf, den sächsischen Fürsten gegen den Pfarrer in Orlamünde einzunehmen.

Die Bürger und Bauern hielten freilich zu ihrem Mann, der die gleiche Kleidung trug wie sie, auf jedes Vorrecht verzichtete und sich »Nachbar Andres« nennen ließ. Er predigte ihnen die Lehre von einem einfachen und gleichen Leben in Arbeit, die sie gut verstanden. Und sie schienen bereit, den eifernden Luther mit Steinen davonzujagen.

Das aber brachte nichts Gutes für Karlstadt. Im Herbst 1524 bekam er den Befehl seines Landesherrn, das kursächsische Gebiet zu verlassen. Die Obrigkeit gewahrte das Grollen des nahenden Bauernkrieges, und da brauchte, wen sie Aufrührer nannte, durchaus noch kein Aufrührer zu sein: Es genügte, dem »gemeinen Mann« mehr Rechte zubilligen zu wollen, als der Obrigkeit lieb war, oder die Bibel anders zu verstehen, als die erlaubte Reformation vorschrieb.

Jetzt kehrte Karlstadt in das Land seiner Kindheit, nach Franken, zurück. In Rothenburg ob der Tauber fand er erneut eine Pfarrstelle. Aber er trug schwer an dem Widerspruch, einerseits dem »gemeinen Mann« ein Fürsprecher sein und andererseits revolutionäre Gewalt nicht anwenden, den letzten Einsatz nicht wagen zu wollen. Da brach der Bauernkrieg los.

Nur wenn eine Obrigkeit »etwas wider Gott vornehmen wolle, sollen wir ungehorsam sein, denn in solchem Falle ist ihre Obrigkeit kraftlos«. So hatte Karlstadt schreibend einmal zugestanden. Dieser Fall schien ihm jedoch selbst 1525 nicht eingetreten zu sein, als sich die Bauern gegen ihre Blutsauger durch Aufstand wehrten. Der Vorgang in nächster Umgebung brachte Karlstadt in arge Bedrängnis.

Auch die reiche Oberschicht der Reichsstadt Rothenburg schmarotzte an feudalpflichtigen Bauern. Kein Wunder, daß die Ausgebeuteten dem allgemeinen Beispiel folgten. Da ritt eine Ratskommission ins aufrührerische Bauernlager, um die Bedingungen zu erhandeln, wie man miteinander auskommen wolle. Und Karlstadt, der sich anschloß, erlebte ein böses Erwachen. Er verweilte, wollte die Aufständischen beschwichtigen. Diese aber kehrten sich gegen ihn als einen Versöhnler, wenn nicht gar Feind. Man ließ ihn nicht zu Ende reden, bedrohte ihn. Karlstadts Mission scheiterte.

Bei seiner Rückkehr aus dem Bauernlager fand er jedoch auch die Stadttore für sich verschlossen. Seinen Feinden, den Ratsgeschlechtern der Stadt, war er seit langem nicht angenehm. Sie ließen den »Bauernprediger« nun abweisen. Und selbst die Stadtarmen, die zuvor seine regen Zuhörer gewesen waren, mochten dem »Versöhnungsapostel« nicht helfen...

So ist Karlstadt zwischen die Fronten geraten. Er läuft auf der Landstraße: Ein Schatten des Mannes, der mit der Papstkirche und dem gewaltigen Luther die Klinge kreuzte. Er hat den Kleinen nützen, den Großen nicht schaden wollen.

VEIT STOSS

Es ist schwierig, die äußere Erscheinung eines Menschen oder gar sein Porträt zu zeichnen, wenn seine Gesichtszüge der Nachwelt nicht überliefert scheinen. Weder eine zeitgenössische Abbildung noch ein Selbstporträt des Holzschnitzers, Bildhauers und Malers Veit Stoß sind uns sicher beglaubigt. Einem Kupferstich, der rund zweihundert Jahre nach seinem Tode entstand, wurde von der Forschung wenig Wert beigemessen, bis man schließlich – und das erst in unserem Jahrhundert – Ähnlichkeiten zwischen diesem Bildnis und einem Kopf im Abendmahlrelief entdeckte, welches Stoß für die St. Sebalduskirche in Nürnberg anfertigte: halb verdeckt vom Kopf eines anderen unterscheidet sich diese Gestalt von den sonst barhäuptigen Jüngern Jesu durch die zeitgenössische Lederkappe des Handwerksmeisters. Also könnte es möglich sein, daß jenem späteren Kupferstich eine reale und zuverlässige Abbildung zugrunde lag. Sollte nun zutreffen, daß sich Veit Stoß in seinem Abendmahlrelief als einer unter den zwölf Jüngern selbst porträtierte, so kennzeichnen ihn ein scharf geschnittenes Profil mit kurzem Bart, ein zupackender Blick, eine kräftig gebogene Nase und hervorstehende Backenknochen. Doch sind dies Vermutungen. Sie verraten auch nichts über Größe und Statur, nichts über die Hände des Künstlers, der doch bei seinen Plastiken gerade auf deren ausdrucksvolle Gestaltung stets große Sorgfalt verwandte.

Wenn der Definition nach ein Porträt die Darstellung eines Menschen ist, die seine Individualität anschaulich vergegenwärtigt und hinter der körperlichen seine seelische Erscheinung sichtbar macht, so müßten wir, weil die Überlieferung ungewiß scheint, in umgekehrter Richtung verfahren: nämlich versuchen, aus seinem Charakter, seinen Gefühlen und Gedanken, seiner Gemütsart und Veranlagung ein Bild von seinem Äußeren zu entwerfen. Doch hier stoßen wir auf ein neues, fast noch größeres Hindernis. Denn auch von diesem allen ist wenig und für bestimmte Lebensabschnitte des Bildschnitzers im einzelnen gar nichts bekannt. Weder ist wie von Dürer ein Gedenkbuch hinterblieben, in das er die Geschichte seiner Kindheit und Jugend niederschrieb, noch wie von Leonardo da Vinci ein umfangreiches schriftliches Erbe, das über seine Anschauungen und Pläne sicheren Aufschluß gäbe.

Während amtliche Akten und Dokumente erst über die letzten Jahrzehnte seines Lebens etwas aussagen, liegen die ersten dreißig Jahre völlig im dunkeln, und die Zeit der Reife ist fast nur durch sein Werk und seine überlieferte Leistung, weniger durch Zeugnisse des unmittelbaren Daseins belegbar. Dieser Mangel und die Kargheit selbst der überkommenen Informationen, die teilweise sogar der Beurteilung widersprechen, die Stoß im Alter erfahren mußte, haben zu einer Reihe von Fehldeutungen und Spekulationen beigetragen, die es uns noch mehr erschweren, den Menschen Veit Stoß wahrheitsgemäß zu erkennen.

So unbestimmt wie die Umrisse unseres Meisters sind auch das Datum seiner Geburt, seine Herkunft und künstlerischen

Anfänge. Um die Mitte unseres Jahrhunderts erst erhärten Entdeckungen polnischer Forscher die Annahme, daß Veit Stoß in der kleinen Ortschaft Horb in Württemberg geboren wurde, daß er und sein Bruder Matthias, der Goldschmied, schwäbischer Abstammung waren. Doch bleiben die Fragen nach Vater und Mutter, nach Lehr- und Wanderjahren, nach Jugendwerken ohne Antwort. Gleichwohl dürfte er schon in jungen Jahren kein Unbekannter mehr gewesen sein. Denn als die wohlhabenden Bürger Krakóws den Bildschnitzer suchten, der ihnen als Zeugnis ihrer aufblühenden Macht in der Pfarrkirche von Sankt Marien einen repräsentativen Altar errichten sollte, da fiel die Wahl auf Stoß, den schätzungsweise Dreißigjährigen, der zu dieser Zeit in Nürnberg wohnte. Worauf diese Entscheidung nun beruht haben mag und wer auch immer ihn empfahl – Verwandte, Freunde oder Zunftgenossen – verwunderlich waren die Beziehungen zwischen der Reichsstadt Nürnberg und der damaligen polnischen Hauptstadt keineswegs. Seit langem verband sie ein reger Handel, und die berühmte Krakówer Universität galt als Anziehungspunkt des geistigen und kulturellen Lebens. Gar mancher war die Straße von Nürnberg nach Kraków gezogen, insbesondere Kaufleute, und hatte es dort in kurzer Zeit zu Reichtum und Ansehen gebracht.

Auch Veit Stoß folgt dem Ruf aus Kraków: Er gibt 1477 sein Nürnberger Bürgerrecht auf, wodurch sein Name zum ersten Mal urkundlich erwähnt wird, und übersiedelt mit seiner Frau Barbara in die östliche Handelsmetropole. Ende Mai dieses Jahres trifft man ihn dort bereits bei der Arbeit. Aus den Spenden der Gemeindemitglieder ist für den geplanten Altar Geld zusammengeflossen, so viel wie nie zuvor für ein kirchliches Schnitzwerk. Ungewöhnlich auch sind die Ausmaße, die Veit Stoß plant. Der Entwurf wird von manchem noch angezweifelt und sogar verlacht. Aber sieben Jahre später erwecken die in der Schnitzerei fertiggestellten Einzelteile höchste Bewunderung und Anerkennung. Im

Krakówer Ratsbuch, mit der Eintragung vom 1. Oktober 1484, werden die Tugend und die Kunst gerühmt, die Stoß bewiesen habe und in der Vollendung derselben noch erzeigen werde... Er wird von allen Steuern und Lasten befreit, solange er lebt und Krakówer Bürger ist. Dafür soll er zu Gebäuden der Kirche oder der Stadt als Sachverständiger seinen Rat erteilen.

Nach fünf weiteren Jahren ist das Riesenwerk des Meisters, der größte spätgotische Schnitzaltar, vollendet. Einige Gehilfen, mit Detailarbeiten betraut, haben mitgewirkt. Im langgestreckten Chor der Marienkirche erhebt sich der Altar vor drei gotischen Fenstern zu einer Höhe von 16 Metern. Seine Breite beträgt bei geöffneten Flügeln beinahe elf Meter. Die Figuren des Mittelschreins, der den Tod der Maria im Kreise der zwölf Apostel schildert, sind aus Lindenstämmen geschnitzt; bei dem Durchmesser von 1 Meter und der Höhe bis zu 2,80 Metern erreichen sie fast doppelte Lebensgröße. Was aber auf Mitbürger und Nachwelt einen einzigartigen Eindruck macht, sind nicht nur die Dimensionen, ist vielmehr das Zusammenspiel von Schnitzkunst und Malerei, die Verbindung einer ungemein bewegten plastischen Form mit einer blendenden Kraft der Farbe.

Im Mittelpunkt der Darstellung befindet sich die sterbende Maria, jugendlich zart gestaltete Himmelskönigin, die in die Arme eines Apostels sinkt – eine der feinsten lyrischen Szenen der Spätgotik. Doch welch eine Dramatik löst dieses Geschehnis bei den übrigen elf Aposteln aus. Welch ein Aufruhr der Gefühle, welche Vielfalt der Empfindungen und des Erlebens: Erschrecken, Bestürzung, Nichtbegreifen, wortlose Trauer und laute Klage. Veit Stoß hat diese ganze Fülle der Gefühlsregungen dem Holze entlockt. Sie zeigt sich in den Gesichtern und den Gebärden, im Ausdruck der Hände, in der Körperhaltung, vor allem im Wallen und Wogen der faltenreichen Gewänder. Ein erregtes Pathos, eine ekstatische Bewegung dieser Figuren scheint kommende, umwälzende Ereignisse anzukündigen. Wenngleich spätgotischer Meister, offenbart sich Veit Stoß in diesem Werk als der große Dramatiker seiner Zeit: auch hier ist Vorabend der Reformation und des Bauernkrieges.

Im Gegensatz zur Darstellung im Mittelschrein tragen die flach geschnitzten Reliefs der Flügel, besonders die der äußeren, den Altar verschließenden Seite, einen mehr erzählenden, epischen Charakter. Hier sind biblische Szenen aus der Geschichte Marias und ihres himmlischen Sohnes in das Leben des Krakówer Bürgertums versetzt. Den idealisierten Heiligenfiguren hat Veit Stoß die Gestalten seines zeitgenössischen Alltags hinzugesellt: Männer und Frauen, deren Gesichter, Kleidung und Milieu in den Straßen, Zunftwerkstätten, Kaufmannsläden, Rathäusern und Kirchen einer spätmittelalterlichen oder frühneuzeitlichen Stadt zu finden sind.

Das Meisterwerk macht den Namen seines Schöpfers mit einem Male berühmt. Er wird geachtet und geehrt, erhält neue Aufgaben und Ämter. Er steht mitten im öffentlichen Leben. Man findet ihn unter den Ältesten der Maler- und Tischlerzunft. Bei Gerichtsstreitigkeiten wird er als Schiedsrichter hinzugezogen und – laut Vermerk im Ratsbuch – »umb willen seiner demut« gelobt. Der königliche Hof erweist ihm die höchste Berufsehre und bestellt das marmorne Grabmal des 1492 verstorbenen Königs Kasimir IV. Jagiello. Auch der polnische Klerus spart nicht mit Aufträgen: Grabplatten für zwei Erzbischöfe in den Kirchen zu Gnesen und Wocławek. Veit Stoß befindet sich auf der Höhe seines Ruhms. Trotzdem verläßt er nach knapp zwei Jahrzehnten die ihm so freundlich gesinnte Stadt, in der er sein Glück gemacht hat.

Mit seiner Frau und acht Kindern kehrt er 1496 nach Nürnberg zurück. Die Beweggründe sind unbekannt. Vielleicht verlangt es den erfolgreichen Mann, den Wettbewerb mit den Nürnberger Künstlern anzutreten, die in so reicher Zahl die Reichsstadt zu einem Glanzpunkt in Deutschland machen – darunter die neue Meistergeneration der altdeutschen Kunst, Albrecht Dürer, Adam Krafft, Peter Vischer. Ganz sicher rechnet er damit: sein Krakówer Ruf werde behilflich sein, in der Heimat rasch Fuß zu fassen. Und anfangs scheint dies zu gelingen.

Im Jahr der Heimkehr liefert er nochmals eine Grabplatte nach Kraków. Drei Jahre später sind die Arbeiten in der Nürnberger St. Sebalduskirche, darunter das schon erwähnte Abendmahlrelief, datiert. 1503 beendet er einen Altar für die Pfarrkirche zu Schwaz in Tirol. Wohl stirbt seine Frau Barbara, aber der Witwer entschließt sich zu neuem Ehebund. So ist er noch lebenskräftig und eben dabei, am neuen Wirkungsort weiteres Ansehen zu erlangen, als er 1503 vom Gipfel seines Schaffens jäh herabstürzt.

Er wird von Stadtknechten ins Gefängnis geworfen, vom Henker auf öffentlicher Richtstätte in beide Backen gebrannt und zum Eid gezwungen, zeitlebens die Stadt Nürnberg nicht ohne Erlaubnis des Rates zu verlassen. Von nun an kann sich der Chronist über Mangel an Quellen, Urkunden und Dokumenten kaum mehr beklagen. Sie erhellen Vorgeschichte und Folgen des verhängnisvollen Ereignisses.

Veit Stoß war nicht nur der große Meister, der sich vortrefflich auf sein Kunsthandwerk verstand. Er bewährte sich auch – für Künstler der späteren Zeit recht ungewöhnlich – als ein geschickter Kaufmann mit Sinn für Handelsgeschäfte, geschult in allen »Kaufschlägen« und »Finanzereien«, wohl vertraut mit dem Wechselverkehr. Vermutlich entstammten seine Vorfahren dem in Ravensburg ansässigen Geschlecht der Stoß, die in der Großen Ravensburger Handelsgesellschaft ein gewichtiges Wort sprachen. Daraus könnte sich seine Beziehung zur Kaufmannschaft, seine Neigung zu Geldgeschäften erklären lassen, wozu noch die haushälterischen Erwägungen eines Mannes kämen, der bestrebt war, einmal Erworbenes zum Nutzen der Seinen zu verwalten und zu mehren. Seinen Geschäften mögen die häufigen Reisen gegolten haben, die er zu den Messen ins damalige Schlesien, nach Mittel- und Süddeutschland unternahm, wo er überdies kleine Schnitzereien und graphische Blätter aus seiner Werkstatt, von den Gesellen oder von eigener Hand, zum Kauf anbot.

Nachdem er als ein vermögender Mann nach Nürnberg zurückgekehrt war, steckte er die ansehnliche Summe von 1 000 Gulden in das Geschäft des Kaufmanns Jakob Baner, und er erhielt sie mit Gewinn nach drei Jahren zurück. Dann aber machte dieser den bösen Vorschlag: Stoß solle sein Geld bei einer Tuchhandelsfirma, einem gewissen Hans Startzedel, anlegen – wobei der arglistige Ratgeber wußte, daß jener kurz vor dem finanziellen Zusammenbruch stand. Mit der Geldeinlage des Stoß verschaffte sich Baner die günstige Gelegenheit, sein eigenes, bei Startzedel deponiertes Geld aus dem gefährdeten Unternehmen zurückzuziehen. Und damit sich Stoß zu der Transaktion auch bereit fand, stellte Baner zum Schein eine Bürgschaft aus, die er sodann verschwinden ließ. Die Firma Startzedel machte Bankrott, der Inhaber flüchtete. Nun erst erkannte Stoß den Betrug. Er wollte sich an den Bürgen halten, der sich aber für nicht zuständig erklärte. Eine Klage bei Gericht wurde wegen Beweismangels abgewiesen.

Da sinnt der Bildhauer auf einen Ausweg, um zu seinem Recht und Geld zu kommen. Im ohnmächtigen Zorn greift er zu einer Selbsthilfe, die ihn ins Unrecht setzt: Er schreibt eine neue Bürgschaftsurkunde aus und versieht sie mit dem nachgeahmten Namenszug und Siegel Baners – eine Urkundenfälschung, die nach damaligem Recht mit dem Tode auf dem Scheiterhaufen bestraft wird.

Aus dem »Prozeß in Handelssachen«, einem Zivilverfahren gegen Baner, wurde ein öffentlicher Strafprozeß gegen Stoß. Er hatte sich nicht damit abfinden können, daß die Justiz gegen den Betrüger keine Maßnahmen ergriff, und geriet nun als ein schuldiger Selbsthelfer in das Mahlwerk der stadtaristokratischen Gerichtsbarkeit, die sich für ihr Versagen an ihm selbst rächte.

Nur der Fürsprache einiger Freunde und Gönner ist zu

verdanken, daß statt der Todesstrafe das vergleichsweise milde Urteil der Brandmarkung verhängt wurde. Doch hatte es damit noch lange kein Bewenden. Das Ereignis von 1503 war nur der Anfang einer endlosen Kette von Streitigkeiten, Verhandlungen, Prozessen, Kerkerstrafen und Demütigungen, die das weitere Leben des Meisters vergifteten. Er flüchtete 1504 nach Münnerstadt, wo er Tilman Riemenschneiders Schnitzaltar vergoldete und bemalte, machte sich dadurch aber des Eidbruchs gegen den Nürnberger Rat schuldig, so daß er nach seiner Rückkehr abermals Haft und Strafe erlitt. Er stritt weiter in Geldangelegenheiten, um ausstehende Honorare und die Schuldsumme Startzedels, und wurde – ohne je Recht zu bekommen – ein drittes Mal mit Gefängnis bestraft. Die Prozeßkosten verschlangen sein Vermögen. Da er sich in seinem Rechtsgefühl tief beleidigt fühlte, zeigte er – ganz im Gegensatz zu seinem Auftreten in Kraków – Reizbarkeit, Schroffheit, heftige Gemütsart. So wenigstens dokumentieren die Ratsbücher von Nürnberg. Der in Polen geachtete und geehrte Künstler, der »all sein Lebtag in keinem unehrlichen, bösen, straflichen Gerücht gestanden« hatte, wird nun ein »irrig, geschreyig Mann« genannt, ein »unruwig hayloser Burger, der einem Erbern Rat und gemainer Statt vil unruw gemacht hatt«. Gegen die Nürnberger Aristokratie, die den Rat beherrschte, führte Stoß vergeblichen Kampf. Da half nicht einmal ein kaiserlicher Gnaden- und Rehabilitationsbrief, um den der Meister durch Bittschrift ersucht hatte. Der Rat verweigerte die Anerkennung. Auch der wohlwollende Auftrag des Kaisers Maximilian I. an Stoß, für das prunkvolle Grabmal in Innsbruck Figuren beizusteuern, blieb wirkungslos, weil der Rat den Boykott der Nürnberger Rotschmiede gegen den unerwünschten Konkurrenten unterstützte.

Und doch – es ist bewundernswert und beinahe unbegreiflich – haben alle Ränke und Händel die Schaffenskraft des gebrandmarkten Künstlers nicht lähmen können. Zwar fehlte es nun an kirchlichen Aufträgen. Zwar liefen dem Meister

Stoß nach dem Verlust seiner bürgerlichen Ehre auch die Gesellen davon. Aber nach anfänglicher Stille gingen private Bestellungen wieder ein: Gedächtnisbilder und Stiftungen der Patrizier für die Gotteshäuser in Nürnberg und sogar in Florenz.

Stoß schuf Werke, die den früheren nicht nachstanden, wenn sie sich auch in Stil und Auffassung wandelten. Denn er verstand es meisterhaft, sich noch im hohen Alter dem Geschmack der Zeit, der neuen Kunstrichtung der Renaissance, aufzuschließen. Die Dramatik, das Pathos, die Ekstase seiner Krakówer Plastiken und Szenen wichen zugunsten einer betonten Ruhe und Gelöstheit, einer erhabenen Ausgeglichenheit, sogar Heiterkeit.

Spätestens hier fragt man, wie dies möglich und ob es überhaupt denkbar ist, daß sich die Ungunst der Lebensumstände den Schöpfungen des Künstlers nicht aufgeprägt hat, sondern Leben und Werk einander zu widersprechen scheinen. Man fragt weiter, ob die Charakteristik des alten Meisters, die ja weitgehend auf Urkunden und Büchern des Nürnberger Rates fußt, nicht einseitig gefärbt ist. Denn in der leider nur knappen Beschreibung des Zeitgenossen Johann Neudörfer, der Stoß persönlich gekannt hat, findet sich nichts über Rechtsstreitigkeiten, dafür aber eine tiefe Verehrung für den alten Künstler und Menschen, dessen Mäßigung und Enthaltsamkeit gerühmt werden.

Noch einmal erhielt der über Siebzigjährige den großen Auftrag für einen geschnitzten Altar. Der Prior des Nürnberger Karmelitenklosters, der leibliche älteste Sohn Andreas Stoß, bestellte ihn für die Salvator-Kirche des Klosters. Der Vater verpflichtete sich, das Werk in drei Jahren zu liefern und machte sich allein, ohne fremde Hilfe, an die Arbeit. Doch schon rüttelte die Reformation an den Toren der Stadt, und sie hielt alsbald siegreichen Einzug. Der jüngere Stoß, der sich zum Sprecher der Altgläubigen und zum schärfsten Gegner der Lutheraner machte, mußte Nürnberg verlassen. Das Kloster wurde säkularisiert, der Vertrag mit dem Bildschnitzer für ungültig erklärt. Der Altar blieb unvollendet, die restlichen Zahlungen standen aus. Die Kirche, für die er bestimmt war, blieb ihm verschlossen. Erneut und wieder erfolglos mußte der Künstler prozessieren.

Im Ringen um dieses Werk, seine künstlerische Erschaffung und gesellschaftliche Achtung, erschöpfte sich Veit Stoß. Er verlor, noch vor Anfang des Bauernkriegs, das Augenlicht und starb ein Jahrzehnt später, 1533, einsam und verbittert – im 85. Jahr. Der Altar, sein Vermächtnis, wurde nach Bamberg verkauft, wo er noch heute im Dom durch stille Harmonie anrührt: statt mit expressiven Gebärden steht die Figurengruppe in ruhiger Verinnerlichung, statt wildbewegter Locken und Gewänder fallen Haar und Kleider schlicht.

Stoß hat die Bewegungen seiner Zeit angezeigt, er rief sie nicht hervor. Er stieg auf mit ihnen und ging zugrunde: doch nicht wie Jörg Ratgeb und Tilman Riemenschneider, in den blutigen Wirren des Bauernkriegs und der Konterrevolution, sondern in den trügerischen Geldgeschäften und Rechtshändeln des Frühkapitalismus. So zeigt dieses Leben in großer Zeit auf eine andere Weise, daß der Künstler kein Günstling des Glücks, der Mitgestalter einer Kulturblüte nicht selbst auf Blumen gebettet war.

JÜRGEN WULLENWEVER

Er aber will die Reformation nutzen, um Verblichenes leuchten zu machen und treibt doch – gegen seinen Willen – die neue Zeit: Kaufmann und Renaissancecharakter mit glänzenden Talenten, ein unschlagbarer Redner, unvergleichlicher Organisator, genialer Stratege, der Könige, Grafen, Bürger, Bauern und Plebejer auf dem Schachbrett seiner Pläne in Bewegung hält.

Er ist auch Wanderer zwischen den Fronten, die ihn zerreiben. Ein begeisterter Historiker beschreibt Jürgen Wullenwever: »... hohe Stirn, hervortretende Augen, feine Augenbrauen, sehr vorragende Nase, stolz aufgeworfene Unterlippe, dabei kurze Haare und eine feine weiße Gesichtsfarbe.« Dieser Mann muß wirklich vieles bedenken. Was die meisten Bürger der Hansestadt Lübeck ein wirres Knäuel dünkt, scheint er mit Leichtigkeit aufrollen zu können.

Da ist die Stadt. Ein paar Meilen hinter der Küste, liegt sie nahe genug an der Ostsee und doch entfernt vom Zugriff der Seeräuber. Da ist der Fluß Trave, die Pforte des

Handels. Die Produkte des Ostens: Korn, Flachs, Hanf, Talg, Pelze, Teer und Holz, sie werden in Lübeck eingetauscht gegen die Waren des Westens: gegen Tuche, Leinen, Gewürze und Wein. Die Kaufleute der Stadt besitzen das Privileg des Travestapels, sie beherrschen dadurch den Zwischenhandel.

Doch vieles hat sich in der führenden Stadt der einst so mächtigen Hanse geändert. Nur noch mit Mühe kann der Travestapel durchgesetzt werden, der die fremden Händler zwingt, ihre Waren in Lübeck zum Kauf anzubieten. Immer häufiger wird die sofortige Umfahrt durch den dänischen Sund, das Kattegat und das Skagerrak bevorzugt. Immer kräftiger entwinden sich die nordischen Staaten dem lübischen Einfluß, und auch Preußen und Polen wollen sich nicht länger beaufsichtigen lassen. Im Osten sind die Nowgoroder wendig und stark. Besorgt registrieren die Lübecker Kaufleute aber vor allem das Wachstum der westlichen Konkurrenz, der schon mit Manufaktur- und Bankkapital operierenden Niederländer.

Geschäftsverluste sind zu beklagen. Vorbei ist der gute Handel mit den englischen Tuchen und dem Lüneburger Salz. Auch die Entdeckung Amerikas hat keinen Nutzen gebracht. Spanien und Portugal, England und die habsburgischen Niederlande können Gewinne verbuchen, an die die Lübecker nicht zu denken wagen. Dies alles mag Wullenwever beschäftigen: Was spricht denn dagegen, den Holländern ihren Handel streitig zu machen?

Da aber ist der aristokratische Rat. Seine Mitglieder sind Patrizier, die aus ansehnlichem Grundbesitz reiche Renten beziehen. Es scheint, als sähen und hörten sie nichts. Ihre reichen Besitztümer machen sie wenig empfindsam gegen das wechselnde Handelsglück der Kaufleute. Dennoch sind die Ratsherren und mit ihnen die reiche katholische Geistlichkeit beunruhigt: Es ist die Lehre Luthers, die ihre Sicherheit bedroht, und fünf Jahre schon dauert ihr Kampf gegen die Reformation. Sie weisen die evangelischen Prediger aus der Stadt, lassen die lutherischen Schriften auf dem Markte verbrennen, und geben – Dezember 1529 – den Zünften Bescheid: Luthers Ansichten führten dahin, »daß sich die Knechte über die Herren erhöben«. Das sei Aufruhr wider die alte Ordnung und Tradition.

Doch es ist, als habe der Rat mit seinen Beschlüssen nur Öl auf ein Feuer gegossen. Unruhe flammt auf. Gereizt durch die Teuerung der Waren, durch Hunger und Seuchen, verweigern die Bürger eine anstehende Kriegssteuer gegen die Türken. Der Rat muß die Wahl eines 48 Mann starken Bürgerausschusses erlauben, der die Steuerfrage prüfen soll, aber bei Ausnutzung der Krise weit mehr verrichtet: Er fordert im Namen der Stadtgemeinde eine Rechenschaftslegung des Rats und die Zulassung des evangelischen Glaubens. Drohend sammeln sich die Lübecker in Haufen vor dem Rathaus, um ihren Ausschuß zu unterstützen.

Die Idee der Reformation scheint die sozialen Unterschiede zwischen den Bürgern und Plebejern zu verwischen, sie belichtet statt dessen ihren gemeinsamen Widerspruch gegen das feudalaristokratische Patriziat. Die besitzenden Bürger bedrängen den Rat, weil er Handelsrückgang und niederländische Konkurrenz dulde. Die anderen Schichten verfechten mit der Reformation eine Verbesserung ihrer sozialen Lage.

Wullenwever hat diese Vorgänge aufmerksam verfolgt. Sohn eines Tuchhändlers in Hamburg, der dort der vornehmsten Kaufmannsgesellschaft, den Flandernfahrern, angehört, begreift er die Interessen der Fernkaufleute aus eigener Erfahrung. Er ist jetzt 38jährig, wohnt aber erst seit vier Jahren als Besitzbürger, Kaufmann und Anteilreeder in Lübeck und verdankt wohl seiner Bildung, seinem lebhaften Temperament, seiner unwiderstehlichen Überredungskunst die Stellung des Ältermanns der Nowgorodfahrer. Nun steht er inmitten der rufenden Menge vor dem Rathaus und stimmt in deren Empörung ein. Zunächst also in den religiösen Protest, den Sammelruf gegen die Vielfalt der ökonomischen, sozialen und politischen Gebrechen: Durchsetzung der Reformation!

Der Rat muß nachgeben. Die Gemeinde kann ihren ersten Sieg feiern. Mit Hilfe eines neuen 64er Ausschusses, in den am 7. April 1530 auch Wullenwever gewählt wird, sind die Forderungen der Opposition bis zum Herbst erfüllt. Der Ausschuß übernimmt die Aufsicht über die Verwendung der Steuergelder. Die lutherischen Prediger kehren zurück. Eine allgemeine evangelische Kirchenordnung wird eingeführt. Katholische Messen und Zeremonien fallen unter Verbot. 90 Zentner Kirchensilber werden eingezogen. Die Gemeinde lernt, ihre Kräfte zu gebrauchen. Sie hat vom Rat Vergünstigungen erreicht, mit deren Hilfe der 64er Ausschuß an Macht gewinnt.

Da treffen im Oktober 1530 kaiserliche Mandate ein: Sie nennen den Ausschuß »unberechtigt«, fordern seine Auflösung und die Rückkehr der ganzen Bürgerschaft zum katholischen Glauben. Das ruft die Massen abermals auf den Plan. Sie sperren den tagenden Rat so lange ins Rathaus, bis er neuen Beschlüssen des Ausschusses zustimmt: gegen den Kaiser gerichtet, verlangen sie vom Rat die innen- und außenpolitische Entscheidungsgewalt für den Ausschuß und verbieten ratsherrliche Politik. Die Bürgerschaft übernimmt die Aufsicht über die Geschütze, das Pulver und die Gerichte. So verliert der alte Rat seine Gewalt über die Stadt. Als dann die führenden Bürgermeister aus Lübeck fliehen und ihr Beispiel viele Patrizier und Domherren nachzieht, beginnt die siegreiche Opposition, ihre Befugnisse auch für außenpolitische Ziele einzusetzen.

Ratsergänzungswahlen, die im April 1531 stattfinden, katapultieren sieben Ausschußmitglieder in den Rat. Auch Wullenwever ist zwei Jahre später Ratsherr – sogar Bürgermeister. Er hat jetzt das höchste städtische Amt. Seine Politik entspricht den Vorstellungen der nichtpatrizischen Besitzbürger: Erhaltung der privilegierten lübischen Vorherrschaft im Ostseeraum gegen andrängende Niederländer und widerstrebende Skandinavier. Das ist objektiv der Versuch, mit Hilfe des veralteten Handelssystems einer Hansestadt des Mittelalters den Zweikampf gegen das niederländische Handelskapital der Neuzeit zu wagen. Das heißt überdies, die objektive historische Entwicklung, die auch in den nordischen Ländern zur Herausbildung von Nationalstaaten tendiert, aufhalten zu wollen.

Aus der Sicht Wullenwevers und seiner Anhänger wird dieses Bestreben verständlich. Gestützt auf ihre Traditionen, möchten sie der Hanse und insbesondere Lübeck zu neuem Glanz verhelfen. Wullenwevers erste Amtshandlung, im März 1533, ist ohne Umstände direkt: Er fordert von der Stadt das Kirchensilber und den Krieg gegen die Holländer.

Lübeck rüstet. Da erreicht den Bürgermeister die Nachricht, daß Friedrich I., König von Dänemark und Norwegen sowie Herzog von Schleswig und Holstein, am 10. April 1533 gestorben ist. Sein Tod eröffnet Wullenwever neue Möglichkeiten für alte Praktiken. Lübecks überragende Stellung beruhte stets auf der Schwäche der nordischen Feudalstaaten, die bislang keine unabhängige Handelspolitik betreiben konnten und der Vermittlung der Hanse bedurften. Ein günstiges Kraftfeld für Lübeck, um ergebene Anwärter auf den Königsthron zu schieben und bei diesem wahrhaft königlichen Geschäft lübische Sonderrechte, Privilegien, Handelsmonopole, Zollfreiheiten und – vor allem – die Sundkontrolle zu kassieren. Kein Wunder, wenn jetzt Bürgermeister Wullenwever noch einmal versucht, die alten Erfahrungen zu nutzen!

Schon im Juni 1533 steht er vor dem dänischen Reichsrat in Kopenhagen. Er erinnert beredt an Lübecks geleistete Hilfe, an dänische Versprechungen, die nicht erfüllt wurden, und er fordert nun Unterstützung im Kampf gegen die Holländer. Als der Rat abschlägig antwortet, läßt Wullenwever die dänische Krone dem evangelischen Herzog Christian von Holstein anbieten, der dem katholischen Reichsrat ganz ungelegen ist. Der Plan ist einfach: Dänemark soll durch einen Scheinkönig wieder in Abhängigkeit stehen, damit Lübeck die niederländische Schiffahrt durch den Sund kontrollieren kann.

Die Lübecker sind begeistert und singen selbstbewußt auf den Gassen:

»Lübeck, klein und rein, verzage nicht,
Ist Holland groß, die Buben sind bloß,
sie tun's dir nicht.
Wenn zwei Könige du gemacht
und den dritten aus dem Land getrieben.
Seid ihr noch gewaltige Herrn zu Lübeck geblieben.«

Sehr bald benötigt Wullenwever diese Stimmung. Denn schlechte Nachrichten gehen ein. Herzog Christian lehnt die Krone aus Lübecks Händen ab. Der dänische und der schleswig-holsteinische Adel verhandelt mit den Niederländern, und auch Schweden sympathisiert für ein Bündnis gegen Lübeck. Der inzwischen begonnene Seekrieg gegen die Niederländer verläuft schleppend. Mit leeren Händen kommen die Unterhändler aus den wendischen Städten zurück. Diese verweigern Hilfe und drängen auf Friedensschluß. Der Lübecker Rat gibt nach, Wullenwever muß sich fügen, und die Hansestadt Hamburg vermittelt zwischen den Mächten.

Die Verhandlung wird auf den 15. Februar 1534 in Hamburg festgesetzt. Kaiserliche Gesandte, der Adel aus Holstein, patrizische Ratsmitglieder aus den wendischen Städten werden erwartet. Da wollen Wullenwever und seine Freunde die neue politische Macht ihrer Stadt demonstrieren. Ein Zeitgenosse berichtet: »In ungewohntem prächtigem Aufzug zogen sie in Hamburg ein, in voller Rüstung, zu Roß, einen Trompeter vorauf, 60 Stadtdiener in blanken Harnischen hinter sich her...« Mit seinem Gefolge kann Wullenwever die Aristokraten schocken. Aber gegen die Niederländer vermag er nichts. Hier prallen feudale und kapitalistische Wirtschaftsprinzipien aufeinander: Die Lübecker wollen unbeschränkte Privilegien, die Niederländer jedoch Handelsfreiheit.

Noch während des langwierigen Streits erfährt Wullenwever, daß seine Gegner in Lübeck nicht untätig sind und seine Abwesenheit nutzen. Ihre Agitation schürt Unruhe: der Krieg gegen die Holländer sei ohne Aussicht auf Erfolg, das Kirchensilber sinnlos vertan, und nur die Rückkehr zur alten Ordnung könne Rettung bringen. Wullenwever handelt schnell. Er verläßt Hamburg und kann die Lübecker von sich überzeugen. Im April 1534 sind nur noch vier der alten Mitglieder im Rat. Wullenwever hat sich völlig durchgesetzt.

Die Ereignisse prägen ihn. Er wird neben den traditionellen Wegen auch völlig neue beschreiten. So nutzt er die progressive Bewegung der Bürger, Plebejer und Bauern, ihren Kampf um die Durchsetzung der Reformation, für sein regressives Ziel: die Wiederbefestigung hanseatischer Macht.

Einfallsreich und unerschöpflich sind seine taktischen und strategischen Schachzüge. Er unterstützt die Bürgerausschüsse und Gemeinden der wendischen Städte, schürt ihren Kampf gegen die patrizischen Räte, erreicht in Wismar, Rostock, Stralsund Erfolge und – nachdem dort die Räte erneuert sind – ihre Hilfe, um nun auch den Kampf gegen Holstein und Dänemark aufzunehmen. Selbst zum holsteinischen Landvolk knüpft Wullenwever Verbindungen, die der norddeutsche Adel »gemeinen bäurischen Aufruhr« nennt. Der Bürgermeister ist unermüdlich. Seine weiteren Fäden laufen zu den Dithmarschen, der kleinen freien Bauernrepublik, die gegen die holsteinischen Fürsten steht und ebenfalls bereit ist, zusammen mit Lübeck zu kämpfen. In Dänemark verbündet sich Wullenwever mit den wichtigsten Männern der bürgerlichen Opposition, Ambrosius Bogbinder und Jürgen Kock, den protestantischen Bürgermeistern von Kopenhagen und Malmö.

Er entrollt gleichsam vor den dänischen Bürgern und Bauern eine Fahne, der sie unbeirrt folgen mögen: den 1523 durch Adelsrebellion gestürzten und 1532 in Haft genommenen Dänenkönig Christian II. verspricht er aus der holsteinischen Sonderburg befreien zu wollen. Es ist ein kühnes, wenn nicht demagogisches Unterfangen. Denn schließlich ist gerade auch Lübeck daran beteiligt, daß Christian in Gefangenschaft sitzt. Dieser Fürst hat die königliche Zentralgewalt durchsetzen, die lutherische Lehre fördern und sich auf Bürger und Bauern stützen wollen. Er hat sich dem Adel ebenso widersetzt wie der Hanse. Doch das ist für Wullenwever kein Problem. Ihm ist jedes Mittel willkommen. Jetzt sammelt er sogar willige Streiter für die Befreiung des ehemaligen Königs Christian, für die »Wiederherstellung des Rechts«, unter dem deutschen Adel: den Grafen Christoph von Oldenburg, den Grafen Johann von Hoya und später den Herzog Albrecht von Mecklenburg.

Der Krieg gegen Dänemark, »Grafenfehde« genannt, beginnt im Mai 1534 in Holstein. Er endet im Juli 1536 auf den Schonen. Sein Ergebnis schlägt Lübecks Erwartungen ins Gesicht. Die Hansestadt ist unterlegen und Wullenwever eingekerkert.

Was ist geschehen? Die dänischen Bauern erhoben sich doch planmäßig. Die Bürger von Kopenhagen hielten doch treu zu Wullenwever. Lübeck beherrschte den Sund. Und der dänische Adel geriet wirklich in Panik.

Aber den Lübeckern mochten diese Erfolge wenig bedeuten: Die Holsteiner standen vor den Toren, sperrten die Trave. Jedermann war unzufrieden. Die Kaufleute, Schiffer, Brauer, Krämer und Handwerksmeister sahen ihre Geschäfte durch die Kämpfe behindert. Die Gesellen und Tagelöhner empfanden die Belastungen des Krieges noch mehr, ihre soziale Notlage war hoffnungsloser denn je. Sie alle verloren den Glauben an Bürgermeister Wullenwever und entzogen sich ihm als Stütze. Das gab den patrizischen Gegnern wiederum Auftrieb. Sie schürten die Stimmung, unterstellten

Wullenwever gefährliche Umtriebe: Er habe Verbindung zu den aufrührerischen Wiedertäufern, die in Münster den Rat, die Patrizier und reichen Bürger verjagt, ihren Besitz verteilt, ihre empörende Herrschaft wider Recht und Gesetz errichtet hätten. Die Furcht vor den obrigkeitsfeindlichen Ideen der Wiedertäufer war groß genug, daß Patriziat und Bürgertum einander näher kamen. Mitten hinein in diese gärende Masse hat das Kammergericht des Reiches am 7. Juli 1535 ein exekutorisches Mandat geschleudert. Es bedroht ganz Lübeck mit Verhängung der Reichsacht, falls die alte aristokratische Stadtverfassung binnen 45 Tagen nicht wieder hergestellt sei.

Auf dem Hansetag im August 1535 kann sich das lübische Patriziat durchsetzen. Die Sprache der Besitzenden übertönt alles. Da ist von »Aufruhr und Empörung« die Rede. Der »gebührliche Gehorsam des gemeinen Mannes und der Untertanen« müssen in Lübeck durch »gute Politik und ordentliches Regiment« gesichert werden! Noch im selben Monat werden Wullenwever und alle neuen Ratsmitglieder zum Rücktritt gezwungen. Lübecks Bürgermeister sieht sich als Amtmann nach Bergedorf abgeschoben. Der Ring um ihn schließt sich immer enger.

Jetzt gilt Wullenwever allein nur als Mann, der die Volksmassen aufwiegelte. Norddeutsche Territorialfürsten, der Adel von Holstein und Schleswig, Dänemark und Schweden, die Patrizier der Hansestädte sind gegen ihn. Der Erzbischof von Bremen läßt ihn im November widerrechtlich gefangennehmen und an den katholischen Herzog von Braunschweig ausliefern. Das erregt Freunde und Feinde. Ein Däne schreibt am 22. November 1535 aus Lübeck: »Jürgen Wullenwever, der Gigant, ist zu Rothenburg im Stift Bremen gefangengesetzt.« Selbst 25 Könige würden ihn nicht befreien können, sagt ein anderer Bericht. Das Für und Wider verzögert seinen Prozeß fast um zwei Jahre.

Am 24. September 1537 verliest das Gericht des Herzogs von Braunschweig auf dem Tollensteine vor Wolfenbüttel unter freiem Himmel die Anklage. Ihr Inhalt ist unter der Folter abgepreßt. Wullenwever sei Anstifter und Urheber der Fehde mit den Niederländern und habe dadurch den Landfrieden gebrochen; er sei in das Fürstentum Holstein eingefallen; er habe den Adel in Dänemark erschlagen und erwürgen, die Hauptstadt Kopenhagen nehmen wollen; in Lübeck habe er vorgehabt, die Obrigkeit verhaften und ihre Güter auf dem Markte verteilen zu lassen, um noch ein weiteres Wiedertäuferreich aufzurichten. Wullenwever widerruft die Rechtlichkeit seiner wirklichen und auch der ihm untergeschobenen Taten. Er kann so das Urteil vom »schmählichen« in einen »geziemenden« Tod mildern: Sein Kopf fällt durch das Schwert. Der Leichnam aber wird gevierteilt und aufs Rad geflochten. An der Wand des Kerkers hinterläßt Wullenwever seine Handschrift: »Kein Dieb, kein Verräter, kein Wiedertäufer auf Erden bin ich niemals gewest, will's auch nimmer befunden werden...«

Wullenwever ist tot. Doch erregt er auch heute noch seine eigene, die besitzende Klasse. Bourgeoise Historiker verurteilen ihn wegen seiner Verbindung zu Bürgern, Plebejern und Bauern: dem »verhängnisvollen Mittel der Demokratisierung der Seestädte«. Er gilt als einer der Diktatoren, die die »Auflösung der harmonischen Lebensform«, das »Ende organischen Wachstums«, den »Bankrott der schöpferischen Leistungskraft« einer Gesellschaftsordnung ankündigen oder vollenden. Die Unzulänglichkeit ihres Charakters sei trotz krampfhaft übersteigerter Machtpolitik die »Ursache der Niederlage«.

Hier werden Zusammenhänge verwechselt. Nicht Wullenwever, nicht sein Charakter war Ursache des Niedergangs der Hanse. Und hätte der Mann noch größere Fähigkeiten bewiesen: Sein Kampf für Lübecks hanseatische Restauration war aussichtslos. Das Uhrwerk des feudalprivilegierten Städtebundes lief endgültig ab durch den Aufmarsch des internationalen Manufakturkapitals, bei gleichzeitigem Sieg der konterrevolutionären Territorialfürsten in Deutschland. Die niederländischen und englischen Schiffe kreuzten am Ende unbehelligt im Ostseeraum. In den Ländern des Nordens und Ostens entwickelten sich zentralisierte Staaten.

Wullenwever scheiterte mit veralteter Zielstellung und trieb dennoch die neue Zeit voran. Seine Verbindung zu den Massen half in Lübeck die Reformation durchsetzen. Sie schlug von hier eine Brücke in die skandinavischen Länder.

JOHANN GEORG FAUST

Er nannte sich Magister Georg Sabellicus oder Faust der Jüngere. Wo er auftrat, erregte er Erstaunen und Aufsehen. Sein Leben war bald von Anekdoten und Legenden umrankt.

Aus dem Jahre 1506 stammt die erste Nachricht über ihn. Da schreibt Johannes Trithemius, Abt in Sponheim und Würzburg, an einen Freund, der Auskünfte über Faust erbeten hat: »... Als ich im vorigen Jahre aus der Mark Brandenburg zurückkehrte, traf ich diesen Menschen in der Nähe der Stadt Gelnhausen an, wo selbst man mir in der Herberge ... von ihm ... erzählte.« Faust habe »in Gegenwart vieler gesagt, daß er ein so großes Wissen und Gedächtnis aller Weisheit erreicht habe, daß, wenn alle Werke von Plato und Aristoteles samt all ihrer Philosophie durchaus aus der Menschen Gedächtnis verlorengegangen wären, er sie wie ein zweiter Hebräer Esra durch sein Genie sämtlich und vorzüglicher als vorher wiederherstellen wolle«.

Trithemius nennt vor allem Geistliche als seine Gewährsleute, die ihm diesen Vorfall nicht ohne Empörung berichtet hätten. Er fügt dann weitere Angaben über Faust hinzu: »Als ich mich später in Speyer befand, kam er nach Würzburg und soll sich in Gegenwart vieler Leute mit gleicher Eitelkeit gerühmt haben, daß die Wunder unseres Erlösers Christi nicht anstaunenswert seien; er könne alles tun, was Christus getan habe, so oft und wann er wolle. In den Fasten dieses Jahres kam er nach Kreuznach, wo er sich in gleicher großsprecherischer Weise ganz gewaltiger Dinge rühmte und sagte, daß er in der Alchemie von allen, die je gewesen, der Vollkommenste sei und wisse und könne, was nur die Leute wünschten. Während dieser Zeit war die Schulmeisterstelle in gedachter Stadt unbesetzt, welche ihm auf Verwendung von Franz von Sickingen... übertragen wurde.«

Erst sieben Jahre später, 1513, erscheint ein neuer Bericht. Der Humanist Mutianus Rufus schreibt über einen Mann, der den Leuten die Handlinien deute. »Vor acht Tagen kam ein Chiromant nach Erfurt, namens Georgius Faustus..., ein bloßer Prahler und Narr. Seine Kunst, wie die aller Wahrsager, ist eitel... Die Unkundigen staunen es an... Ich hörte ihn im Wirtshaus schwatzen; ich habe seine Anmaßung nicht gestraft, denn was kümmert mich fremde Torheit?«

Faust hat nicht nur mit Prophezeiungen von sich reden gemacht. Er trieb auch naturwissenschaftliche Experimente, die bei der geringen Kenntnis in chemischen und physikalischen Dingen heftige Verwunderung, wenn nicht gar die Nachrede der Zauberei weckten. Da er sich in keiner Matrikel der damaligen Universitäten nachweisen läßt, scheint er sein Wissen vor allem als Autodidakt erworben zu haben. Er zählte zu den Vaganten, Fahrenden, sozialen Außenseitern, die mit ebensoviel Sensationslust wie Mißtrauen umwittert wurden. Eine feste Anstellung fand er nur schwer, erstrebte sie wohl auch nicht. Um aber seinen Unterhalt zu erwerben, war er vom Zulauf eines Publikums abhängig, das er mit allen Mitteln des Marktschreiers anlockte. Humanistische

Gelehrte wie Trithemius und Mutianus mochten von ihrer gesicherten Lebensstellung verächtlich herabblicken auf den Mann, der eine Erziehung zu ernsthaftem Studium nie genossen hatte, sondern als Wahrsager und Experimentierer in der Nähe der Gaukler stand.

Die Legendenbildung um Faust spiegelt Bewunderung und Verketzerung zugleich wider. Der Zulauf des Volkes war den geistlichen und weltlichen Obrigkeiten nicht geheuer. Da wurde der Außenseiter zum Teufelsbündner abgestempelt, und Stadtväter übten Vorsicht bei seinem Erscheinen. Mehrfach wurde Faust ausgewiesen, zumal nach dem Bauernkrieg, da jeder des Aufruhrs verdächtig erschien, der eine Volksmenge um sich versammelte. So heißt es in den Ingolstädter Ratsprotokollen: »Anheut mitwoch nach Viti anno 1528 dem warsager soll befolchen werden, dz er zu der stat ausziech und seinen pfennig anderswo verzer.« Die darauf folgende Vollzugsnotiz verrät, um wen es sich handelte: »Am mitwoch nach Viti Anno 1528. Ist ainem der sich genant Doctor Jörg faustus von Haidlberg gesagt, dz er seinen pfennig anderswo verzer, und hat angelobt, solche ervorderung für die obrigkeit nit zu anthen (ahnden) noch zu äffern (rächen).« Auch die Nürnberger Ratsverfügungen von 1532 nennen ihn: Doctor Faustus, den »großen Sodomiten und Nigromantico« – was soviel wie Gottloser und Schwarzkünstler bedeutet. Das Geleit sei ihm abzulehnen, der Rat übernehme keine Haftung für die Sicherheit seiner Person. Somit war Faust berühmt und berüchtigt genug, um ihn in der Stadt Dürers und seiner revolutionären Malschüler als vogelfrei zu erklären.

Von 1532 bis 1534 hielt er sich in der Gegend von Köln auf, wo er vorzugsweise von Wahrsagerei gelebt haben soll. Den Teilnehmern einer Expedition, die 1534 nach Amerika aufbrach, sagte er Schwierigkeiten voraus, die späterhin brieflich bestätigt worden sind: ». . . daß ich bekennen muß, daß es der Philosophus Faustus schier troffen hat, dann wir fast ein bößes Jahr antroffen haben.«

In mehreren Zeugnissen des 16. Jahrhunderts wird über den seltsamen Tod des »weitberuempten schwartzkünstlers« berichtet. Er sei nach vielen »wunderbarlichen sachen«, die er in seinem Leben vollbracht habe, zuletzt in der Herrschaft Staufen im Breisgau vom Teufel umgebracht worden. In der Zimmerischen Chronik (1564–1566) lautet der Bericht über die Jahre um 1541 wie folgt: »Es ist auch umb die zeit der Faustus zu oder nit weit von Staufen, dem stetlin im Breisgew, gestorben. Der ist bei seiner zeit ein wunderbarlicher nigromanta gewest... der auch sovil seltzamer hendel gehapt hin und wider, das sein in vil jaren nit leuchtlichen wurt vergessen werden. Ist ain alter mann worden und, wie man sagt, elengclichen gestorben.« Viele Menschen sollen aus allerlei Anzeichen und Vermutungen gefolgert haben: »Der bös gaist, den er in seinen lebzeiten nur sein schwager genannt, habe ine umbbracht. Die buecher, die er verlasen, sein dem herren von Staufen, in dessen herrschaft er abgangen, zu handen worden, darumb doch hernach vil leut haben geworben...«

Der Pfarrer Johannes Gast schildert in seiner Predigtsammlung Fausts Leben und Tod auf sehr phantastische Weise. »Er hatte einen Hund und ein Pferd bei sich, die, wie ich glaube, Teufel waren, da sie alles verrichten konnten. Einige sagten mir, der Hund habe zuweilen die Gestalt eines Dieners angenommen und ihm Speise gebracht. Der Elende endete auf schreckliche Weise, denn der Teufel erwürgte ihn; seine Leiche lag auf der Bahre immer auf dem Gesicht, obgleich man sie fünfmal umdrehte.«

Sogar Philipp Melanchthon, Gelehrtester unter den Wittenberger Gelehrten, war nicht wissend genug, die Legende des Teufelspakts anzuzweifeln: »Ich habe einen gekennt, mit namen Faust von Kundling (ist ein kleines Stättlein, nicht weit von meinem Vatterland), derselbige, da er zu Crockaw (Kraków) in die schul gieng, da hatte er die zauberey gelernet, wie man sie dann vor zeiten an dem ort sehr gebraucht, auch offentlich solche kunst geleeret hat. Er gieng hin vnd wider allenthalben – vnd sagte viel verborgene ding... Vor wenig jahren ist derselbige Johannes Faust, den Tag vor seinem letzten ende, in einem Dorff im Wirtemberger land gantz traurig gesessen... da hat er zum Würte gesagt: So er etwas in der nacht hören würde, solte er nicht erschrecken. Vmb mitternacht ist im hause ein grosses getümmel worden. Des morgens wolte der Faust nicht auffstehen. Vnd als es schier auff den mittag kam, hat der Würt etliche menner zu jme genommen, vnd ist in die schlaffkammer gangen, darin er gelegen ist, da ist er neben dem bette tod gelegen gefunden, vnd hatte jm der Teufel das angesicht auff den rucken gedrehet. Bey seinem leben hatte er zwen hund mit jm lauffen, die waren Teuffelen... Derselbige Faust ist zu Wittenberg entrunnen, als der fromme vnd löbliche Fürst Hertzog Johannes hette befelch gethon, daß man jhn fangen solte. Deßgleichen ist er zu Nürnberg auch entrunnen...«

Die zeitgenössischen Mitteilungen und Dokumente ermöglichen, Fausts ungefähre Lebensdaten zu reproduzieren. Er wurde um 1480 im württembergischen Knittlingen geboren. Seinen Aufenthalt in der Maingegend bei Gelnhausen und Würzburg hat Trithemius für 1505 und 1506 bezeugt. 1507 war er eine Zeitlang Schulmeister in Kreuznach an der Nahe, wo er aber in Ungnaden entlassen wurde. Danach erschien er in Heidelberg, Erfurt (1513) und Bamberg (1520). Aus den Universitätsstädten Wittenberg und Ingolstadt wurde er 1527 und 1528 ausgewiesen. Auch in Nürnberg galt er 1532 als ein unliebsamer Gast. Er starb 1540 oder 1541 in Staufen im Breisgau eines unnatürlichen Todes, wobei die Forschung vermutet, er sei bei chemischen Experimenten mit Explosivstoffen verunglückt.

Schon dreißig Jahre später entstanden mehrere handschriftliche Aufzeichnungen über die sensationelle und geheimnisvolle Faustgestalt. Sie schildern Anekdoten und Legenden, aus deren Verarbeitung 1587 das gemeinhin bekannte Buch hervorging: »Historia von D. Johann Fausten...«, gedruckt von Johann Spies zu Frankfurt am Main. Der Teufelspakt und das gewaltsame Lebensende prägen hier das zentrale Motiv der Darstellung. Dem Leser drängt sich die Möglichkeit fehlgeschlagener Experimente mit explosiven Stoffen, deren Wirkung unbekannt war, regelrecht auf: »Die Studenten lagen nahendt bey der Stuben, da D. Faustus jnnen war, sie hörten ein grewliches Pfeiffen vnnd Zischen, als ob das Hauß voller Schlangen, Natern vnnd anderer schädlicher Würme were, in dem gehet D. Fausti thür vff in der Stuben, der hub an vmb Hülff vnnd Mordio zuschreyen, aber kaum mit halber Stimm, bald hernach hört man jn nicht mehr. Als es nun Tag war, vnd die Studenten die gantze Nacht nicht geschlaffen hatten, sind sie in die Stuben gegangen, darinnen D. Faustus gewesen war, sie sahen aber keinen Faustum mehr, vnd nichts, dann die Stuben voller Bluts gesprützet. Das Hirn klebte an der Wandt, weil jn der Teuffel von einer Wandt zur andern geschlagen hatte. Es lagen auch seine Augen vnd etliche Zaen allda, ein greulich vnd erschrecklich Spectackel.«

Wahrheit und Dichtung vermischen sich in der Darstellung dieses spektakulären Lebens und Sterbens, und sie passen ganz in eine Zeit, da beide Kirchen – sowohl die römisch-katholische als auch die evangelische – zur Erhaltung des Glaubens allerlei Aberglauben, Hexenwahn und Teufelsfurcht schürten. Mit großem Geschick hat der ungenannte Autor die umlaufenden Anekdoten in der »Historia« zusammengefaßt und zur Lebensgeschichte gebündelt, zugleich das ganze mit der Behauptung versehen, die angeblich hinterlassenen »eigenen Schriften« des Faust seien zugrunde gelegt. Der Erfolg war grandios. Der Frankfurter Verleger und Drucker schwelgte in erfüllter Absatzerwartung. Im Widmungsschreiben konnte er sich darauf berufen, daß Faust allerorts im Gespräch sei: »Nach dem nun viel Jar her ein gemeine vnd grosse Sag in Teutschlandt von Doct. Johannis Fausti, des weitbeschreyten Zauberers vnnd Schwartzkünstlers mancherley Abenthewren gewesen, vnnd allenthalben ein grosse nachfrage nach gedachtes Fausti Historia bey den Gastungen vnnd Gesellschaften geschicht, Deßgleichen auch hin vnnd wider bey etlichen newen Geschichtsschreybern dieses Zauberers vnnd seiner Teuffelischen Künste vnnd erschrecklichen Endes gedacht wirdt, hab ich mich selbst auch zum offtermal verwundert, daß so gar niemandt diese schreckliche Geschicht ordentlich verfassete, vnnd der gantzen Christenheit zur warnung durch den Druck mittheilete..., bis sie mir newlich durch einen guten Freundt von Speyer mitgetheilet vnnd zugeschickt worden.«

In den biographischen Teilen der »Historia« wird Faust als Sohn eines Bauern beschrieben, der »eins gantz gelernigen vnd geschwinden Kopffs, zum studiern qualifiziert vnd geneigt war«. Er habe akademische Prüfungen im humanistischen Wittenberg mit Glanz absolviert. Stets aber sucht der Autor die volkstümliche Überlieferung durch moralisierende Kommentare zu steuern. So heißt es nach Erwähnung von Fausts überdurchschnittlicher Intelligenz: »Daneben hat er auch einen thummen, vnsinnigen vnnd hoffertigen Kopff gehabt, wie man jn denn allezeit den Speculierer genennet hat. Ist zur bösen Gesellschaft gerathen, hat die H. Schrift ein weil hinder die Thür vnnd vnter die Banck gelegt...«

Das so beschriebene Leben des Faust ist Moralgeschichte, mit der sich die Theologie gegen das Andrängen der Naturwissenschaften, ihrer glaubensindifferenten Methoden des Beobachtens, Experimentierens und Rechnens, ihres säkularisierten Welt- und Menschenbildes, verteidigt. Also lautet der Kommentar über Fausts geistigen Werdegang: »... wolte sich hernachher keinen Theologum mehr nennen lassen, ward ein Weltmensch, nandte sich D. Medicinae, ward ein Astrologus vnnd Mathematicus...« Der Verfasser selbst ist ein Kind seiner Zeit, in der sich Glaubenseifer und Erkenntnisdrang, Religion und Wissenschaft überschneiden. Daher vermittelt seine anschauliche Darstellung bis zum gewissen

Grade eine Bewunderung faustischen Strebens: »... dem trachtet er Tag vnd Nacht nach, name an sich Adlers Flügel, wolte alle Gründ am Himmel vnd Erden erforschen ...« Sofort aber ruft der Autor sich selbst und den Leser zu gottesfürchtiger Demut zurück: »... dann sein Fürwitz, Freyheit vnd Leichtfertigkeit stache vnnd reitzte jhn also.« So habe Faust schließlich den Teufel beschworen, für vierundzwanzig Jahre einen Bund mit ihm geschlossen und mit Hilfe des Geistes und Dieners Mephistophiles ein abenteuerndes Leben geführt.

Alle großen Gestalten der Renaissance und der frühen bürgerlichen Revolution sind durch das Streben vereint, über die theologischen Dogmen, die willkürlich gezogenen Grenzen des Wissens und der Erkenntnis, durch die vielseitige Ausbildung ihrer Fähigkeiten hinauszukommen. Ein Abglanz dieser »Philosophie der Werkstätten« liegt auch über dem historischen Faust, der nach wenigen Lebensjahrzehnten zu einer Symbolgestalt wurde. In ihm schufen sich Vorstellungskraft und Wunschdenken einen Menschentyp, der vieles zugleich verkörperte: auf den Intellekt bauendes Selbstbewußtsein, lebensfreudige Genußfähigkeit, oppositionelles Erkenntnisstreben und einen Neuerergeist, der allein Entdeckungen und Erfindungen möglich machte. Daß es in der »Historia« bildkräftig über ihn heißen konnte: er habe »Adlers Flügel« angenommen, um »Himmel vnd Erden zu erforschen«, verrät etwas von der ausstrahlenden Kraft dieser Gestalt.

Aber der Erzähler entscheidet für Religion und kirchlich sanktionierte Gesellschaftsordnung. Deshalb wird Faust vor allem als eine Warnung gestaltet, die sich gegen das Menschenbild der Renaissance richtet: Ein ruhelos und unersättlich nach Wissen und Kenntnis Strebender verkauft sich dem Teufel und verliert die »ewige Seligkeit«. Schon im Leben peinigen ihn ausweglose Reue, Verzweiflung, Seelenqual und Höllenängste – allesamt literarisch in Szene gebracht, um als moralische Drohmittel den Vorrang des Glaubens zu verteidigen. Da ist selbst der Teufel nicht zu schlecht, um christliche Moral zu predigen: »Mein Herr Fauste, Wann ich (als) ein Mensch erschaffen were wie du, wolte ich mich biegen gegen Gott, allweil ich einen Menschlichen Athem hette, vnnd mich befleissen, daß ich Gott nicht wider mich zu Zorn bewegte ... vnd wueste, daß ich nach meinem Absterben, die ewige Frewde, Glori vnd Herligkeit erlangte.«

Fausts Untergang ist vorgegeben. Sein Ausbruchsversuch aus den Grenzen des Glaubens wird teuflisch geahndet. Es ist nicht zu bezweifeln, daß sich hier orthodoxes Luthertum aussprach, das nach der Niederlage des Bauernkriegs zu einer herrschenden Ideologie geworden war. Fausts Perspektivlosigkeit und Ende war eine bewußte Widerspiegelung gesellschaftlicher Verhältnisse: im refeudalisierten Deutschland des ausgehenden 16. Jahrhunderts, bei Wachstum und Kräftigung der vielen territorialfürstlichen Gewalten, vermochte das Bürgertum seine welthistorische Aufgabe als Hegemon des antifeudalen Kampfes noch nicht aufzufassen. Die Alternative von »Wissen und Glauben« diktiert die Wirkungsabsichten einer Schrift, die letztlich eine reaktionäre Einsicht bezweckte: Unterwirf dich Glauben, Kirche und Gesellschaftsordnung – und dein Seelenheil ist garantiert!

Anders zwei Jahrhunderte später. Goethe, den die Faszination der Faustgestalt durch sein ganzes Leben begleitete, schuf die große Dichtung im Widerschein der siegreichen Französischen Revolution von 1789 und im unumkehrbaren Prozeß der bürgerlichen Umwälzung deutscher Staaten. Sein dramatischer Held ist die gleiche, tief in der Tradition verwurzelte Faustgestalt, die aber nun erst zur vollen Entfaltung kommt. Ihr gelingt der Ausbruch aus der Enge des Daseins, das Streben nach der Erfahrung dessen, was die »Welt im Innersten zusammenhält«. Diese optimistische Gestalt, die über Mephisto den Sieg davonträgt, reflektiert den damaligen Fortschritt in der Weltgeschichte: den Aufstieg der Bourgeoisie zur gesellschaftlich führenden Klasse, den Sieg ihrer politischen und industriellen Revolution, die Säkularisierung des Weltbildes anstelle des religiösen Glaubens. »Wissen oder Glauben«, die Alternative des Faustbuches von 1587, steht bei Goethe nur noch am Rande. Faust überfährt die simple Gretchen-Frage mit pantheistischen Argumenten. Für ihn ist die tiefere Frage nach dem Sinn des Menschenlebens und seiner gesellschaftlichen Bestimmung entscheidend.

Das Menschenbild, das Goethe in Faust kundtut, offenbart die Ideale und Utopien des bürgerlichen Humanismus, tendiert aber schon über die Grenze der neuen Wirklichkeit, der kapitalistischen Ausbeutergesellschaft, hinaus: Fausts Streben vollendet sich in der traumhaft-tiefen Erkenntnis, daß die Selbstverwirklichung des menschlichen Individuums nur durch Arbeit in einer freien Gemeinschaft von Menschen gelingen kann.

SCHLUSS

PLÄDOYER FÜR EIN GENRE

Im Mythos der Griechen war Klio die Muse der Geschichtsschreiber: Mit Schriftrolle oder Schreibtafel stand sie inmitten ihrer Freundinnen, und nichts schien ihr Verhältnis zu Kalliope, der Muse epischer Dichtung, zu Melpomene und Thalia, den Musen der Tragödie und der Komödie, zu den anderen Schutzgöttinnen zu trüben. Auf der naiven Stufe der Menschheit sahen die Griechen ihre Welt noch als Ganzes, erstrebten sie Wissen und Schönheit zugleich, betrachteten sie die Geschichtsschreibung als eine Kunst unter anderen Künsten.

Aber die Klassenspaltung der Gesellschaft in Ausbeuter und Ausgebeutete hatte schon die ursprüngliche Einheit von körperlicher und geistiger Arbeit zerstört. Die Entwicklung gesellschaftlicher Arbeitsteilung differenzierte selbst die Produktion geistiger Kultur, im Kampf um Eigentum und politische Macht, soziale Stellung und Weltauffassung entbrannte auch der Streit um Berufsprivilegien und die geheiligten Kanons der Arbeitsmethoden. So eiferte bald die Geschichtsschreibung der Alexandrinischen Schule gegen die der älteren Griechen, die strenge Gelehrsamkeit gegen die phantasievolle Schöpfung, die »Wissenschaft« gegen die »Kunst«.

Die antiken Gestalter der Geschichte stritten vor allem um das Wesen historischer Porträts und Lebensbeschreibungen: philologische gegen literarische Arbeitsweise, kommentierte Tatsachen gegen erzählte Überlieferungen, Akribie gegen Einbildungskraft – aber auch geistige Askese gegen Temperament und Ursprünglichkeit, dogmatisches Regelwerk gegen schöpferische Variationen, dürftiger gegen kunstvollen Stil, Schriften für Gelehrte gegen Schriften, die zur Belehrung und Freude eines breiteren Lesepublikums verfaßt waren.

Porträt und Lebensbeschreibung waren Objekt des Zerwürfnisses, weil sie von allen historischen Darstellungsformen der epischen und dramatischen Dichtung am nächsten standen – sozusagen an der Scheidelinie zwischen Kunst und Wissenschaft. Hier mußte die Trennung erfolgen, konnte auf höherer Stufe aber auch wieder eine gegenseitige Bereicherung gewonnen werden.

Schon die Meisterwerke der römischen Geschichtsschreibung entstanden ohne jene Übertreibungen, die die Wesensverschiedenheit von Kunst und Wissenschaft dogmatisierten. Die schöngeistigen Lebensbilder der älteren Xenophon und Aristoxenos, die farblosen Kommentare der jüngeren Alexandriner sind nahezu vergessen. Gemeingut der Menschheitskultur aber blieben die Werke zweier Geschichtsschreiber, die im Ringen um Tatsachen und Gestaltung, Inhalt und Form, einen wissenschaftlich-künstlerischen Ausgleich suchten: der Grieche Plutarch als Literat und Historiker, der Römer Tacitus als Historiker und Literat.

Die Originalität und Synthese dieser großen Gestalter hat die Fortdauer des Methodenstreits freilich nicht aufheben können. Wo immer über Geschichte geschrieben wurde, existierte – innerhalb des klassenbedingten Gegensatzes der Ideologien – die Spannung zwischen Wissenschaft und Kunst. Im Ansturm des frühbürgerlichen Renaissance-Humanismus gegen den Heiligenkult des feudal-kirchlichen Mittelalters, der bürgerlichen Aufklärung gegen die Fürstenvergötzung des spätfeudalen Absolutismus rangen stets auch Geschichtsschreiber um die Einheit von Inhalt und Form, um Wahrhaftigkeit und Wirkungskraft.

Aber mit dem Aufstieg der Bourgeoisie zur herrschenden Klasse verfiel die bürgerliche Geschichtsschreibung zunehmend selbst in Apologetik. Im Königreich England, wo Torys und Whigs nur zwei Fraktionen derselben Ausbeuterklasse waren, vertraten die Thomas Carlyle und Thomas Babington Macaulay mit aller Kunstfertigkeit den Heroenkult im Namen des Grundbesitzes, des Kapitals und der kolonialen Eroberung. Im Frankreich der Restaurationszeit, des Julikönigtums, des Bonapartismus, der zweiten und dritten Republik verfochten die Guillaume Guizot, François Mignet, Alphonse Thiers die »Freiheit« der Bourgeoisie gegen die Freiheit und Gleichheit des Proletariats; sie verteufelten die eigene große Revolution, sobald die rote Mütze der Jakobiner, Sansculotten und Frühproletarier darin aufleuchtete. Im staatlich zersplitterten Deutschen Bund und im Bismarckschen Kaiserreich hoben Leopold von Ranke und Heinrich von Treitschke die preußischen Hohenzollern auf den Marmorsockel der Geschichtsschreibung; sie gaben dem volksfeindlichen Kompromiß zwischen Bourgeoisie und Junkerkaste die historische Weihe.

Als dennoch die allgemeine Krise des Kapitalismus begann, war die historische Lebensbeschreibung abermals umstritten. Nur hatten die bürgerlichen Widersacher die Rollen der antiken Vorfahren vertauscht und ihren Kanon mit zeitnahen Regeln versehen. Diesmal rebellierte die »Kunst« gegen die »Wissenschaft«: die literarische gegen die philologische Arbeitsweise, der geistreiche Essay gegen die trockene Spezialstudie, die psychoanalytische Deutung des Unbewußten gegen die Oberflächlichkeit des Tatsachenkults, der politische Relativismus freischaffender Literaten gegen den politischen Konservativismus staatlich besoldeter Historiker.

In England wandte sich Lytton Strachey mit seinen »Eminent Victorians« (1918) gegen die Standardbiographen der Viktorianischen Ära: »Wir haben die zarteste und menschlichste aller Aufgaben literarischer Kunst den Pfuschern der Literatur überlassen; wir überlegen uns nicht, daß es vielleicht ebenso schwer ist, ein gutes Leben zu schreiben wie zu leben.« In Frankreich bekannte sich André Maurois mit seiner Lebensbeschreibung des Dichters Shelley (1923) zum Vorrang künstlerischer Gestaltung: »Die Aufgabe, die der Verfasser mit der Niederschrift dieses Buches zu lösen wünschte, lag weit mehr auf dem Gebiete der Romandichtung als auf dem der Geschichtsschreibung oder der Kritik. Gewiß entsprechen die Tatsachen der Wahrheit, und es finden sich in der Erzählung kein Ausspruch und kein Gedanke Shelleys, die sich nicht aus den Erinnerungsbüchern seiner Freunde, seinen Briefen und seinen Dichtungen als sinngemäß erweisen ließen; aber es wurde nach bestem Können versucht, den Baustoff des Tatsächlichen so zu ordnen, daß sich der Eindruck jener allmählich zunehmenden Aufhellung und jenes natürlichen Wuchses ergab, die das eigentümliche Wesen des Romans auszumachen scheinen.«

Vor allem in Deutschland und Österreich verstanden sich die Verfechter der literarischen Arbeitsweise, die Sigmund Freuds Psychoanalyse für das wichtigste Erkenntnismittel in bezug auf Mensch und Gesellschaft hielten, als Schöpfer der psychologischen Porträtkunst und Lebensbeschreibung. Emil Ludwig eröffnete mit »Goethe« (1919) die neue Richtung: Er ließ nur Plutarch als ein älteres Leitbild gelten und warf den Fachhistorikern vor, die Geschichtsschreibung verdorben zu haben. Ihm folgten Werner Hegemann, Herbert Eulenberg, Stefan Zweig mit geringerem oder größerem Abstand. Und gegen Ende der Weimarer Republik befeindeten sich die Literaten und die Fachhistoriker mit einer solchen Heftigkeit, daß die Bezeichnung »illegitime« und »legitime« Geschichtsschreibung zur geflügelten Phrase dieses Streits geworden ist.

Der Vorstoß der »Illegitimen« in Deutschland war ein Fortschritt. Sie übten bürgerlich-demokratische Kritik an jenen Geschichtsideologen, die wohlbestallt auf den Lehrstühlen der Republik saßen, aber im Geiste des Kaiserreiches lehrten. Sie widerstrebten dem Heroenkult der von Ranke sich ableitenden Schule preußisch-deutscher Historiker durch psychologische Deutung und Enthüllung. Sie zogen die »großen Männer« von ihrer legendären Höhe zu den Erdgebundenen herab und gingen 1933, als die räuberischen Kräfte des deutschen Monopolkapitals Hitler zum Führer und Reichskanzler kreierten, mit demokratischer Konsequenz in die innere und äußere Emigration. Doch konnten auch sie die Kluft nicht überwinden, die Kunst und Wissenschaft einander entfremdete.

Psychologische Porträtkunst und Lebensbeschreibung vernachlässigten die konkret-historische Einheit von Persönlichkeit und Gesellschaft, sie versimpelten das Wechselverhältnis zwischen Individuum und sozialer Umwelt. Die politischen und künstlerischen Charaktere, ihre Handlungsweisen und Wirkungen wurden an den Maßstäben einer Psychologie der individuellen Antriebe und Hemmungen gemessen. Dieser Methode entsprachen Dünne und Lückenhaftigkeit der wissenschaftlichen Grundlagen. Die Prüfung der historischen Quellen war einseitig und flüchtig. Es fehlten die Sorgfalt des Forschens, die sachkundige Anstrengung um Begriff und Gestalt.

Emil Ludwig hat diese Mängel durch eine Theorie kompensieren wollen, die Historiker und Schriftsteller, Forschung und Gestaltung trennte. So schrieb er im Nachwort zu »Napoleon« (1925): »Plutarchs Beispiel hat im Grunde keinen Nachahmer gefunden: die Geschichte großer Seelen auf streng historischer Basis zu schreiben, hat sich seither niemand zur entschiedenen Aufgabe gestellt. Ins Feld der Historiker gehört dies nicht, denn die Erforschung der Wahrheit fordert andere Talente als die Kunst der Darstellung.« Dieser Abgrenzung des Schriftstellers gegen die historische Wissenschaft folgte die Erklärung einer Gestaltungsmethode, die die psychologische Erkenntnis zum Schlüssel für Weltanschauung und Menschenbild machte und die sich weitgehend als nicht-historische Methode auffaßte. »Hier wurde versucht, Napoleons innere Geschichte zu schreiben ... Jeder Konflikt mit seinen Brüdern, mit seiner Frau, jede Stunde der Melancholie oder des Stolzes, sein Zürnen und Erbleichen, Tücke und Güte gegen Freund oder Feind, jedes Wort an seine Generale oder an Frauen, wie sie Briefe oder verbürgte Gespräche überliefern, schien wichtiger als die Schlachtordnung von Marengo, der Friede von Lunéville oder die Einzelheiten der Kontinentalsperre ... Das Innere dieses Mannes ständig zu prüfen, seine Entschlüsse und Hemmungen, Taten und Leiden, Phantasien und Calcüle aus den Stimmungen des Herzens zu erklären: diese *große Kette der Gefühle* war zugleich Mittel und Zweck der Darstellung.«

So sehr diese »historischen Belletristen«, wie sie sich selbst nannten, die glatten Monumentalbilder eines Treitschke tiefenpsychologisch zersetzen mochten: Auch sie verabsolutierten den »großen Mann«, stellten ihn mit seinen individuellen »Entschlüssen und Hemmungen«, »Phantasien und Calcülen« der Gesellschaft gegenüber. Auch sie überhöhten die Rolle der Persönlichkeit zu einer Art welthistorischer Schmiedewerkstatt, in der die genialen Meister den vorgefundenen Stoff zum Glühen bringen, auf eigene Weise hämmern und formen. Die Schriftsteller blieben einer idealistischen Geschichtsauffassung verhaftet, in deren Bann sie das Treitschke-Wort, wonach nur »große Männer« die Geschichte machen, letztlich mehr stützten als verwarfen. Der Streit der »illegitimen« und »legitimen« Geschichtsschreiber war ein Streit unter bürgerlichen Idealisten, die eine materialistische Auffassung der Geschichte negierten.

Bis heute erscheinen die bürgerlichen Fachhistoriker auf besoldeten Lehrstühlen dauerhafter als die freischaffenden Literaten im Zugwind »freier Marktwirtschaft«. Jedenfalls glauben die »legitimen« Geschichtsprofessoren, das letzte Wort zu haben. Auf dem Weltkongreß der Historiker 1970 in Moskau rügte der Kanadier A. Wilson am Beispiel von Lytton Strachey das Aufkommen einer »uneasy partnership« zwischen Lebensbeschreibung und Geschichtswissenschaft. Der Österreicher Engel-Yanosi nannte Emil Ludwig den erfolgreichsten und fragwürdigsten Biographen des 20. Jahrhunderts. Der BRD-Historiker Walther Hubatsch dozierte gegen »historische Belletristen«: »Das Wesentliche ist hier nicht der schöne Stil und der zweifelhafte Ruhm der historischen Kunst, sondern das Sachgemäße und die gründliche Kenntnis der behandelten Dinge.«

Dieser Satz mag auf den ersten Blick stichhaltig sein, erweist sich aber bei genauer Betrachtung als Fachmoral im Geiste der preußisch-deutschen Schule. Denn mit Berufung auf Johann Gustav Droysen und dessen geschichtstheoretische »Historik« (1868) sagt Hubatsch über die Aufgaben der Lebensbeschreibung: Sie habe zu zeigen, wie »der Genius einer historischen Gestalt ihr Tun und Leiden von Anfang her bestimmt, in ihr sich dargelegt und bezeugt hat«. Hier wird die Persönlichkeit a priori gesehen. Indem die Annahme gilt, das Leben einer historischen Gestalt sei »von Anfang her« durch einen ihr einwohnenden »Genius bestimmt«, erfährt ihr Verhältnis zur Gesellschaft eine Erklärung, die die reale dialektische Gebundenheit des Menschen an seine Zeit, Gesellschaft und Klasse verwischt. Diese idealistische Interpretation der Rolle der Persönlichkeit in der Geschichte hat idealistische Arbeitsmethoden zur Folge. Das erweist der Österreicher H. L. Mikoletzky, der – auf dem erwähnten Weltkongreß – gegen Tacitus und somit gegen eine gesellschaftliche Gesamtschau der Lebensbeschreibung entschied: »Die ausschließlich private Betrachtung scheint aber doch wohl allein in der Lage, echte Biographie zu bieten...« Das erweist Hubatsch, der die Gesellschaftsgeschichte als einen notwendigen »Rahmen« der individuellen Lebensgeschichte anzweifelt und sogar heutige wissenschaftliche Erkenntnisse für die unmittelbare Gestaltung einer historischen Persönlichkeit ablehnt: »Entscheidend bleibt die Bezugnahme auf die Person des Darzustellenden, von dessen Standpunkt aus die Biographie abzufassen ist... Wenn der Betreffende ganz im Rahmen seiner Zeit dargestellt wird und wenn die von ihm nicht wesentlich bewirkten Ereignisse doch ihren Eigenwert erhalten, wenn die Betrachtung vom heutigen Erkenntnis- und Beurteilungsstand aus erfolgt, handelt es sich nicht mehr um eine Biographie...« Mit anderen Worten: In Porträtkunst und Lebensbeschreibung soll Geschichte quasi nur aus dem Kopf und dem Gesichtswinkel der jeweiligen Gestalt wiedergegeben werden.

Im Fachstreit der bürgerlichen Idealisten werden Arbeitsmethoden verfochten, die in vielen Grundfragen veraltet und unwissenschaftlich erscheinen. Gibt es doch längst eine Geschichtsauffassung, die mit Marx den Anspruch auf Wissenschaftlichkeit und Wirkungskraft tatsächlich erfüllt.

Der historische Materialismus interpretiert das Verhältnis zwischen Persönlichkeit und Gesellschaft als dialektische Einheit. Er betont grundsätzlich das Primat des Seins vor dem Bewußtsein: den Vorrang gesellschaftlicher Verhältnisse, deren ökonomische und soziale Prozesse das Resultat der materiellen und politischen Tätigkeit der Menschen sind, zugleich aber objektiv, d. h. auch außerhalb ihres Bewußtseins, existieren. Die Rolle der Persönlichkeit in der Geschichte wird daher nicht als freie Selbstäußerung eines ihr einwohnenden »Genius« erklärt, der individuelles Leben »von Anfang her bestimmt«, sondern als schöpferisches Reagieren und Zurückwirken auf gesellschaftliche Gegebenheiten, die diese Persönlichkeit formten, die die Entwicklung und die Entfaltung ihrer individuellen Gefühls-, Denk- und Handlungsfähigkeit im Rahmen objektiver Gesetzmäßigkeiten bedingten.

Diese materialistische Auffassung bejaht gleichwohl die schöpferische Rolle der Persönlichkeit. Sie erblickt die Kriterien historischer Größe in der Fähigkeit: erstens in konkreter Gesellschaftssituation die objektive Notwendigkeit und die daraus hervorgehenden gesellschaftlichen Bedürfnisse zu erkennen, zweitens diese erkannten Bedürfnisse und die Mittel ihrer Befriedigung zu formulieren, drittens das dialektische Verhältnis von Theorie und Praxis schöpferisch zu lösen, wozu gehört, daß die gesellschaftlichen Kräfte – insbesondere die Volksmassen – im Sinne der gewonnenen Erkenntnis beeinflußt oder gar geleitet werden. Es sind Kriterien, die nicht nur auf den Politiker, sondern im übertragenen Sinne auch auf den Wissenschaftler, Schriftsteller, Künstler etc. anwendbar sind.

Aus dieser Interpretation erwachsen unsere geschichtswissenschaftlichen Arbeitsmethoden. Porträtkunst und Lebensbeschreibung sind nicht nur der Entwicklung einer historischen Gestalt, sondern auch der ihr vorgegebenen Gesellschaft verpflichtet. Sie kennzeichnen den Charakter der Gesellschaftsordnung, der Eigentums- und Klassenverhältnisse, in denen eine Persönlichkeit lebt, erklären die allgemeine Gesetzmäßigkeit und die besondere Situation der Gesellschaft, in der diese Persönlichkeit aufwächst, sich formt und ihre bedeutende Rolle spielt. Sie weisen die Existenz gesellschaftlicher Kräfte nach, die das Bedürfnis nach einer Persönlichkeit mit besonderen Eigenschaften haben und die bereit sind, eine solche zu fördern, ihrem Einfluß zu folgen, ihre bedeutende Rolle möglich zu machen. Sie entschlüsseln das oft rätselhaft scheinende Verhältnis zwischen Notwendigkeit und Zufall beim Auftreten der Persönlichkeit in konkret-historischen Situationen.

Nur im Zusammenhang mit der Gesellschaftsgeschichte reproduziert der marxistische Schriftsteller nach besten Kräften das Leben und das Wesen historischer Gestalten: der niemals fertigen, sondern durch gesellschaftliche Bedingungen und Praxis stets im Werden begriffenen Individualitäten. Er bezeichnet die soziale Herkunft einer Persönlichkeit und ihren Erfahrungsweg, auf dem sich individuelle Gefühls-, Denk- und Verhaltensweisen in sozialen, politischen und geistig-kulturellen Lebensbereichen herausgebildet haben. Er erklärt die bewußte Klassenverbundenheit der Persönlichkeit gemäß ihrem überlieferten Willen, für politisch-soziale Interessen und Ziele zu wirken, interpretiert ihre Fähigkeit, objektiv Notwendiges zu erkennen, gesellschaftliche Bedürfnisse und die Mittel ihrer Befriedigung zu formulieren, soziale Kräfte zu beeinflussen, zu leiten, zu organisieren. Der marxistische Schriftsteller beurteilt die Persönlichkeit am Maßstab der konkret-historischen Erkenntnisstufe der Gesellschaft ihrer Zeit und würdigt ihre Verdienste um die Gewinnung neuer Erkenntnis auf der historischen Stufenleiter der Tradition und des Fortschritts.

Er wägt und wertet schließlich die individuellen Charaktereigenschaften, die die historische Rolle der Persönlichkeit fördernd oder hemmend beeinflussen und die sich auf die gesellschaftliche Bewegung – soweit sie von dieser Persönlichkeit mitbestimmt ist – positiv oder negativ auswirken.

Im Gegensatz zu den Ansichten der bürgerlichen Idealisten gestaltet also der Marxist die historische Persönlichkeit bewußt im »Rahmen ihrer Zeit«. Er urteilt – bei sorgsamer Reproduktion der individuellen Gefühle, Gedanken, Handlungen und bei Wahrung ihrer zeitgenössischen Bedingtheit – nicht schlechthin vom »Standpunkte der Person des Darzustellenden«, sondern gerade vom »heutigen Erkenntnis- und Beurteilungsstand« der politischen Erfahrungen und der wissenschaftlichen Forschung.

Die marxistische Geschichtsschreibung hat durch Franz Mehring, den Gestalter einer Marx-Biographie (1918), der hier gegen Karl Kautsky und N. Rjasanow im Streite lag, auch frei heraus den Willen bekundet, die dogmatische Trennung von Wissenschaft und Kunst zu überwinden. »Alle Geschichtsschreibung ist zugleich Kunst und Wissenschaft, und zumal die biographische Darstellung. Ich weiß im Augenblick nicht, welcher trockene Hecht den famosen Gedanken geboren hat, daß ästhetische Gesichtspunkte in den Hallen der historischen Wissenschaft nichts zu suchen hätten. Aber ich muß, vielleicht zu meiner Schande, offen gestehen, daß ich die bürgerliche Gesellschaft nicht so gründlich hasse wie jene strengeren Denker, die, um dem guten Voltaire eins auszuwischen, die langweilige Schreibweise für die einzig erlaubte erklären. Marx selbst war in diesem Punkte auch des Verdachts verdächtig: mit seinen alten Griechen rechnete er Klio zu den neun Musen. In der Tat, die Musen schmäht nur, wer von ihnen verschmäht worden ist.«

Es rundet sich die Entwicklung auf höherer Stufe der Welterkenntnis: Die Herausbildung der materialistischen Geschichtsauffassung bei Marx, Engels und Lenin bezeugt ein einziges großes Ringen um Wissenschaftlichkeit und Komposition, Bildkraft, Sprache zugleich. Ihre Mühe – nicht um den Teil – um das Ganze war Einsicht in gesellschaftliche Bedürfnisse, die aus dem Bewußtsein und dem Emanzipationskampf der Arbeiterklasse erwuchsen: Die Theorie wird zur materiellen Gewalt, sobald sie die Massen ergreift. Die Klassiker antizipierten den Anspruch der ausbeutungsfreien Gesellschaft, ihrer hohen materiellen und geistigen Kultur, und wiesen als Geschichtsschreiber, die die Welt verändern halfen, den Weg zu seiner Erfüllung.

In der entwickelten sozialistischen Gesellschaft findet der alte Kampf um Eigentum und Macht, der alte Streit um Berufsprivilegien ein Ende. Die spontane anarchische Arbeitsteilung weicht der planvollen Kooperation. Wissenschaft ist Produktivkraft und Teil der Kultur: »Vergegenständlichung der menschlichen Wesenskräfte« – Schöpfung des Menschen, von dem Marx sagte, daß er »überall das inhärente Maß dem Gegenstand anzulegen weiß«, daß er »daher auch nach den Gesetzen der Schönheit formiert«.

So finden Wahrhaftigkeit und Wirkungskraft, Wesen und Gestalt, Inhalt und Form – kurz Wissenschaft und Kunst wieder zueinander. In einer humanistischen Ordnung erstrebt der Mensch den Neugewinn des Verlorenen: seiner einst naiven, nun gereiften, unteilbaren Natur.

Auch unser Buch sei ein Versuch, Geschichtsschreibung durch Kunst zu bereichern – ohne die natürliche Scheidelinie zu verletzen, die zwischen der gebundenen Phantasie des Wissenschaftlers und der freien Phantasie des Künstlers liegt. Ist dem Wissenschaftler zur Pflicht gemacht, bei der Reproduktion des historischen Lebens eine jede Aussage quellenkritisch zu prüfen, so darf er doch bei dem Künstler in die Schule gehen. Was er lernen möchte, ist sprachliche Bildkraft, die den abstrakten Begriff durch Anschaulichkeit ergänzt, ist epische Gestaltungsweise, die den Leser durch Nacherleben vergangener Geschichte zur Erkenntnis geleitet, ist psychologische Durchdringung des Individuellen, in dem sich das gesellschaftlich Allgemeine verwirklicht.

Nicht spezialisierte Fachliteratur ist Wesen dieses Buches, sondern Populärliteratur. Sein Zweck sei breite Wirksamkeit und schöpferische Verbindung des Rationalen mit dem Emotionalen im Bildungsprozeß des historischen Bewußtseins.

AUTORENVERZEICHNIS

Helmut Bock, Prof. Dr. sc. phil.; Leiter der Abteilung Kulturgeschichte am Zentralinstitut für Geschichte der Akademie der Wissenschaften der DDR, Vorsitzender der Sektion Geschichte beim Präsidium der Urania

Gerhard Brendler, Dr. phil.; Leiter der Abteilung Geschichte der frühbürgerlichen Revolution am Zentralinstitut für Geschichte an der Akademie der Wissenschaften der DDR

Claus Britze, Oberschullehrer für Deutsch und Geschichte; Redakteur bei Radio DDR

Günter Hoppe, Diplomhistoriker; Redakteur bei Radio DDR

Hans-Peter Jaeck, Diplomhistoriker; wissenschaftlicher Mitarbeiter an der Forschungsstelle für Methodologie der Geschichtswissenschaft am Zentralinstitut für Geschichte der Akademie der Wissenschaften der DDR

Ingeborg Kreter, Journalistin; Redakteur bei Radio DDR

Detlef Plöse, Oberschullehrer für Geschichte; wissenschaftlicher Assistent an der Sektion Geschichte der Humboldt-Universität Berlin

Renate Schmidt, Diplomhistorikerin; wissenschaftliche Mitarbeiterin am Zentralinstitut für Geschichte der Akademie der Wissenschaften der DDR

Gerhard Schneider, Diplomgermanist und Theaterwissenschaftler; Lektor für Literaturwissenschaft beim Aufbau-Verlag

Ingeborg Spriewald, Dr. sc. phil.; wissenschaftliche Arbeitsleiterin am Zentralinstitut für Literaturgeschichte an der Akademie der Wissenschaften der DDR

Max Steinmetz, Prof. Dr. phil. habil.; Lehrstuhlleiter für deutsche Geschichte des Mittelalters und bis 1789 an der Sektion Geschichte der Karl-Marx-Universität Leipzig

Gerhard Stübe, Schriftsteller, Berlin

Marianne Thoms, Diplomhistorikerin; stellvertretende Leiterin der Redaktion Propaganda bei Radio DDR

Ernst Ullmann, Prof. Dr. sc. phil.; Fachbereich Kunstwissenschaft an der Sektion Kulturwissenschaften und Germanistik der Karl-Marx-Universität Leipzig

Peter Vogel, Diplomphilosoph; Lektor für Literaturwissenschaft beim Aufbau-Verlag

Heinz Winter, Diplomphilosoph; Leiter der Redaktion Propaganda bei Radio DDR

Hans Wußing, Prof. Dr. rer. nat. habil.; Abteilungsleiter am Karl-Sudhoff-Institut für Geschichte der Medizin und Naturwissenschaften der Karl-Marx-Universität Leipzig

BILDQUELLEN

Die Graphiken wurden von Wolfgang Würfel nach folgenden Bildquellen gestaltet:

Jan Hus. Kupferstich
Johann Gutenberg. Anonymer zeitgenössischer Kupferstich
Leonardo da Vinci. Selbstbildnis des Meisters
Niccolo Machiavelli. Gemälde, vermutlich von Bronzino
Nicolaus Copernicus. Kupferstich von Boissard
Hans Böheim. Aus dem Buch der Chroniken von Hartmann Schedel
Joß Fritz. Zeitgenössischer Holzschnitt
Erasmus von Rotterdam. Kupferstich von Albrecht Dürer
Johann Reuchlin. Zeitgenössischer Holzschnitt
Martin Luther. Gemälde von Lucas Cranach d. Ä.
Franz von Sickingen. Zeitgenössischer Holzschnitt
Ulrich von Hutten. Zeitgenössischer Holzschnitt
Albrecht Dürer. Selbstbildnis des Meisters
Thomas Müntzer. Stich von Ch. van Sichem
Jörg Ratgeb. Selbstbildnis des Meisters
Florian Geyer. Meister unbekannt
Michael Gaismair. Bergwerksdarstellung, Holzschnitt von Hans Sebald Beham
Andreas Karlstadt. Holzschnitt
Veit Stoß. Ansicht von Nürnberg aus dem Wappenbuch v. Konrad Haller
Jürgen Wullenwever. Gemälde
Johann Georg Faust. Titelbild eines Faustbuches von 1725

BILDNACHWEIS

Museum der bildenden Künste, Leipzig, S. 64, 104, 105, 152, 198, 200 (unten), 201.
Universitätsbibliothek Leipzig, S. 10, 12, 65, 66, 150 (oben), 151.
Urania-Verlag Leipzig · Jena · Berlin, S. 11, 13, 67, 102, 103, 150 (unten), 153, 199, 200 (oben).

Pahl-Rugenstein Verlag, Köln 1978
vom Urania-Verlag genehmigte Lizenzausgabe

Graphiken: Wolfgang Würfel
Typographie: Helgard Reckziegel
Druck: Fuldaer Verlagsanstalt GmbH, Fulda
ISBN 3-7609-0384-3